新日本プロレスブックス

トランキーロ
内藤哲也自伝
EPISODIO 3

TETSUYA NAITO FOTO HISTORIA

2015-2020

イースト・プレス

2016年7月26日、『G1』広島大会での棚橋弘至戦で、必殺技デスティーノを初公開。かつての憧れの相手からフォール勝ちを奪う。

2016年3月12日、『NEW JAPAN CUP』決勝（青森）で後藤洋央紀を下して初優勝。試合後、オカダ・カズチカの保持するIWGPヘビーへの挑戦を高らかにアピールした。

2016年の4.10両国でオカダを撃破し、念願のIWGPヘビー初戴冠。場内が大歓声に包まれるなか、新日本の至宝を高々と上空に放りなげる。

2016年の9.25神戸ではマイケル・エルガンからIWGPインターコンチネンタル王座を奪取。ベルトを見つめたのち、またも放り投げると、そのまま置き去りにして退場。

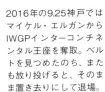

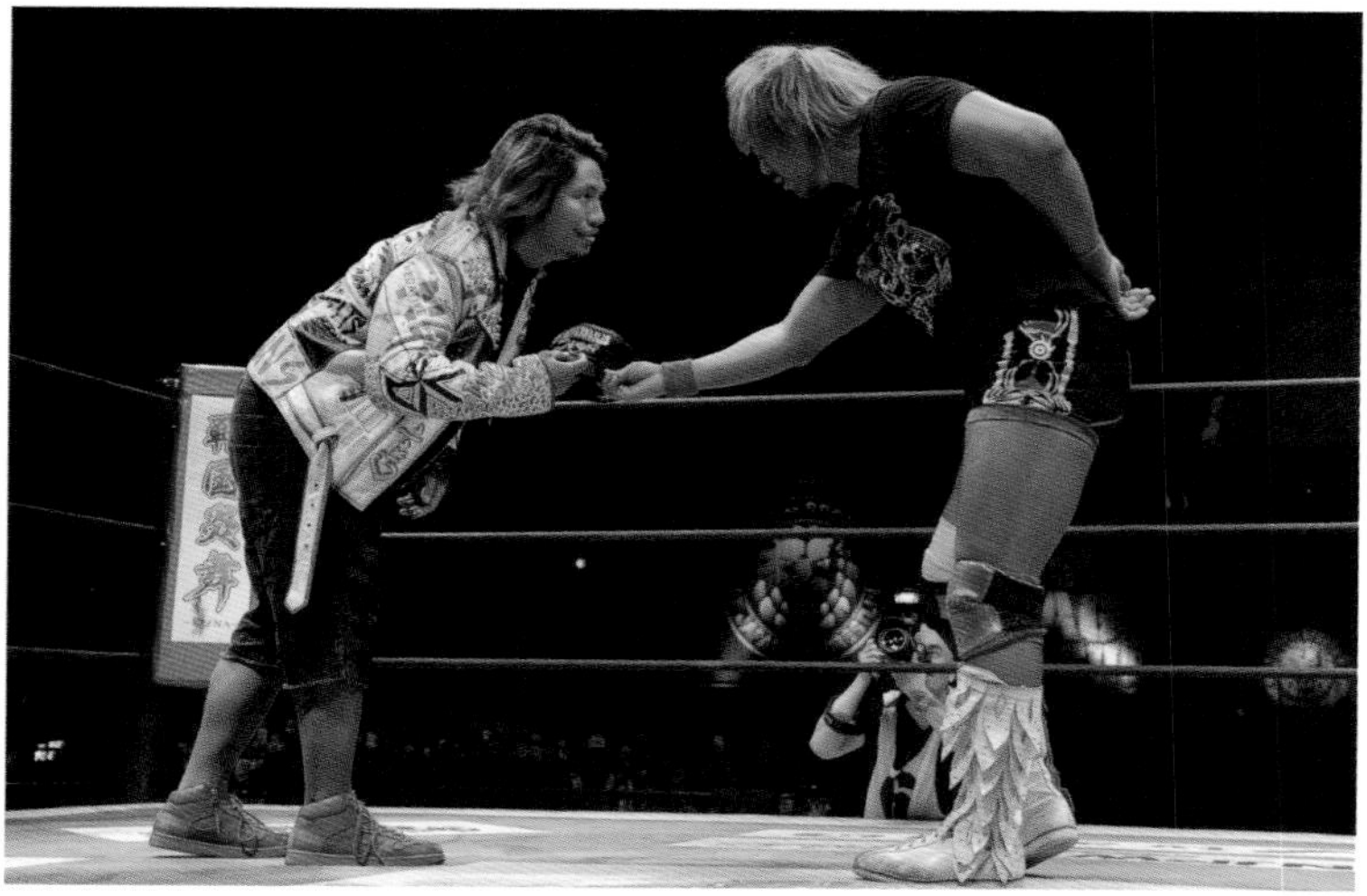

2016年の12.10宮城で、凱旋帰国したばかりの高橋ヒロムがL·I·Jに加入。内藤は、L·I·Jのキャップを渡し、愛弟子の合流を歓迎。

2017年の1.4東京ドームではインターコンチネンタルの王座を賭けて棚橋に完勝。試合後、「これでひとつの時代が完全に終わったのかな？　まあ、寂しいけど、これもデスティーノ、運命だよ」と発言。

2017年の8.13両国でケニー・オメガを破り、『G1』2度目の優勝。「新日本プロレスの主役は俺だ」と堂々と言い放ち、最後は「デ・ハ・ポン！」の大合唱で締めくくった。

2018年1月4日、夢のひとつであった東京ドームのメインに初出場。IWGPヘビー級王者のオカダを、デスティーノであと一歩のところまで追い詰めるが惜敗。

2018年の4.29熊本では、鈴木の保持するIWGPインターコンチネンタル王座に挑戦。遺恨を深めてきた王者のダーティーファイトで大きなダメージを負うも、徐々に挽回し同王座2度目の戴冠。

2018年5月、6.9大阪城で対峙するクリス・ジェリコの挑発的なVTRを、寝転びながら視聴。終わると同時に「長いよ、もっと短く、簡単にまとめてくれよ」と言い放ち、場内の笑いを誘った。

2019年の1.4東京ドームでジェリコのIWGPインターコンチネンタル王座に挑戦。相手のお株を奪うラフファイトを繰り広げ、前年に奪われた同王座を取り返した。

2019年の2.3札幌でタイチを下してインターコンチネンタル初防衛。同大会でIWGPタッグを守り抜いたEVIL&SANADA、同じくジュニアタッグ王座を死守したBUSHI&鷹木と勝利の喜びをわかちあった。

2019年4月6日、ニューヨークのMSGでIWGPインターコンチネンタル王座を賭けて飯伏幸太と対峙。常日頃「飯伏幸太との試合は楽しい」と語るとおり、激しい攻防の最中に笑みを浮かべる場面も。

2019年の6.9大阪城で飯伏を破りインターコンチネンタル王座奪還。年頭に掲げた二冠獲りを踏まえ、「また振り出しに戻れた。ここから俺はIWGPヘビーを狙っていきますよ」と、あらためて宣言。

2020.1.4 TOKYO DOME vs JAY WHITE

2020年の1.4東京ドームでは、前年の9.22神戸でインターコンチネンタルを奪ったジェイ・ホワイトとリマッチ。自身が2連敗を喫している若き実力者の多彩な攻めに、大苦戦を強いられる。

終盤、ジェイのセコンドである外道が乱入するも、急所蹴りで排除。ここから試合は一気に加速し、ジェイのブレードランナーを切り抜けると、最後はデスティーノで激勝。

自身5度目となるインターコンチ戴冠を成し遂げ、翌日の1.5東京ドームで行なわれるダブルタイトルマッチに臨むことに。史上初の二冠王という大きな野望に向け、王手をかけた。

2020.1.5 TOKYO DOME vs KAZUCHIKA OKADA

2020年の1.5東京ドームでは、前日に飯伏を下してIWGPヘビー級王座を防衛したオカダと、2本のベルトを賭けて運命の激突。両雄の対決は18年の1.4東京ドーム以来。

目まぐるしい攻防のなか、オカダのレインメーカーが炸裂。しかし、内藤はフォールをカウント3寸前で跳ね返し、二冠への執念を見せる。

最後はデスティーノで死闘に終止符。試合後には「オカダ！ 東京ドームのメインイベントでの勝利、ものすごく気持ちいいな。またいつか、ドームのメインで勝負しようぜ」と呼びかけた。

史上初の偉業を達成し、「俺は東京ドーム2連戦のことを、忘れることはないでしょう。この2本のベルトとともに前へ進みたいと思います」と宣言すると、場内は大きな歓声と拍手に包まれた。

2017年10月に発売された地元・足立区を紹介するガイドブック『足立本』に登場。その撮影で母校の都立足立東高等学校へ。当時の内藤はサッカー部に所属。

2017年11月、ヒロムとメキシコ遠征に向かい、本家ロス・インゴベルナブレスと共闘。試合後、リラックスムードでのひと時。

2017年8月27日、広島カープ vs 中日ドラゴンズ（MAZDA Zoom-Zoomスタジアム広島）の始球式で、軽快なピッチングを披露。

2018年1月、東京スポーツ新聞社制定の「プロレス大賞」授賞式。2017年度のMVPを受賞した内藤は「俺はプロレスを通じ、一歩踏み出す勇気をみなさまに与えていきたい」とコメント。

2020年3月、非常事態宣言が出される前に足立区の居酒屋で、大のプロレス好きである実父の賢一さんと親子水入らず。

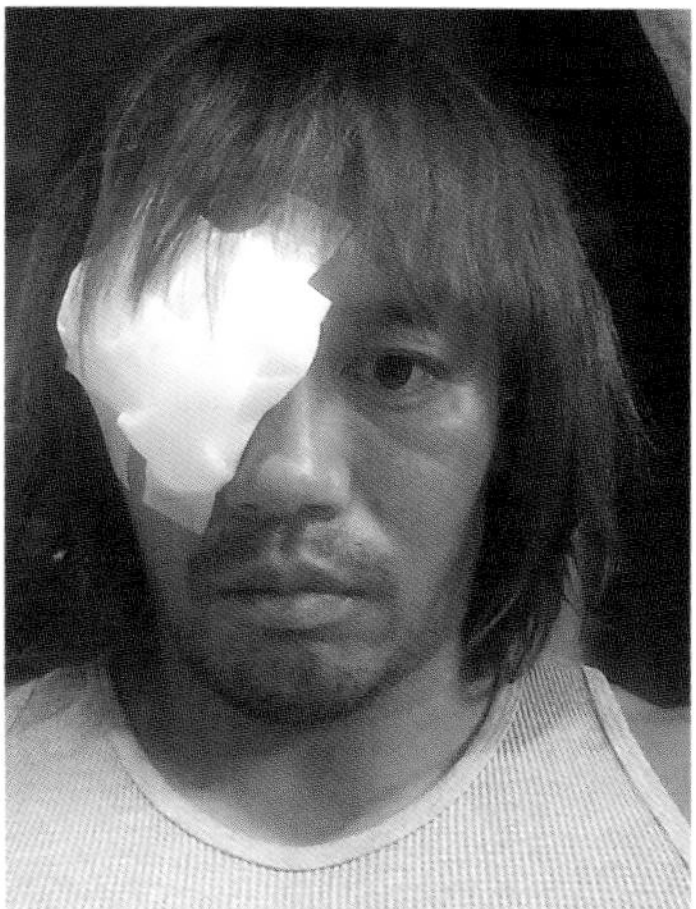

2019年11月、右目上斜筋麻痺の手術を行なった直後。2020年1月の二冠達成まで、手術の事実は伏せていた。

2015年10月、メキシコの世界遺産テオティワカンで、ヒロムと共に。内藤お気に入りの一枚。

いまもあのときの傷を持っているかたがた、
たくさんいらっしゃると思いますが、だからこそ俺は言いたい。
変わらないこと、あきらめないことはもちろん大事。
でも、変わろうとする思い、変わろうとする覚悟、
そして、一歩踏み出す勇気も大事なんじゃないかなと思います。

トランキーロ

内藤哲也自伝 EPISODIO 3

CONTENIDO

CONTENIDO

LOS INGOBERNABLES

CAPÍTULO.1

L·I·J始動

デスティーノ初公開

――内藤選手は2015年5月〜6月のメキシコ遠征において、現地の人気ユニットであるロス・インゴベルナブレスに加入しました。同時期に『Sports Graphic Number』誌（7月16日発売号）で「新日本プロレス総選挙」（投票期間は5月28日〜6月25日）という企画が行なわれましたが、内藤選手は12位という順位で。

われながら低いですね（笑）。まあ、ロス・インゴベルナブレスに入る前は新日本で誰よりもブーイングを集め、しかもそれはヒール人気じゃなく、単なる支持率の低いレスラーでしたからね。

――17年、18年の同誌の「プロレス総選挙」では連続1位だっただけに、この順位は意外にも見えますが、〝制御不能なカリスマ〟としてブレイクする前の本隊時代はこれが実情だったというか。

いまだから言えますけど、正直12位っていう数字にショックはありましたよ。さすがにもうちょっと上だろうとは思ってたんで。ロス・インゴベルナブレスに入って以降の俺は「思ってることは口にしないと伝わらない」ってよく言ってますけど、本隊の頃は周りのことばかり気にして、思ってることを口に出さなかったから何も伝わらなかった気もするし。べつにいま支持を得ようと思ってそうしているわけじゃないけど、昔との順位の差はそのへんにあるのかなって思います。むしろ、周りに「応援してほしい」と思っていたのはロス・インゴベルナブレスに入る前でしたからね。擦り寄ろうとしてその結果なんですから、あの頃の内藤哲也はいかに響かないレスラーだったかってことですよ。ロス・インゴベルナブレスになって自分の好き勝手にやってたら、こうも結果や反応が変わるんだから不思議なもんですけど。

――このあと、ロス・インゴベルナブレスに加入してから初の『G1 CLIMAX』（以下、『G1』）を迎えます。

その『G1』ではじめてスーツで入場したんですよ。黒いスーツに、銀の仮面を被って。最初の頃は、スーツを脱いでるときに「早くしろ！」っていう反応がかなりありましたね。でも、「こんなスーツの着脱だけで、会場中が俺のことを注目してんのか」と受け止めて、余計にゆっくり脱いでやりましたけど（笑）。このときに試合コスチュームもロス・インゴベルナブレスのカラーである黒や、ユニットのロゴを取り入れたので、スタッフからは「テーマ曲も変えたほうがいいのでは?」って言われたんですけど、そこはいままでどおりの『STARDUST』にこだわりました。あの曲はテンポが早いんで、そのリズムのなかを本隊時代とはまるで違う出で立ちでゆっくり歩くっていうギャップが、観る側も段々クセになるんじゃないかって思ってましたね。

――こだわりの入場だった、と。このときの『G1』の戦績を振り返ると、7・20札幌でバッドラック・ファレ選手に勝利するも、7・24京都が柴田勝頼選手に敗戦。続く7・26広島の棚橋弘至戦、7・29福岡のAJスタイルズ戦と連勝しますが、8・2愛知で真壁刀義選手に敗れストップ。8・5岩手では飯伏幸太選手にシングル初勝利を収めるも、8・11後楽園でドク・ギャローズ選手、8・14両国で天山広吉選手に連敗。結果的に5勝4敗でAブロック3位タイに終わりましたが、このなかで印象的な公式戦は?

はじめてデスティーノを出した広島での棚橋戦ですね。技の誕生の経緯としては、メキシコ遠征中のある日、ブラブラと散歩してたら現地の少年が公園で鉄棒をしてるのを見て、「この動きはプロレス技に応用できるんじゃないか」と思って。いまとなっては、あのメキシコの少年に感謝ですよ(笑)。

――初公開のときはまだ技名が決まっておらず、公式記録の決まり手は「変形リバースDDT」でした。

その次の別府大会の前に、『東京スポーツ』が新技について取材しに来たんですよ。それでホ

デスティーノの初披露は、内藤が縁を感じている広島の地。棚橋のスリングブレイドをかいくぐり、電光石火の一撃が炸裂。

テルのエレベーターの中で「メキシコで生まれた技だから、スペイン語で何かないかな」ってぼんやりと技名を考えてたら、〝デスティーノ〟っていう言葉がパッと浮かんで。言ってしまえば、ただの思いつきなんですけど。

――はじめて出した試合が、かつての自身の憧れである棚橋選手との試合であることに運命的なものを感じて、デスティーノ（スペイン語で「運命」の意）にしたとかではなく？

そういうことにしますか？（笑）。いや、とくにこの試合で狙ったってわけではないんですよ。その直前の柴田戦が黒星だったんで、挽回するためにここで引き出しを開けたというか。まあ、デスティーノっていう言葉を選んだこと自体が運命というか、響きもいいなって思ったし、わりとすぐに定着した気がしますね。

――技のかたちは、オカダ・カズチカ選手の師匠でもあるウルティモ・ドラゴン選手のアサイDDTに近いというか。

俺としては、あとになって「丸藤正道《まるふじなおみち》選手（プロレスリング・ノア）の不知火《しらぬい》に近いのかな」って思ったんですけど、アサイDDTも人から言われましたね。どれも遠心力を利用していて。ただ、俺が参考にしたのはメキシコの少年なんで（笑）。まあでも、デスティーノも練習していたわけではなく、広島の棚橋戦がぶっつけ本番だったので、100%の出来ではなかったし、着地のフォームもいまとは違って。それでも棚橋選手からフォールを取ったわけで、これは大きな武器になるって確信しましたね。ただ、観たことない技でフォールを奪ったので、場内はちょっと反応に戸惑っていたように感じましたけど（苦笑）。あと、ロス・インゴベルナブレスになってはじめて試合後にマイクアピールをしたのが、このときの広島だったんですけど、それに対する反応もいまと比べて全然でしたね。まだ、当時は締めの「デ！　ハ・ポン！」もなかったんで。

柴田勝頼は内藤哲也が大嫌い

――このときの『G1』では天山選手との遺恨も話題になりました。内藤選手が「天山広吉はもう終わってる」と発言したのに対して、天山選手が開幕直前の会見で「よく覚えておけよ、クソガキ」と激高して。

猛牛の怒りに火をつけちゃった、と。べつに思ってることを口にしたまでですけどね。だって、ファンのみなさまもマスコミのかたがたも新日本の社員の人たちも、誰ひとりとして天山広吉が優勝するなんて思ってないわけですよ。その事実を述べただけで。まあ、あの人が短気なのは、元付き人としてよく知ってるんで（笑）。ただ、天山広吉は近年こそ『G1』の戦績は振るわなかったですけど、俺の世代の人間にとって〝夏男〟といえば、あの人なんで。

――天山選手は『G1』で03年、04年、06年と3度優勝。16年が最後の出場となりましたが、20年現在も歴代最多となる21回の出場を誇っています。

この『G1』のときは俺が思ってることを言ったからこそ、天山選手は奮起できたんですよ。最終公式戦の内藤戦がモチベーションになって、ボロボロだった猛牛が『G1』を完走できたわけで。俺がジャケットを持ってマタドールのように構えたら、まさに猪突猛進でしたからね。目立てるように花道を作ってあげたというか、元付き人としての恩返しですよ（笑）。

――あと、この『G1』では飯伏選手からシングル初勝利を収めています。

それまでは2連敗してたんですよね。でも、飯伏幸太に勝ったから感慨深いとか、そういうのはなかったですよ。

――たしかに試合後も「べつに飯伏に勝ちたくて『G1』に出てるわけじゃない。あくまで通過点」と発言しています。対する飯伏選手は「内藤さんにだけ、いや、内藤にだけ絶対負けたくなかった」と悔しさをにじませて。

たしかに俺が本隊にいた頃は、飯伏をだいぶ意識してましたよ。同年代っていうのもあったし。でも、ロス・インゴベルナブレスに入って以降は、そういう気持ちも薄れていきましたね。それは余裕が生まれたっていうことかもしれないし。このときの『G1』は優勝こそできなかったですけど、〝ロス・インゴベルナブレスの内藤哲也〟っていうのを知らしめることができたという手応えは感じました。たぶん、日本人にはなじみの薄かった〝ロス・インゴベルナブレス〟っていう言葉も、スラスラ言える人が一気に増えたんじゃないかな。

――そして、『G1』最終日の8・16両国の6人タッグで、内藤選手は柴田選手と乱闘騒ぎとなり、遺恨が勃発します。柴田選手は『G1』公式戦で内藤選手から勝利を収めたときも「中途半端だ、格好つけるとこから入って。大事なのは格好じゃない、俺はそう教えてもらった。はじまってもいねえヤツが、人のこと『終わった』なんて言うんじゃねえ」と怒りをにじませました。

ほかにも俺に対して「ケンカを知らない」とか「温室育ちだ」とか言ってくれましたよね。まあ、柴田選手も俺のおかげで火がついたんじゃないですか？　「新日本プロレスにケンカ売りにきた」って言ってきた割に、この頃はギラつきも落ち着いてきた頃だったし。

――柴田選手は12年8月に、古巣である新日本に宣戦布告しました。柴田選手は05年1月に新日本を退団し

ているので、内藤選手はあまり接点がなかったのでは？

そうですね、俺の入門は05年の12月なんで。だから、とくに柴田選手とのエピソードはないんですけど、俺はファン時代にあの人のデビュー戦を後楽園ホールで観てるんですよ（1999年10月10日・vs井上亘）。しかも、その年の7月の札幌大会で、柴田選手と井上さんがプレデビュー戦として、ジュニアのバトルロイヤルに出場したのも観ていて。

——その両方を会場で観ているファンは珍しいでしょうね、さすが熱狂的な新日本ファンというか。当時、棚橋選手を応援していた内藤選手の目に、同期の柴田選手はどう映っていましたか？

棚橋選手が柴田選手のクロス式キャメルクラッチで負けてるシーンが強く印象に残っていて、当時はあれが最強の技だと思ってました（笑）。あの頃の若手のなかで、柴田選手はいわゆる〝新日本らしさ〟をいちばん感じさせる選手でしたね。俺は棚橋派でしたけど、柴田選手も好きでしたよ。おそらく新日本プロレスが好きな人で、柴田勝頼のことが嫌いだっていう人はあんまりいないんじゃないですかね。

——柴田選手のお父さんの柴田勝久さんは新日本の旗揚げメンバーですし、その遺伝子を引き継ぐ者として若手時代からいまに至るまで、〝新日本らしさ〟が伝わってくる選手というか。では、柴田選手が12年8月

柴田とバチバチの真っ向勝負を展開し、急所蹴りからのデスティーノで勝利。試合後も突っかかる柴田に対し、「制御不能は柴田のほうじゃねえか？」とコメント。

に新日本のリングに登場したときは、どう受け止めましたか？

やっぱり、俺は根っからの新日本ファンなんで、そのときは控え室のモニターを見ながら「新日本を捨てて出ていった人間が、いまさら何を言ってるんだろう？」って思いました。柴田選手が新日本を辞めたあとは、まったく気にもしてなかったし。あの人が総合格闘技に出た結果が目に入ることはあったけど、べつに興味なかったんで。

――ロス・インゴベルナブレスに加入してからは、柴田選手が最初の抗争相手となりましたが、9・27神戸の一騎打ちでは内藤選手が『G1』公式戦のリベンジを果たしました。このときの抗争を振り返っていかがですか？

いや、俺に好き放題言ってくるけど、ブーメランなんじゃないかって思ってましたよ。新日本が苦しいときに出ていって、また上に向きかけてるときに戻ってきて、どっちが中途半端なんだって話だし。いろんな事情や思いがあるのかもしれないけど、俺からすれば「どの口が言ってんだよ」と。それで柴田選手とバチバチやりあったわけですが……率直に言って楽しかったです。

――互いの思いをリングで真っ向からぶつけ合ったということなんでしょうね。

柴田選手は直線的なファイターで、そのスタイルを曲げないのがいちばんの武器と同時に、弱点というか。とにかく、常にカッカしてるわけですよ。やっぱり、俺がファンだったら怒りの柴田勝頼を観たいですから「どうやってもっと怒らせてやろうかな」って思ってました。だから、俺はわりと上から目線で戦って。デビューは向こうのほうが早くても「俺はあなたのいないあいだの新日本を戦い抜いてきたんだ」っていうプライドがあったし。ただ、この抗争を通して、新日本のお客さまはやっぱり柴田勝頼が好きなんだなって再確認しましたね。「柴田！　柴田！」っていう声が大きかったですから。当時は丸くなりはじめていた柴田選手ですけど、もともとギラギラした戦いを求めて新日本に戻ってきたわけで、内藤哲也っていう相手が現れたのは楽しかったんじゃないかな。まあ、その後も俺を認めるようなコメントは一切聞いたことないし、会場で柴田選手とすれ違ったりすると「ああ、内藤哲也のこと、大嫌いなんだろうな」っていうオーラが伝わってきますね（笑）。いつまでもギラついたままでいてほしいです。

EVIL初登場

――内藤選手が柴田選手を下した9・27神戸では、この年の『G1』優勝者の棚橋選手がファレ選手を相手に、東京ドームでのＩＷＧＰヘビー級王座挑戦権利証を死守。そして、棚橋選手は次期挑戦者として、自身が『Ｇ１』公式戦で敗退を喫した内藤選手を指名しました。

あのときは棚橋選手に「出てこい！」って言われたからわざわざ登場したのに、お客さまからブーイングとか「帰れ！」とか飛び交って「なんなんだよ」って思いましたね。で、棚橋選手に「ドームのメインに登場するチャンスがここにあるぞ」って言われたんですけど、俺はその権利証を持っていたのにメインに出られなかった過去があるんで、そこまで響かなかったかな（笑）。

――14年の1・4東京ドームで、ダブルメインの試合順を決めたファン投票の件ですね。内藤選手とオカダ選手のＩＷＧＰヘビー級王座戦が、中邑真輔選手と棚橋選手のＩＷＧＰインターコンチネンタル王座戦に得票数で敗れて。この9・27神戸の棚橋選手のアピールを受けた内藤選手は、バックステージで「そろそろ俺の〝パレハ〟（スペイン語で「仲間」の意）を連れてくる」と宣言します。

なんでかっていうと、俺はこの9月のシリーズでパートナーとしてジュース・ロビンソンと組まされたからなんですよ。ジュースはこのときが初来日で、最初に対戦カードを見たときにビックリしましたからね。「いったい誰だよ？」って。いざ来日して、俺がスペイン語で挨拶してもキョトンとしてるし。まあ、メキシコ人じゃないからしょうがないけど（笑）。「せめてスペイン語を話せるパートナーを用意してくれ」って言っても、新日本は棚橋弘至と違って、内藤の言うことなんか聞いてくれないですから。

――ジュース選手も初参戦で、制御不能のパートナーと組むことになり戸惑ったでしょうね（苦笑）。

たしかにお客さまも「初来日で内藤と組まされてかわいそうだな」って思ってたかもしれないけど、いちばんの被害者は俺ですよ。言葉でコミュニケーションも取れないようなヤツをあてがわれて。でも、内藤に見殺しにされた外国人ってことで、彼は初来日でそこそこインパクトを残したんじゃないですか？　いまも新日本で活躍しているのは、最初のパートナーである俺のおかげですよ（笑）。

――そして、10・12両国での棚橋選手とのＩＷＧＰヘビー級王座挑戦権利証争奪戦で、内藤選手は黒スーツ&銀マスク姿の〝パレハ〟を帯同しました。

べつに当時、自分ひとりだから困ってたってわけじゃないですけど、ふたりだったらロス・インゴベルナブレスの名前を広めるための幅が広がるんじゃないかって。何より、このままワケのわからないアメリカ人と組まされるのはたまらないんで、だったら自分の意思で決めたパートナーを連れてきますよってことですね。

――では、ある部分ではロス・インゴベルナブレス・デ・ハポン（以下、L・I・J）誕生のきっかけとして、ジュース選手の存在があった、と（笑）。

L・I・Jの産みの親がジュースですか（笑）。このときは「パレハの正体は？」ってことで、プロレスファンのあいだで話題になりましたよね。神戸から両国までのあいだ、他団体の選手の名前を含め、いろんな予想が飛び交って。

――当時、全日本プロレスを退団した潮崎豪選手（現プロレスリング・ノア）や、負傷欠場中だった高橋裕二郎選手の名前も挙がっていましたね。

よく俺は「考える時間こそプロレスファンにとっていちばん贅沢であり、楽しい時間」って言ってますけど、それはこのときに強く感じましたね。俺もファンのとき、対戦カードで名前を伏せられた〝X〟の正体を考えるのをワクワクしてたし。両国で入場するときも、かなり会場からの期待感は感じましたよ。みんな、俺が先に入場すると思ってただろうけど、あのときはパレハが先に姿を現し、次に同じ格好をした人間が出てきて、そっちのほうが内藤哲也だったっていう。パレハ予想を含め、まさに手のひらに乗せている気分でしたね。

――そして、棚橋戦の終盤、パレハが乱入し、その正体がEVIL選手だと明らかになるわけですが、当時

はリングネームも明かされてないですし、会場も一瞬呆然とした空気になったというか。

そこは予想どおりでしたよ、「まあ、そうだろうな」って。べつにどうでもよかったというか、「ワーッ！」っていう反応がほしかったら、おなじみのビッグネームを呼んできますよ。でも、俺にとって必要なのは、心から信頼できるようなパレハだったんで。むしろ最初の反応が薄かったのは好都合でしたよ。なぜなら、ＥＶＩＬの試合を観れば、お客さまもすぐに手のひらを返すっていうのがわかってたんで。

――実際、そのとおりになりましたよね。そもそも、内藤選手はこの年の5月のＲＯＨ遠征のときに、当時現地で修行中だったＥＶＩＬ選手見て、その成長ぶりを頼もしく感じていたんだとか？

そうですね。ただ、そのときは俺もロス・インゴベルナブレスに加入する前だったし、凱旋帰国したら組もうとか、そんな話はまったくしてなかったですけど。そもそも、ＥＶＩＬに声をかけたのは神戸の柴田戦のあとだし。来る日も来る日もジュースと組まされるなかで、自分のパートナーにふさわしいのは誰だろうって考えたときに、最初にパッと頭に浮かんだのがＥＶＩＬだったんです。

――そのくらい信頼を寄せていた、と。

俺はＥＶＩＬがはじめてアニマル浜口ジムに来たとき、バイトとして彼の入会手続きをしているわけで、レスラーを目指したスタート地点を見ているわけですよ。そのときは「大人しくて優しそうだし、レスラーには向いてないな」と思ったくらいで。ＥＶＩＬの昔を知っているからこそ、ＲＯＨで観たときの自信に満ち溢れた姿が衝撃的だったんですよね。

――そして、EVILという強烈な個性とたしかな実力を兼ね備えたレスラーに生まれ変わったわけですが、その姿についてはどう思いましたか？

これまでの新日本にはないタイプの世界観だし、おもしろいなって思いました。不安なんか何もないし、そのくらい信頼してましたね。ただ、あの両国の初登場のときに一点だけ失敗があって。試合後のバックステージで、俺が〝ＥＶＩＬ〟をちゃんと英語っぽく発音しようと、〝イーヴォー〟って言ったんですよ。そうしたら新日本のオフィシャルサイトや一部マスコミの表記が〝イービル〟じゃなく〝イーブル〟になっちゃって（笑）。それ以降は〝イービル〟って日本語らしく発音するようにを心がけましたね。

EVIL初登場の試合後には、してやったりの表情。「挑戦権利証なんてどうでもいい。いちばん大事なのはパレハをみなさまにお披露目すること」と、まくし立てた。

BUSHIの覚悟

――10・12両国の棚橋戦の終盤、EVIL選手が乱入すると、それを阻止すべく後藤洋央紀選手と柴田選手が駆けつけました。混戦模様のなか、最後は棚橋選手のハイフライフローに内藤選手が敗れます。

この試合は挑戦権利証よりもEVILのお披露目のほうが重要だったんで、試合の結果自体はとくに気にもしなかったです。ただ、〝耳たぶ〟にかなりのダメージを負ってしまったのは誤算でしたけど（笑）。あのときはメキシコに耳たぶ治療の名医がいるって聞いたんで、次のシリーズを欠場して飛んで。あと、ラ・ソンブラやルーシュに同じロス・インゴベルナブレスとして、今後の方向性について話をしにいきたかったし。

――ロス・インゴベルナブレスを立ち上げたそのふたりに対し〝日本支部〟を正式始動させるという報告を？

そういうことですね。ただ、俺の「両国にパレハをつれてくる」っていうコメントに乗っかって、あのふたりも自分がそのパレハだっていうのを匂わすように、ツイッターで大会の前々日くらいに飛行機の写真を載せて、まるで「いまから飛行機に乗って、両国に乗り込む」っていうフリをしてくれるほどノリノリで。コッチの動きを把握してくれてたし、俺が日本で独自にやっていきたいって話したときは、快く賛同してくれましたよ。「ロス・インゴベルナブレスの日本の活動は、ナイトーに全部任せるから」って。

——お墨付きを得た、と。このとき、内藤選手は現地で試合はしたんですか？

いや、してないです。でも、ロス・インゴベルナブレスのセコンドにはつきました。メキシコの空気に触れるのは原点回帰じゃないですけど、いい充電になりますよ。一部から「本当にケガしてるのか？」と疑われた耳もすっかり完治したし（笑）。

——このあと、メキシコ帰りの内藤選手は、11・3大阪でのEVIL vs後藤に乱入しました。

あのときは事前にツイッターで帰国しないポーズを取りつつ、コッソリと会場入りしたんです。EVILの試合や周囲の反応が気になっただけで、乱入するかどうかまでは決めてなかったですけど、自然と身体が動いちゃってましたね。でも、相手に対してどうこうはなかったですよ。まあ、やたら桑名出身のふたり（後藤と柴田）が俺に対して「中途半端」とか言ってたんで、桑名の辺りではその言葉が流行ってるんだなって思ってたくらいで（笑）。

——そして、内藤選手はこのときに、11・21後楽園から開幕する『WORLD TAG LEAGUE』（以下、

『WTL』）にEVIL選手とのタッグで出場することを宣言します。その開幕戦で、新たなパレハとしてBUSHI選手が内藤&EVIL組に帯同しましたが、この加入の経緯というのは？

その大阪の前後に東北に行く用事があったんですけど、その帰りの新幹線の中で、BUSHIから「ちょっとお茶しようよ」って連絡があったんです。で、上野駅近くの喫茶店で合流をして。当時、BUSHIは欠場中だったから「なんだろうな？」と思いましたね。浜口ジム時代からの知り合いですけど、こういう感じで連絡が来たことはなかったんで。

――BUSHI選手は14年の12・19後楽園での6人タッグの試合中、コーナー最上段から前転してリングに着地する際に首を強打し、タンカで運ばれました。結果的に急性硬膜外血腫、脊髄震盪、第12胸椎骨折と診断され、長期欠場に追い込まれます。その後、15年の8・16両国で一度は復帰戦が決まったものの、練習中のケガにより見送り。そして、あらためて11・21後楽園での復帰が発表されたわけですが、そのタイミングで内藤選手に連絡があった、と。

あのとき、BUSHIは会場でのロス・インゴベルナブレスに対する生の反応や、ユニットとしての今後の方向性とか、いろいろ聞いてきたというか、様子を探ってきて。で、意を決したように「俺も参加したいんだけど」って切り出してきたんです。要するに彼の加入は俺の誘いじゃなく、本人の売り込みですね（笑）。

――そこですぐにOKの返事を？

いや、俺も10・12両国から会場の反応が変わってきたのを察知していたので、単純にBUSHIがこのいい波に一緒に乗りたいっていうことならば、答えはノーだったんですよ。EVILが合流したばっかりだったし、べつに「3人目を探さなきゃ」って思っていたわけでもないんで。でも、話し込んでいくうちに、BUSHIの熱が伝わってきたというか。

――何がBUSHI選手加入のポイントになったんでしょうか？

やっぱり復帰戦が一度ダメになっちゃったっていう部分で、かなり自分自身に危機感を持ってたんですよね。べつにBUSHIは本隊にいた頃、俺みたいにブーイングが飛んでたわけでもないけど、そういうベビーとしての自分を捨てて現状を打破したいっていう覚悟が見えて。それこそ俺がよく言ってる〝一歩踏み出す勇気〟というか。

――当時、ジュニアではKUSHIDA選手がBUSHI選手の欠場中に躍進し、さらに若手選手も育ってきているという部分で、アセりがあったのかもしれないですね。

そうだと思いますよ。いつもはお調子者のBUSHIが、いつになく真剣な表情で「これが俺には最後のチャンスだと思ってる」って言ってましたから。長い付き合いのなかで、BUSHIのあんな姿ははじめてでしたね。

——BUSHI選手は当初、11・21後楽園の第1試合のタッグマッチに出場予定でしたが、前日会見で急遽欠場が発表されます。そして当日、内藤選手とEVIL選手と共にスーツ姿に銀の仮面をつけて新たなパレハとして登場を果たしました。この3人がL・I・Jのオリジナルメンバーというか。

ちなみに勘違いされがちなんですけど、ロス・インゴベルナブレス・デ・ハポン（L・I・J）っていうユニット名は、その翌日の豊橋大会ではじめて口にしてるんですよ。〝デ・ハポン〟をつけただけで、スペイン語の文法的に合ってるかちょっと不安でしたけど、ここまでとくにツッコまれずに来たんで問題なかったんでしょうね。この豊橋からユニットとして正式に始動して。

——孤独な戦いに乗り出した内藤選手の元に集まった仲間が、プロデビュー以前から自分と関わりのあったEVIL選手とBUSHI選手というのも興味深いですね。

これはもう、〝デスティーノ〟っていう言葉を感じざるをえないですよね。レスラー志望のBUSHIを浜口ジムに連れて行ったのも、EVILが浜口ジムに入会するときに手続きをしたのも俺だし、そういう点と点がつながって線になったというか。「よし、ここから俺たちで新日本

第2のパレハとして合流したBUSHIは、「新日本のリングでいちばん刺激があって、魅力のあるトランキーロの世界。俺は内藤についていくことにした」と宣言。

の図式をひっくり返してやる！」っていう気持ちに、あらためてなりましたね。

『WORLD TAG LEAGUE』準優勝

——L・I・Jとして始動した15年の『WTL』で印象的なのは？

まずは開幕戦（vsカール・アンダーソン&ドク・ギャローズ組）ですかね。と言っても試合というより、BUSHIの登場シーンなんですけど。どうしたらインパクトを出せるか、いろいろ考えたんですよ。そのときはEVILと違って、新しいパレハの投入予告をしてなかったので、お客さまに事前に考える時間を与えられなかったからこそ、瞬間の勝負だったというか。

——このときはまずEVIL選手が入場し、続いて仮面をつけた内藤選手が現れたと思わせるも、その仮面を脱ぐと正体はこの大会を欠場していたはずのBUSHI選手で、場内は大いにわき返りました。

ただ、BUSHIのほうが俺よりサイズが小さいので、その時点で「これは内藤じゃないな」って気づいた人もいたかもしれないですけど（笑）。でも、結果的に復帰のタイミングでユニットを変えるっていうのは、お客さまの期待感を高めたと思いますよ。ＢＵＳＨＩは本隊時代の自分にくすぶりを感じてたみたいなんで。

――ちなみに試合はＢＵＳＨＩ選手がエプロンからギャローズ選手に初公開となる毒霧を浴びせ、ひるんだところを内藤選手がデスティーノで仕留めました。その試合後、内藤選手は佐藤健太レフェリーと放送席のミラノコレクションＡ．Ｔ．さんにも危害を加えましたが、このあたりからレスラー以外にも手を出す場面が目立つようになったというか。

制御不能に拍車がかかりましたか（笑）。まあ、ロス・インゴベルナブレスとしてメキシコから帰ってきてから、ＥＶＩＬやＢＵＳＨＩと合流するまでは本隊の選手と組むことも多かったし、抑制していた部分はありましたからね。

――内藤選手の暴走行為に対し、ミラノさんは「リング周辺の関係者は、彼にとっては〝オモチャ〟であり、今日はこれで遊ぼうと気まぐれで仕掛けてくる」と発言されていて。

売れっ子解説者だけあって鋭い読みですねえ。いや、ここで言っておきたいのは、いちばんの被害者は俺なんですよ。なぜかと言えば、リング周辺の関係者のみなさんが、目で「コッチ、コッチ！」って合図をしてくるから、しょうがなくかまってあげているだけで。

――自分は周りの要望に応えてるだけだ、と（笑）。

そうそう、みんなほしがりなんですよ。そのなかでもとくにほしがり屋さんなのがミラノコレクションA.T.で（笑）。あの人は解説しながら、いかに自分が目立つかってことを常に考えてますから。カブってないですけど浜口ジムの先輩でもあるので、俺が気を遣ってるってことです。

――先輩を立てている、と（笑）。このときのタッグリーグは11・21後楽園でIWGPタッグ王者のアンダーソン&ギャローズ組を倒したあとは、11・23桑名でマイケル・ベネット&マット・ターバン組、11・27広島で天山&小島聡組に連勝。11・30博多で中邑&石井智宏組に敗れるも、12・3熊本でAJ&裕二郎組に不戦勝、そして12・6愛知で後藤&柴田組に勝利を収め、5勝1敗でBブロック単独首位となりました。

その12・6愛知のメインで後藤&柴田組に勝ったあと、L・I・Jとしてはじめてマイクを握ったんですよ。でも、最後に「ロス・インゴベルナ～ブレス！　デ！　ハ……」って言いかけたところで、Aブロックを勝ち抜いた真壁&本間（朋晃）組が入ってきちゃって（苦笑）。

――「デ・ハ・ポン！」の記念すべき一発目は不発に終わった、と（苦笑）。そして、12・9仙台の優勝決定戦ですが、残念ながら最後は本間選手のこけしの前にEVIL選手が敗れ、準優勝に終わりました。

最後まで進んで負けたのは悔しかったですよ、優勝以外は準優勝も最下位も変わらないですから。あのときは終盤に俺がこけしインパクトを食らって、分断されちゃったんですよね。

――真壁組がこのシリーズから使い出した合体技ですね。

ヘルレイザーズのダブル・インパクトがモチーフなんでしょうね。名前はふざけてますけど強烈な技でしたよ、受身のタイミングを取るのも難しくて。「こけしのバリエーションもここまで来たか」と思いましたよ。そもそも、本隊時代の俺が本間選手の「小こけし」を考えて、そこから派生技が生まれていったわけで。本間選手は俺に感謝したほうがいいですよ（笑）。

――真壁&本間のG・B・Hコンビは新日本を代表するタッグですが、内藤選手の目にはどう映っていますか？

もともと、雑草と言われてたふたりで華やかさはないし、俺がファンだったら好きになるタイプのチームではないけど、いいタッグだなとは思いますよ。ふたりの関係性が、チームバランスをうまく成立させているというか。やっぱり、本間選手が存在感を増してから、タッグとしても磨かれていったんじゃないですか？

――この前年あたりから本間選手が、そのガラガラ声と個性的なキャラでメディア出演が増えて知名度が広がると共に、その活躍がリング上にも反映されていったというか。

声が聞き取りにくいってことはコミュニケーションを取るのが難しいわけで、ふつうは致命的じゃないですか。まさかそれを武器に活躍するとは思わなかったですよ（笑）。そういえば、この優勝決定戦のときに入場用のスーツをホテルに忘れてきて、大会がはじまってから気づいたんですよね。慌ててタクシーで取りに帰って、けっこう試合ギリギリで戻ってきた覚えがあるので、それが敗因のひとつかな（苦笑）。

――無駄な体力を使ってしまった、と（笑）。

まあ、優勝は目前で逃したものの、ＥＶＩＬの実力を全国のみなさまにお披露目するという部分では達成感はありましたよ。ＥＶＩＬとのタッグはものすごくやりやすかったですし。Ｌ・Ｉ・Ｊのメンバーたちとそれぞれタッグを組むこともありますけど、俺のなかでいちばんシックリ来るのはＥＶＩＬですね。彼はふだんからプロレスについてよく考えてるし、リング上の戦況がよく見えていて。俺にとって最初のパレハという思い入れの部分もあるのかもしれないけど、ＥＶＩＬとのタッグは非常に心地よかったですよ。

LOS INGOBERNABLES

CAPÍTULO.2

IWGPヘビー初戴冠

中邑真輔壮行試合の違和感

――16年の1・4東京ドームでは後藤選手とシングルマッチを行ないました。この一戦は全9試合中、唯一のノンタイトルマッチでしたが、戦前から内藤選手が話題を振りまいたというか。

あれは楽しかったですよ。〝キャプテン・クワナ〟のマスクを用意して。グッズで売っていたキャプテン・ニュージャパンの応援用のマスクの額部分に、平仮名で「くわな」って書いたテーピングを貼り付けただけなんですけど（笑）。あのときは「桑名を馬鹿にしないでほしい」っていう声も一部から届きましたけど、あれだけ桑名という言葉を連呼したのも、俺くらいでしょう。あんなに宣伝したんだから、むしろ三重県知事や桑名市長に感謝してほしかったですよ（笑）。

――桑名の親善大使と言わんばかりですね（笑）。

まあ、ノンタイトルだからこそいかに注目を集めるのか考えたし、俺はくすぶっていた後藤洋央紀に変身のチャンスを与えたわけで。でも、東京ドーム当日もいつもの荒武者モードだったんで、その時点で拍子抜けしたというか、それが敗因なんじゃないかな（笑）。

――試合後、内藤選手は「叩いても響かない後藤の世話係は終わった」と発言を残しています。後藤選手といえばＩＷＧＰヘビーにも幾度となく挑戦した経験を持つトップ選手の一角ですが、新日本の至宝にはあと一歩のところで辿りついていません。

あの人が海外修行から凱旋帰国して、いきなり『Ｇ１』で優勝したときはきっと多くの人たちが「後藤の時代が来る」って感じたと思うんですよ。でも、その頃以上のインパクトは残せてない気がします。突き抜けられない要因として、少なくとも俺と東京ドームでやった頃の後藤選手は発信力に欠けてると思いましたね。ベルトを掴むにしろ、リング上の強さだけじゃなく、期待感を煽るのも重要ですから。後藤選手の場合、たとえ勝ったとしても、結果的に抗争相手のほうが光っている気がするし。まあ、一言で表せばあの人はツッコミどころが多い（笑）。

――以前の内藤選手も、後藤選手と同じようにＩＷＧＰヘビーに手が届きそうで届かない存在というか。でも、ロス・インゴベルナブレス入りして舌鋒鋭くなり、存在感を増したという部分で、先ほどの発信力という言葉には説得力を感じます。

後藤選手は見た目の雰囲気も持ってるし、レスラーとしての実力もある。でも、発信力が弱いから抗争相手にイジられる。それに対してドッシリと構えて無視するか、徹底してやり返せばいいものを、ヘンに反応して中途半端なんですよ。当時、桑名のふたりが俺やEVILに中途半端だって言ってましたけど、「その言葉がいちばん似合うのは誰なんですか?」とは思いますね。

――また、内藤選手はこの東京ドーム大会から、入場時に干支とガイコツを掛け合わせたデザインのオーバーマスクを被るのが恒例となりましたね。

そうでしたね、16年は猿バージョンで。あと、この当日に試合がなかったEVILとBUSHIも一緒に入場して。L・I・Jを始動させてからは初の東京ドームだったんで、大勢のお客さまの前でユニットをお披露目するっていう意識は持ってました。やっぱりプロレスは入場含め、発信力が大事ですから。

――発信力という話では、内藤選手はこの東京ドーム後の1・30後楽園で行なわれた、新日本を退団する中邑選手の「壮行試合」についても異議を申し立て、話題を集めました。

あれは「壮行試合」と発表した新日本プロレスに対して「それはおかしいんじゃないの?」って言いたくて。発表を聞いた瞬間、ハテナマークばっかり浮かびましたからね。「海外遠征じゃなく、辞めて別の団体へ行く選手に対して壮行試合? こういうときに使う言葉か?」って。

――内藤選手は1・30後楽園で「海外の某団体に行くことがそんなにオメデタイか? この団体は世界一の

プロレス団体を目指してるんじゃないのか？　海外の某団体が巨大すぎて、『太刀打ちできません』って認めちゃってるわけ？　これは新日本を応援してくださるみなさま、中邑真輔に対して言ってるんじゃない。新日本プロレスに言ってるんだ！」とコメントされて。

そもそも「国内の他団体に移籍してたら、こんな発表したか？」って話だし。大会当日は正直、自分の試合よりも、この違和感を言葉にしたい気持ちのほうが強かったですよ。もちろん、中邑選手の新日本に対する貢献は認めているし、彼の人生でどういう選択をしようが、そこは関係ないです。ただ、俺には新日本という会社が、まるで「海外の某団体より自分たちは下なんで」って示しているように感じたので、疑問を投げかけずにはいられなかったというか。言い換えれば〝退団記念試合〟って謳ってるようなもんだし。

――新日本プロレスに強い誇りを持つ内藤選手だからこそ、あのときの言葉につながった、と。

売上とか数字の部分で劣っているのはわかっているけど、俺は新日本プロレスが〝キング・オブ・スポーツ〟と掲げている以上は、いちばん上を目指すべきだと思いますから。リング上の戦いは、新日本が世界一だっていう自負が俺にはあるし。ちなみにKUSHIDA選手が新日本で最後の試合をやったときは、なんて発表されましたっけ？

——18年の1・29後楽園の棚橋選手との新日本所属のラストマッチは、「スペシャルシングルマッチ」として行なわれました。

中邑選手のラストマッチから3年経って会社も大きくなり、外に対する意識も変わったんですかね。まあ、また「壮行試合」だなんて発表されたら、全力でツッコませてもらいますよ。

——ちなみに中邑選手の退団から程なくして、AJ選手やアンダーソン選手、ギャローズ選手と主力級が立て続けに新日本のリングを去りましたが、あのときの状況はどのように受け止めていましたか？

いや、チャンス以外の何物でもないですよ。これをチャンスと捉えない人間は、なんのためにプロレスをやってるんだろうって思いますし。べつに選手が一気に抜けたところで、何も不安に思うことはなかったです。とは言え、俺もファン時代は武藤敬司選手や小島選手、ケンドー・カシン選手たちが全日本プロレスに移籍したときに「ヤバいな」って思いましたけどね。でも、中邑選手たちの退団に関しては「あ、席が空いたな」くらいのもんでしたよ。

——新日本の長い歴史を振り返れば、多くの選手が巣立ったときも、必ず次のスターが誕生するというか。

俺は新日本プロレスが大好きなんで、新日本に対して気持ちのない人間がリングに立つこと自体が腹立たしいというか。「気持ちがないならさっさと出てけよ」っていう、ドライな思いがあって。とにかく、あのときは「このチャンスを絶対に活かしてやる！」っていう気持ちでした。

『NEW JAPAN CUP』優勝

――内藤選手は２・14長岡において、新日本の木谷高明オーナーが当時、「東京スポーツ」誌上で「オカダ選手を徹底的にスターにします。プロジェクトとして２億円レベルの話がある」と語ったことに対して噛みつきました。

ありましたねえ。あれは「徹底的にスターにする？　これは新日本プロレスのほかのレスラーはどれだけがんばっても、オカダの上にはいけないってことですか？」って反論して。結局、スターかどうかっていうのはお客さまが判断することですから。でも、これは会社というかオーナー批判なわけで、ある部分で覚悟はしました。

――覚悟というのは？

クビになるかもしれないなって。でも、思ってることを口にしなければ、状況は何も変わらないのは、これまでの経験でわかってたし。まあ、べつに何でもかんでも噛みついてやれってわけじゃなく、たまたま当時は文句を言いたくなることが続いただけで。というか、一連の発言も俺に言わせれば愛社精神みたいなもんですよ（笑）。すべては新日本が好きだからこそなんで。

――会社批判といえば、90年代には蝶野正洋選手がその急先鋒というイメージがありますが、内藤選手はそれ以来というか。

たしかに蝶野選手と重ねる人もいるみたいですけど、そこはまったく意識してなかったですよ。「いま、会社に文句を言うレスラーがいないなら俺が」とかそんな安っぽい考えじゃなく、俺なりの覚悟を持って、思ったことを口にしていたので。

――ポジショントークではない、と。この2億円プロジェクトへの意見に対し、ファンの反響はいかがでしたか？

SNS上では賛否が半々くらいだったかな。まあでも、いちばんの目的は自分の思いを表すことで、周囲の声はどっちでもよかったですけどね。俺の意見が完全に正しいなんて思ってもないし。ただ、「多くの人が俺の声に耳を傾けてる」っていう実感はありました。だから、中邑選手の壮行試合の件も2億円プロジェクトの件も、結果的に俺には追い風になりましたね。

――その追い風のなか、3・3大田区で『NEW JAPAN CUP』（以下、『NJC』）が開幕します。内

藤選手は一回戦でYOSHI-HASHI選手、3・4後楽園の二回戦で石井選手、そして3・12青森の準決勝で矢野通選手と、CHAOSを3タテ。そして、準決勝と同日の決勝戦で、当時は本隊所属の後藤選手を下して『NJC』初制覇を果たしますが、シリーズ中はその発言でも注目を集めました。優勝者は4・10両国でIWGPヘビー、IWGPインターコンチ、NEVER無差別のいずれかの王座に挑戦する権利が与えられるのに、内藤選手は「優勝しても両国では挑戦しない」と宣言し、ファンをザワつかせたというか。

二回戦のあとにマイクでそう言ったんですよね、「そんなとこじゃ挑戦しない。じゃあ、どこで挑戦するのか、それはトランキーロだぜ」って。これに関しては、当時は東京ではかなり支持されているという手応えがあったし、俺が何か言えば波紋が広がるだろうなと考えて、あえて言ってみたっていうのが正直なところですね。

――ある種、愉快犯的に発言をしてみた、と?

要するに『NJC』は挑戦者決定トーナメントで、歴史の長い『G1』に比べればブランド力は落ちますけど、出場選手にしてみれば一発勝負という部分では、より緊張感があるわけですよ。じゃあ、『G1』とまではいかないまでも、『NJC』に注目を集めるひとつの策として、波が立つような発言をしたってことですね。

――大会全体を考えての言葉だった、と。初優勝を飾った『NJC』を振り返っていかがですか？

俺としてはYOSHI－HASHIに順当勝ちしたら、二回戦で石井選手を倒したEVILと事実上の決勝戦だなって思ってたんです。L・I・J対決がはじめて実現するのを楽しみにしていて。でも、そのEVIL戦がなくなった時点で、俺の優勝が確定したようなもんだし、ほかの試合は消化試合でしかなかったというか。「じゃあ、優勝するならどうやって残りの試合を勝とう」って、そんなことまで考える気持ちの余裕がありましたね。石井戦では垂直落下式ブレーンバスターを、はじめてデスティーノで切り返して。ただ、準決勝の矢野戦だけはちょっと想定外でしたけど（苦笑）。

――矢野選手が速攻勝負を仕掛けようと、スーツを脱ぐ直前の内藤選手に奇襲攻撃を見舞い、試合に突入しますが、逆に内藤選手はスーツ着用のまま、丸め込みで秒殺勝利を収めて（笑）。

スーツ姿で勝ったのは、後にも先にもこのときだけじゃないかな。このときは白いスーツについた汚れが気になって、決勝戦はTシャツで入場しました（笑）。

――決勝戦はこの年の1・4東京ドームのリベンジマッチとなりました。この『NJC』のときの後藤選手は、同年2月にオカダ選手とのIWGPヘビー級王座戦に敗退した直後、そのオカダ選手からCHAOS入

矢野は怒涛の丸め込みを仕掛けるも、しのいだ内藤は相手のお株を奪う急所攻撃からジャックナイフ式エビ固め。わずか2分32秒で決勝戦進出を決めた。

りの誘いを受けて迷いが生じていた頃というか。

そのへんは後藤選手と戦っていて、「何とかしないと、何かを変えないと」っていう切羽詰まった感じが伝わってきましたよ。でも、後藤選手は2月のオカダ戦のときに滝修行したり、試合本番では身体に文字を書いたり、白装束を着たりしてましたけど、それで強くなれるなら誰も苦労しないよって話で。

――後藤選手はこの『NJC』でも白装束でしたね。

どうせなら俺が東京ドームの前に提案したキャプテン・クワナとして出てきたほうが、変われたんじゃないですかね（笑）。まあ、俺にとって16年の『NJC』は、この1年前の『NJC』とは大違いというか、気持ちの持ちかたが全然違いましたよ。

――15年の『NJC』は内藤選手がロス・インゴベルナブレスに加入する前で、まだブーイングも飛び交ってましたし、準決勝の飯伏幸太戦で敗退しています。

1年前の内藤みたいな状況だったのが、この『NJC』のときの後藤洋央紀だったと思います。「何かを変えなきゃいけない、何とか結果を出さなきゃいけない」っていう、まさにアセッてる状況ですよね。

――この試合後、内藤選手はＩＷＧＰヘビーへの挑戦を選択。そのあと、Ｌ・Ｉ・Ｊのメンバーと共に後藤選手を袋叩きにしていると、オカダ選手が救出に現れました。そしてオカダ選手の差し出した手を後藤選手は握り返し、ＣＨＡＯＳ入りにつながって。

俺はその光景を場外でパイプイスに座って観てましたけど、楽な道を選んだなと思いましたよ。そんな後藤選手にガッカリしましたね。

――そして、オカダ選手の「４月10日、両国で挑戦してこい！」というアピールを受けて、内藤選手は「チャンピオンのリクエストだからさ、望みどおり両国でやってやるよ！」と呼応します。

俺が早い段階で「両国で挑戦しない」と言った時点で、お客さまは「え、じゃあ内藤は優勝したらどこで挑戦するんだろう？」となって、俺の手のひらなわけですよ。で、さらに俺はオカダのことも手のひらに乗せる自信があったんですよね。まず、前提としてこの会社は内藤の言うとおりにはならないので、タイトルマッチは最初の発表どおり、４月の両国でやることになる。だったら、オカダに「４月の両国でやれ」って言わせて、「しょうがねえからやってやるよ」っていう方向に持っていこう、と。

――心理的な駆け引きがあったわけですね。

あのときはすべてを自分でコントロールできる自信がありましたよ。あくまで俺がチャレンジャーなんだけど、『NJC』を優勝しているという部分で、単なるチャレンジャーではない。そこでオカダのほうから「4月の両国」と言わせることで、俺がある種、心理的には受けて立つ側になれるというか。

——両国決戦の前に戦いはすでにはじまっていた、と。

そういうことですね。もっと言ってしまえば、あの時点で「4月の両国はもらったな」と確信しました。リングで向かい合ったときに、「あれ？　オカダってこんなに小さかったっけ？」って感じたんで。あと、このときの『NJC』全体でいちばん記憶に残ってるのは、決勝戦のときにはじめて「デ・ハ・ポン！」で大会を締めくくったことですね。だから、青森が「デ・ハ・ポン」発祥の地なんですよね。でも、まだはじめてのことだったから、お客さまもキョトンとして合唱もなかった。それがこのわずか1か月後に、状況が一変するわけです。

SANADAの合流

――そして、ついに4・10両国で運命のときを迎えます。王座戦に臨む内藤選手の入場時、場内は大きな「内藤」コールに包まれましたね。

いまじゃ珍しくないですけど、入場で俺にコールが起こったのはあれがはじめてだったと思います。この大会前から周囲の自分への期待感はすごく感じてましたけど、さすがにあの日の空気はちょっとビックリしましたね。俺、大会のオープニング映像が場内に流れるときに、こっそり入場ゲート付近まで反応を見にいったんですよ。そうしたらメインのタイトルマッチに対する歓声がものすごくて、お客さまの「この試合が目当てなんだ、内藤がオカダを倒してベルトを獲る瞬間を観にきたんだ」っていう熱意が伝わってきたというか。あそこまでの状況は、これまでのキャリアでなかったです。

――11年以降、日本人選手でIWGPヘビーのベルトを巻いたのは棚橋選手とオカダ選手のみだったので、新しい風景を期待する機運が高まっていたと思います。それに対して気負うものはなかったですか？

俺は大小、どんな規模の大会でもわりと試合前は緊張するタイプなんですけど、あの日の両国はオープニングの歓声を聞いたときから、ワクワクが止まらなかったですね。どれだけ自分の一挙手一投足に反応があるのか、楽しみでしょうがなくて。しかも『ＮＪＣ』で優勝した直後の心理戦、そしてそのあとの前哨戦で、俺のほうがオカダより明らかに優位に立ってましたから。

――心の余裕があったわけですね。

リングで向かい合った瞬間、いつの間にか俺の存在感のほうが大きくなっていたのを、あらためて実感しましたよ。あとはオカダの新日本プレデビュー戦の相手を務めたときのことを思い出しました。あのときは迎え撃つ立場でしたけど、この両国もどこか似た感覚でしたね。挑戦者にもかかわらず余裕があったから、「これは勝敗プラスアルファで、お客さまに何か楽しみを提供したいな」と思って、あの〝仕掛け〟を用意したんですけど。

――仕掛けというのは王座戦終盤に乱入した、新たなパレハであるSANADA選手のことでしょうか？

そうです。ＥＶＩＬの初登場のときは事前に予告をして、お客さまには当日まで考える楽しみを味わってもらった。逆にＳＡＮＡＤＡは予告なしで、サプライズという楽しみを仕掛けてみた、と。まあ、乱入するタイミングはＳＡＮＡＤＡに任せてましたけど。

4月10日のIWGPヘビー級王座戦。試合が佳境に入ると、ドクロの仮面の男がオカダに襲いかかりTKOを炸裂。そして、仮面を脱いで正体を明かしたSANADAは、追撃のラウンディング・ボディプレスを見舞った。

――ドクロのマスクを被ったＳＡＮＡＤＡ選手は、内藤選手にレインメーカーを決めようとするオカダ選手を背後から襲撃し、ＴＫＯとラウンディング・ボディプレスを食らわせました。

あのときは会場がザワつくのを見て、半年前のＥＶＩＬの登場のときを思い出して懐かしさを感じましたよ。で、ＳＡＮＡＤＡがマスクを外したら、少しずつ反応が大きくなっていって。

――かつて同じ新日本の入門テストを受け、その後は新日本と全日本プロレスの次世代エースとして、内藤選手と比較されてきたＳＡＮＡＤＡ選手のＬ・Ｉ・Ｊ加入は、大きな話題となりましたね。

新日本が全日本プロレスと絡みがあるたびに、俺はＳＡＮＡＤＡとタッグを組んだり戦ったりしてたし、最後に同じリングに立ってから時間が経っても、彼の存在っていうのは頭の片隅にはありましたよ。

――内藤選手とＳＡＮＡＤＡ選手の最後の遭遇は12年7月1日の新日本と全日本の40周年合同興行でした。その後、ＳＡＮＡＤＡ選手はＷＲＥＳＴＬＥ－１に移籍し、14年3月にはアメリカのＴＮＡで日本人初となるＴＮＡ Ｘディヴィジョン王者に君臨するなど、日米を股にかけて活躍します。

俺もＴＮＡに参戦したことがあるし、東京ドームでジェフ・ハーディーのＴＮＡ世界ヘビー級王座に挑戦したこともあったんで、どこかシンパシーを感じる部分があったというか、「ああ、

SANADAはいまこういうことやってるんだ」っていうくらいにはチェックしてましたね。当時、SANADA合流の理由について「答えるべきタイミングが来たら答える」って言いましたけど、それはいつか本人の口から語る日が来ると思いますよ。まあ、俺との過去の関係を考えると、これもデスティーノってことですかね。

念願のIWGPヘビー初戴冠

――この両国で内藤選手はオカダ選手をデスティーノで下し、キャリア約10年、33歳にして念願のIWGPヘビー初戴冠を成し遂げました。あらためてあのときの気持ちを教えてください。

俺は中学3年生のときに「IWGPヘビーを30歳までに巻く」っていう目標を立て、それよりも少し時間はかかりましたけど、素直にうれしかったですよ。しかも相手は、俺が二十代最後にIWGPヘビーに挑戦したときに夢を打ち砕いたオカダだったんで。デスティーノにしても、メキシコで開発した時点でオカダを仮想敵にしてましたからね。「レインメーカーをこう切り返せば、この技が決まる」って、頭の中でシミュレーションをして。両国では思い描いていたとおりの理想のフィニッシュになりました。最後、お客さまが「1、2、3!」ってカウントを大合唱するのがうれしかったですね。俺が待ち望んでいた瞬間を、みなさまも待ち望んでいてくれてたんだなって。

――本隊時代の内藤選手は涙もろい印象がありますが、両国のリングではそういう姿は見せませんでした。

試合前は「ベルトを獲ったらウルッとくるかな?」って思ってたんです。リング上では泣かないまでも、バックステージに戻ったらどうかなとか。でも、いざベルトを手にしたら、「ああ、俺はもうこのベルトの存在自体を超えたな」って思ってしまったというか。その直前、石井選手が俺に次期挑戦をアピールしてきたんですけど、場内はブーイングが巻き起こってましたね。

――あの石井選手にブーイングが飛ぶというのが異常事態というか、まさに場内は新たなカリスマ誕生という雰囲気でした。

祝福ムードがハンパじゃなかったし、たとえ石井選手だろうがお客さまには水を差されたように感じたんでしょうね。そして、最後は「デ・ハ・ポン!」の大合唱。あれをはじめてからまだ日も浅かったのに、すでに浸透しているのを肌で感じて「きっと、内藤がこの場で何をやろうが、大歓声が起こるんだろうな」と思い、ベルトを頭上高く放り投げてやりましたよ。

IWGP初戴冠直後、マイクを握ると「L･I･Jが新日本プロレスを応援してくださるみなさまに、新たな景色をこれからお見せしたいと思います」とアピール。

――その後も内藤選手のベルトの扱いかたは一部で波紋を呼びましたよね。

いいんじゃないですか、そうやって議論になるのは。お客さまも不満に思うなら、内藤の対戦相手を応援すればいいいし、会社も俺の振る舞いが気に入らないなら剥奪すればいいだけの話だし。でも、そうはならないのが現実なわけで。そのときに「内藤は歴代の王者へのリスペクトがない」って言われたりもしましたけど、俺の新日本への愛は現役選手の誰にも負けないですからね。ファン時代に地方にまで観戦に行ったり、ファンクラブに入ってたのなんか新日本の選手で俺くらいですよ（笑）。

――当然、リスペクトはある、と。

もちろんありますよ（ニヤリ）。そういえばあの日、会場に父親が来てたんですけど、頼まれてベルトを実家まで持っていきましたよ。何枚もベルトと一緒に写真を撮ってたんで、もしかしたら俺よりも喜んでたかもしれないです（笑）。

――プロレスに出会うきっかけを作ったお父さんに、最高の親孝行ができたわけですね。

父親に比べて俺はわりと冷静でしたね。ベルト獲得はうれしかったけど、むしろあの日の夜は「このまま内藤哲也はどこまで行ってしまうんだろう?」、そんなことを考えてました。

CHAOSの天敵

――5・3福岡ではIWGPヘビー初防衛戦として石井選手を迎撃しますが、内藤選手は同年の『NJC』で勝利している相手ということで「この王座戦を望んでいる人はいるのか?」と疑問を呈してましたね。

単純にIWGPヘビーの権威的にどうなのかな、と。俺は『NJC』でCHAOSを3人倒し、ラスボス的な感じでオカダに勝ったのに、またフリダシじゃないけど石井選手が出てきたんで「オイオイ、いつまでCHAOSが続くんだよ?」って感じでしたね。まあ、それだけ新日本プロレスに大事にされてるユニットというか、そのときは「さすが〝2億円プロジェクトの男〟が中心だけあるな」って思いましたけど。

――ちなみのこの時期、内藤選手は「CHAOSはバラバラで方向性が見えない連中。本隊と何が違うのかわからないし、合体すればいいんじゃないの?」と発言していました。

のちに合体してるのを見ると、我ながら先見の明がありますね(笑)。あの石井選手との初防衛戦では、よく覚えてる場面がひとつだけあって。石井選手の垂直落下式のリバースブレーンバスターで頭から突き刺さったんですけど、実況席で特別解説を務めていた棚橋選手が、思わず立ち上がってるのが見えました（笑）。

——それだけ衝撃的だった、と。

でも、あとはとく印象に残ってないですね。石井選手との試合自体はいつも身体こそきついですけど、結局のところ向こうから言葉として伝わってくるものが何もないんで。なんで俺とやりたいのかよくわからないし、なんのために俺はこの人と防衛戦をやらなきゃいけないんだろうっていう疑問が、このときはありましたね。「俺の前に立っただけで挑戦できるのはおかしいんじゃないか？ その程度のベルトなのか？」っていうのは、俺がずっと追いかけ続けて手に入れたものだからこそ、石井選手にも新日本プロレスにも思いました。

——ちなみに石井選手はこのときがIWGPヘビー初挑戦でしたが「そんな感慨に浸るよりも、内藤に対する怒りのほうが大きい。わけわかんねえことばっかり言って、俺にはタチの悪いガキがダダこねてるだけにしか見えない」と発言していました。

それ、大会のパンフの発言ですよね。そのときに思ったのが「じゃあ、この石井の思いがどれだけの人に伝わってるんだろう？」ってことで。レスラーが自分の気持ちをプロレスファンのみ

5.3福岡でのIWGPヘビーの初防衛戦で、石井に掟破りの垂直落下式ブレーンバスター。初防衛に成功後、会場に不在の木谷オーナーに「あなたの目で、耳で！ 会場の反応をぜひ確認しにきてください」とアピール。

なさまに広く伝えるには、リング上でマイクを持ってアピールすればいいわけですよ。結局、石井選手はインタビューで聞かれたからチラッと答えただけで。どうやってタイトルマッチへの注目を集めるのか、挑戦者ならもっと考えるべきだと思うし、このパンフを読んだときはイラッとしましたよ。

——試合は内藤選手がデスティーノで初防衛に成功。すると、前王者のオカダ選手が現れ、無言で指を差して挑戦をアピールしました。そして、新日本の上半期の天王山である6・19大阪城で再戦が組まれて。

この石井戦のすぐあとにROH遠征があったんですけど、俺に対するアメリカのお客さまの反応が、それまでと一変したんですよ。サイン会の行列も日本人では断トツで。IWGPヘビーの価値を海外で実感したというか、海を越えての〝手のひら返し〟は気持ちよかったですね。で、ROH遠征のあと、シンガポールに向かったんです。

——現地のイベントに出演していた木谷高明オーナーに直談判を行ないましたね。

『新日本プロレスワールド』だけじゃなく、実際に会場の熱を体感すべきだと思ったんで、「お客さまのナマの反応をあなたの目と耳で確認すべきでは?」と訴えて。わざわざ遠くまで足を運んだこともあって、その大阪城のときは木谷オーナーもリングサイドに座ってましたけど。

リングサイドでオカダ戦を見守った木谷オーナーは、内藤について「お客さんをワッと持ってっちゃう。いろんな意味で上手くなり、強くなった」と賞賛。

――この戦前、オカダ選手が内藤選手に「内藤さんはＩＷＧＰ初心者、あのベルトは荷が重い」と発言していましたが、これについては？

どんなジャンルでも新規のお客さまが増えると、昔からのお客さまのなかには「にわかが増えた」という態度を取る人がいるというか。でも、そういう人だって新米ファンだった頃があったように、オカダだってＩＷＧＰ初心者の時代があった。だから、「自分だって昔はそうだったんじゃないの？　それがあったからいまがあるんじゃないの？」って思いましたよ。まあ、オカダも追い詰められてたからこそ、少しでも優位に立とうとして、あの言葉が出たんでしょうね。

――試合開始前、内藤選手のセコンドとして登場したＬ・Ｉ・Ｊ勢に対して、「帰れ」コールが起こりました。4月の王座戴冠時に乱入したからだとしても、人気のＬ・Ｉ・Ｊにこの反応も意外というか。

全国各地でＬ・Ｉ・Ｊへの支持率が上がるなかで、大阪は最後まで内藤哲也に頑なでしたよ。このときも俺にはブーイングのほうが大きかったですから。でも、それが逆に新鮮だったし、イヤな気分にはならなかったですね。「帰れ」コールに関しては、一部お客さまは内藤が王者だという現実を認めたくないのか、「仲間の乱入がなければオカダからベルトを獲れなかったんじゃないか？」っていう雑音が俺の耳にも聞こえてきてはいましたね。

――実際、オカダ選手もゴング前に1対1での戦いをアピールしました。

俺としては逆に優しさというか、「乱入を負けたときのいいわけに使ってもらって構わないんだけど?」って感じでしたね。でも、うるさい雑音をシャットアウトする意味で、EVILたちにはリングサイドから退場してもらったんですけど。

――結果的にはオカダ選手のベルト奪還を許すことになりましたが、両国のときと違いは感じましたか?

いや、両国と同じで、もはやオカダを大きく感じることはまったくなかったです。ただ、俺がCHAOSの天敵になってたこともあってか、「自分が食い止めないといけないんだ」っていう責任感や悲壮感みたいなのは伝わってきたというか、とにかく勝敗にこだわっていたように思います。まあ、連敗を免れて面目躍如のオカダ、そのオカダを後押ししていた木谷オーナー、そして俺に手のひらを返さなかった大阪城のお客さまに、ひとつだけ言わせてもらいたいのは「このハッピーエンドは誰のおかげ?　すべては俺の手のひらの上なんじゃないの?」ってことで。基本的にマイナス思考な俺がポジティブに考えてしまうくらい、どこかで心の余裕があったというか。背中でオカダへの歓声を聞きつつ、そんなことを考えながら花道を下がりました。

CAPÍTULO.3

セコいベルト

ケニー・オメガと初対決

――IWGPヘビーから陥落したものの、内藤選手は16年の『G1』に優勝候補の一角として参戦します。開幕戦の7・22後楽園では永田選手に敗北するも、7・24後楽園でエルガン選手、7・27長野で矢野選手に勝利。7・30愛知で柴田選手に敗れますが、その後は8・1高松で本間選手、8・4福岡でプロレスリング・ノアの中嶋勝彦選手、8・7浜松でEVIL選手、8・10山形でYOSHI－HASHI選手と連勝を収め、Bブロック単独首位で8・12～14の両国3連戦に乗り込みます。

そのなかで印象に残ってるのは、まずエルガン戦ですね。以前の内藤はパワーファイターを苦手としてたんですけど、ロス・インゴベルナブレスに加入し、デスティーノという技を身につけてからはむしろ得意になったというか。それをあらためて実感した試合でした。

――たしかにロス・インゴベルナブレス加入以降、緩急のある試合運びで相手の力をうまくいなしている印象はあります。

あと、中嶋選手との初対決もよく覚えてます。俺はファン時代、16歳の中嶋選手が新日本に上がっていたのを会場で観てましたけど、当時レスラーを目指してる身としては年下の少年が新日本で戦っているのは嫉妬の対象でしかなかったし、ほかのお客さまのように「中嶋クン、がんばって！」なんて思う余裕はなかったですよ。ただ、この『G1』のときは他団体から参戦という部分で興味もあったし、直前の会見でも本人に「リーグ戦以外でCHAOSの選手と組んでますが、納得してますか？」ってコメントでちょっかいを出して、ツバをつけるというか。

――当時から中嶋選手はノアのヘビー級のトップの一角でしたが、はじめて当たっていかがでしたか？

最初に思ったのは、会場の福岡市民体育館の気温がとにかく暑くて（苦笑）。ここ数年、福岡で『G1』をやるときはここなんですけど、立ってるだけで汗ばむような感じでしたね。そんなか、戦ってみて思ったのは想像以上に蹴りが重いな、と。彼は身体が大きいわけじゃないのに、空手仕込みの蹴りはいままで食らったなかでも一、二を争うくらいの威力でしたよ。でも、俺の余裕がなくなることはなかったですね。最後も中嶋選手のフィニッシャー（ヴァーティカルスパイク）をデスティーノで切り返して。さっきのエルガン戦の話にも通じますけど、やはりデスティーノという技に出会ってから、たとえ追い込まれても、相手が繰り出す技へのカウンター一発で、試合の流れを変えられるっていう戦いかたができるようになって。スターダストプレスがまず相手を投げてセットして、そこから自分で勢いをつけてジャンプし、さらによけられるリスクもあるってことを考えると、デスティーノは自分への負担が少ないのは大きな利点ですね。

――このときの『G1』では、EVIL選手との同門対決もはじめて実現しています。

ブロックわけで最初に気になったのが、EVILとはどこでやるのかってことだったんですよ。アクトシティ浜松でしたけど、いつも俺だけ控え室としてひとりしか入れないような給湯室を使ってるから、試合前にEVILと顔を合わせなくて済んでよかったな、と(笑)。はじめてEVILと戦ってみて「この男が最初のパレハで間違いなかったな」って思いましたね。ロス・インゴベルナブレスに仲間を加えようとしたときすぐに「EVILにしよう」って頭に浮かんだことや、ROHのリングで頼もしく見えた彼の姿がフラッシュバックしてきて。EVILはまだまだ強くなるなって感じたし、だからこそ俺はさらにその上をいかないとなって思いました。

――内藤選手が常日頃、口にしているL・I・Jはユニット内で競争しているという部分ですね。最終公式戦となった8・13両国では、この年の『G1』きっての注目カードだったケニー・オメガ選手との初対決に臨みます。しかし、内藤選手は惜敗を喫し、6勝3敗でケニー選手と同率1位となり、直接対決で敗れているため優勝決定戦進出を逃してしまいます。

『G1』でEVILと初対決。非情のヒザ攻めでEVILの動きを止めると、最後はデスティーノ葬。試合後にはグータッチをかわし、健闘を称えあった。

あのときは俺もワクワクしてたし、ケニーもワクワクしてたと思いますよ。俺とケニーが向かい合ったときの会場の熱も伝わってきたし。この前哨戦でケニーが俺のマネをするように拳を突き上げて挑発してきたんですよ。それに対して俺はグータッチを要求し、ケニーが拳を合わせようとしたタイミングで、中指を突き立てて。そういう心理的な駆け引きもおもしろかったし。それで当日を迎えるわけですけど、俺のほうは引き分けでも優勝決定戦に進出できたんですよね。

——この時点で内藤選手が勝ち点12点でケニー選手が10点。内藤選手は引き分けでも13点となり、単独1位で勝ち抜けとなりました。ちなみに前日は棚橋選手とオカダ選手が30分時間切れ引き分けで共に脱落し、後藤選手が優勝決定戦進出のチケットをつかんでいて。

ケニー戦のときに「25分経過！」とか「残り時間3分！」とか、ちゃんと耳に入ってきてたんですよ。最悪、引き分けでも大丈夫だってわかってリングに立ってたんで、そのまま時間稼ぎをしてもよかったんですけど、それでも試合をしていくなかでワクワクが止まらなくなって「もっとケニー・オメガとプロレスをしたい、ケリをつけたい」って思ってしまって。結果的に負けちゃいましたけど、そのくらいケニーは俺を夢中にさせてくれましたよ。優勝決定戦を目の前にして負けたことはすごく悔しいですけど、どこか清々しいものもありましたね。もともと、俺はケニーがBULLET CLUBに入る前、彼のジュニア時代の試合が好きで。でも、BULLET CLUBに加入以降は「ああ、スタイルも変わっちゃったな」って残念に思ってたんです。でも、いざ戦ってみたら、あの頃と変わらないケニーでしたね。

――ケニー選手もBULLET CLUB加入当初はヒール色が濃かったですが、この内藤選手との一戦では正面から互いの技術を競い合ったというか。そしてケニー選手は翌日の優勝決定戦で後藤選手を下し、初出場初優勝、そして外国人初優勝の快挙を成し遂げました。

その試合はケニーが勝つだろうなと思って観てました。この半年くらい前に中邑選手やAJたちがいなくなって、そのときは「新日本、大丈夫か?」っていう声も聞こえてきたけど、このときの『G1』はそれを払拭するくらいに盛り上がったと思うし、ケニーとはじめて戦ってみて「いい対戦相手を見つけたな」って感じましたね。

インターコンチネンタル初戴冠

――この『G1』最終戦の8・14両国で8人タッグに臨んだ内藤選手は、エルガン選手とのあいだに遺恨が

生じます。試合後に内藤選手が、エルガン選手が保持するIWGPインターコンチと、メキシコで獲得した初代リーガ・エリーテの2本のベルトを足蹴にし、激昂したエルガン選手が「リスペクトを教えてやる」と、インターコンチの挑戦者に逆指名して。

それに対して、俺が「ほしいなんて一言も口にしてないベルトが、輝きを求めて向こうから近づいてきた」って言ったヤツですね。俺は11年の新日本のアメリカ遠征のとき、インターコンチネンタルの初代王者決定トーナメントに出場してますけど、それ以降あのベルトを手に入れたいなんて思ったことは一度もなかったですよ。俺がNEVERを保持してたときも、IWGPヘビーには新日本でいちばんのベルトっていう意識を持ってましたけど、インターコンチネンタルには興味がなくて。そのIWGPヘビーをこの年の4月に獲って、「内藤哲也という存在はベルトの価値を超えた」とまで思ってたわけだし、余計にほかのベルトは視界に入ってこなかったです。

——とは言え、9・25神戸でエルガン選手との王座戦が組まれ、内藤選手は30分を越す激闘を制してインターコンチ初戴冠を果たします。

エルガンにはこの年の『G1』公式戦でも勝ちましたけど、そのときも20分越えの試合なんですよね。彼はパワーファイターには珍しくスタミナがあって。長時間の試合になっても息切れし

パワーファイターのエルガンを多彩なテクニックで攻略し、IWGPインターコンチネンタル初戴冠。試合後、「このベルトを持って俺が何をするのか？　その答えはもちろん、トランキーロ！」と咆哮した。

ている印象もないし。

――この試合後、内藤選手は「某選手のイメージが非常に強いこのベルト、俺が獲ったことでいったい何色に変わるのか?」と含みを持たせた発言をしています。

やっぱり、中邑選手があのベルトを特別なものにしたのは、紛れもない事実ですから。その主を失ったベルト自身が、再び脚光を浴びるにはどうしたらいいかを考え、内藤哲也にすがりついてきたんじゃないですかね(笑)。まあ、新日本プロレス自体も俺がインターコンチネンタル王者になったことで一安心したと思いますけど。

――さらに内藤選手はインターコンチについて「俺を1・4東京ドームのメインから引きずり下ろしたベルト」と表現しました。やはり、14年の1・4東京ドームのダブルメインの順番を決めるファン投票で、内藤選手とオカダ選手のIWGPヘビー級王座戦が、中邑選手と棚橋選手のインターコンチ王座戦に負けたことに積年の思いがあった、と?

いちばんは支持を得られなかった自分が悪い。でも、このベルトが存在したからこそ、俺はメインを外れることになった。そのときは俺にソッポを向いてたクセに、注目度が落ちてきたら擦り寄ってきたわけで、インターコンチネンタルっていうのは非常にセコいベルトですよ。とりあえず、この試合後におもいっきり上空に放り投げてやりましたけどね。

――内藤選手にはIWGPヘビーのベルトを4月の奪取時と、5月で初防衛した際に放り投げていた〝前科〟があったので、あのときも場内はインターコンチをどうするのか、固唾を飲んで見守っていたというか。

それはリング上にも伝わってきました。だから、その期待に応えようと、これまでいちばん高く放り投げましたよ。ベルトって、10キロ近くあるんですよ。それをあそこまで高く、しかもリングの真ん中に落ちるように投げるコントロールっていうのは、ものすごい技術なわけで、そこはもっと評価してほしかったです（笑）。

――このあとの10・10両国で、前王者のエルガン選手が8人タッグで内藤選手からフォールを奪い、王座戦のリマッチが決定します。しかし、この試合で内藤選手が放った低空ドロップキックにより、エルガン選手が眼窩底骨折を負ったことが判明し、王座戦を欠場することになって。

かなり蹴り応えがあったのはよく覚えてます。実際、エルガンの目の周りがすごく腫れていて。でも、いまだに俺は眼窩底骨折っていうのは信じてないですけどね。診断書を見たわけじゃないし、エルガンは俺に恐れをなして逃げたんでしょう。それまでに俺に連敗してたし、また負けたら格好がつかないですから。

――その代打として、ROHのジェイ・リーサル選手が11・5大阪で内藤選手に挑戦することになりました。L・I・Jとリーサル選手はこの年2月にはじめて開催された『HONOR RISING：JAPAN』で共闘しましたが、8月のROH遠征で仲間割れをし、遺恨が生じて。

リーサルは俺がTNAに遠征していた頃に戦ったことがあって、いい選手だと認めてたからこそL・I・Jのキャップを渡したんですけど、結局アメリカで広めようとはしなかったですからね。ただ、自分が日本で目立つためだけにL・I・Jを利用した匂いがプンプンしたんで、コッチから追放したまでですよ。ちなみにこのときから大阪府立体育会館のチケットが、『G1』以外でも前売りの段階で完売するようになったらしくて。

――新日本の大阪人気を物語るエピソードですね。

でも、リーサルが出るから売れたなんて話も聞かないし、当日も彼に大きな歓声が飛んだわけでもない。彼はどちらかというと地味な選手ですよね。マニアックなファンが喜ぶレスラーというか。ただ、ROHに行くと現地のリーサル人気って、なぜか高いんですよ。俺には理解できないけど（笑）。たまに日本と海外で人気に差がある選手がいますけど、リーサルはその代表格だと思いますよ。まあ、技術的にいいものを持ってるんですけど、俺にとってはべつに怖い相手ではなかった。

——そして、この試合後に、セミでSANADA選手を下した棚橋選手が登場し、「棚橋になれなかった男、内藤。皮肉なもんだけどオマエが俺の最後の希望だ。インターコンチを賭けてドームで勝負しろ！」と宣戦布告しました。

俺としては、棚橋選手とSANADAの勝者が次期挑戦をアピールしてくるっていうのは予測してたんですよ。当時はまだ、俺はSANADAとシングルで戦ったことがなかったんで、試合前に「理想はSANADA、予想は棚橋」ってコメントをして。結果、予想どおりに棚橋選手が目の前に現れたんですけど、そのとき、本人は緊張してたのか、噛まないように丁寧だったのかはわからないけど、しゃべりがすごく途切れ途切れだったんですよ。大会の最後っていうのは、メインで勝った選手に与えられる舞台なのに、リングの真ん中でゆっくりしゃべるもんだから、あれはイラつきましたね。だから、〝棚橋になれなかった男〟とか言われても全然響いてこなかったというか、「なんでもいいから早くしてくんねえかな？」っていう。まあ、ロス・インゴベルナブレスに出会う前の内藤が、あの言葉を聞いたらグサッと来たのかもしれないですけど、この時はなんとも思わなかったですよ。

――実際、11月7日に行なわれた1・4東京ドームのインターコンチ王座戦の会見で、内藤選手は「むしろ棚橋程度にならなくてよかった」と強烈なカウンターを浴びせました。さらに「俺と絡めば〝7年連続・東京ドーム大会メインイベント〟が見えてくる。そんな棚橋ファンと本人しかこだわってない、非常にくだらない記録のために、俺の前に出てきた」と、舌戦で追い込んだというか。

棚橋選手が俺のことを〝最後の希望〟って表現したのは、俺に「東京ドームのメインを決めるファン投票をやりたい」って言ってほしかったんだろうし、「過去にファン投票で東京ドームのメインに出られなかったコイツなら言うだろう」ってタカをくくってた部分があったんでしょうね。でも、俺が「べつにファン投票は望まない。でも、この会社は棚橋の言いなり。7年連続メインに出たいんなら、オマエの口からファン投票って言ってみろ」って返したら、棚橋選手は何とも言えない顔で「保留します」って言い返すのが精一杯だったみたいですけど（笑）。

――棚橋選手も言葉を大切にするイメージが強いですが、あのときは内藤選手が口で圧倒したというか。

もともと、会見では前もって言いたいことを少し整理してから臨むほうなんですけど、あのときは「ここは決めないとな」って思って、しゃべる要点を手にメモってましたからね（笑）。だから、会見の映像を見てもらうとわかるんですけど、たまに視線を手に持っていってるんですよ。

内藤の口撃に対し、棚橋は「ファン投票というアイデアで“エゴ”を振りかざしてもいいんですけど、それはまだ保留にします」と神妙な面持ち。

それは絶対に言わなきゃいけないフレーズがいくつかあったからで、そのくらい俺のなかで重要な会見でしたよ。でも、もしファン投票をやってたらどうなってたんでしょうね。

――17年の1・4東京ドームのメインはオカダ選手とケニー選手のIWGPヘビー級王座戦でした。

もしかしたら、インターコンチネンタルのほうが勝ってたかもしれないですよね。この試合に対する期待も感じてたし。ただ、俺は常々言うようにビッグマッチのメインはIWGPヘビーであるべきだと思っているので。

『WTL』のパートナー〝X〟

――この棚橋選手とのIWGPインターコンチ王座戦の会見上、内藤選手は直後に開催される『WTL』の在りかたについても「このリーグ戦は例年、東京ドームでのIWGPタッグ王座の挑戦者決定リーグになっている。すでにドームでカードが決まってる選手は手を抜くんじゃないか？」と問題提起をしました。

現に東京ドームのカードが決まっている選手は、このリーグ戦で優勝していないですからね。きっと、お客さまも「あのタッグは優勝しないんじゃないか？」っていう目で見てると思ったし。

これじゃ盛り上がるものも盛り上がらないし、タッグリーグの価値も上がらないんじゃないかっていうのはありました。ただ、優勝しない点については、レスラー側からすると理解できる部分もあるんですよ。東京ドームのカードが決まっている選手が、口には出さずとも潜在意識の中で「タッグリーグでケガして東京ドームの大一番が吹っ飛んだらどうしよう？　無理して棒に振るわけにはいかない」ってなっても、やむを得ない部分はあるというか。これはレスラーの責任よりも、こういうスケジュール自体が「どうなの？」って思うし。

――この内藤選手の意見を参考にしたのか、17年から東京ドームの主要カードに入っている選手は、タッグリーグの出場を見合わせるようになりましたよ。

内藤の言うことが通るのも珍しいですね(笑)。まあ、もともと会社も改善しようと考えていて、そのタイミングで小うるさい内藤が文句を言いはじめたってことかもしれないですけど。なんにせよ、優勝予想の幅を狭めるのは、観る側の楽しみを奪っちゃっているようなもんですから。

――ちなみに内藤選手がファン時代に印象的なタッグリーグは？

99年の第1回『G1タッグリーグ』（『WTL』の前身）ですね。年末じゃなく、あの頃は9月にやっていて、日本武道館に優勝決定戦を観にいきましたよ。テンコジタッグと永田&中西（学）

組が優勝戦進出決定戦をやって、勝った永田組が武藤&スコット・ノートン組と戦うんですけど、最後は武藤組が優勝して。当時、武藤選手はＩＷＧＰヘビー級王者でしたけど、いまもシングルの王者がタッグリーグに参加するのは全然構わないと思うんですよ。ただ、優勝しても東京ドームのカードがすでに決まっている場合は、それ以降の大会でＩＷＧＰタッグに挑戦すればいいと思うし。そのへんはまだ、タッグリーグに関して考える余地があるかもしれないですね。

――この『WTL』では、内藤選手のパートナーが当初〝X〟として発表されました。そして、開幕戦の11・18後楽園で、その正体がメキシコの本家ロス・インゴベルナブレスの創設メンバーであるルーシュ選手だと明らかになって。

毎年、『Ｇ１』とかに比べて『ＷＴＬ』への注目度の低さは感じていたので、「もっと盛り上げる方法があるんじゃないか?」っていうのをずっと考えてたんですよね。そういうなかで、前年に俺と組んだＥＶＩＬは、ＳＡＮＡＤＡとのタッグが濃厚だったこともあり「よし、ここは〝Ｘ〟の投入だな」と、隠し玉を用意して。

――内藤選手がロス・インゴベルナブレスに加入して以降、本家のメンバーが新日本マットに登場するのはこのときがはじめてでしたね。

ルーシュとは頻繁ではないにしろ、メールのやり取りをしてたんですよ。当時の彼がCMLLでオクパード（スペイン語で「忙しい」の意）とは知っていても、「来れないかな？」って聞いたところ、快くOKをしてくれて。そこは関係性のなせる業というか、いまWWEでがんばっているソンブラもそうですけど、心と心はつながっているので。まあ、もしルーシュに断られていたら「パートナー、どうしよう？」ってアセッていたでしょうけど（苦笑）。あのときは開幕戦前日に、俺が成田空港までルーシュを迎えに行ったんですよ。

――通常、会社の渉外担当がピックアップするケースが多いですが、内藤選手自らパートナーのもとに向かったんですね。

そこからほかの外国人選手たちとはべつの少し離れた宿泊先に送って。翌日も一緒に会場入りして、とにかく〝X〟の正体がバレないように徹底しましたね。まあ、このときはEVIL初登場のときと比べて予想がバラけなかったというか、「ルーシュなんじゃないか？」っていう声はけっこう聞きましたけど。

――予想を裏切るインパクトがいい場合もあれば、予想どおりだからこそファンが歓喜することもあるというか。

たしかに開幕戦でルーシュがお客さまの前に登場したときは、後楽園がすさまじい歓声でしたね。「待ってました！」というか。銀の仮面を被って入場してもTシャツ姿で正体はバレバレでしたけどね。筋骨隆々だし、しかもTシャツはルーシュのTシャツで、本人の名前が書いてありましたから（笑）。いや、本当は入場直前までスーツで登場する予定だったんですよ。まず、ルーシュには「準備は急がなくていいよ。俺は入場テーマ曲が鳴ったら、ゆっくりリングに向かうから」って言ってたんです。で、いざテーマ曲が鳴って、ルーシュがメキシコから持参したスーツを着ようとしたら「アレ？　ナイトー、スーツが入らないや」って、あっけらかんと言い出して（笑）。

——筋肉が発達しすぎて入らなかった、と（笑）。

おそらく、向こうでしばらく着てなかったんでしょうね。俺が「エエッ？　どうすんの!?」って慌てたら、ルーシュは一言「トランキーロ」って（苦笑）。そのへんはさすがメキシカンというか。ただ、入場テーマは鳴っちゃってるし、いまさら止めるわけにもいかないので「とりあえず俺は先に入場するから、ゆっくり入ってきて！　頼むよ!?」って言い残してリングに向かって。あのときは平然を装いながら、心の中ではアセりましたねえ。で、俺が入場してもなかなかルー

15年5月にメキシコでラ・ソンブラらと共に、内藤をロス・インゴベルナブレスに迎え入れたルーシュ。この年の『WTL』は日墨ロス・インゴベルナブレスタッグが大きな注目を集めた。

シュが入ってこないんですよ。いったいどうなるのかなと思ってたら、鉄仮面を被ってる意味が皆無の出で立ちで（笑）。でも、「ああ、これぞメキシコのロス・インゴベルナブレスだな」って、懐かしさと頼もしさを感じましたよ。

高橋ヒロムのインパクト

――ルーシュ選手とのタッグの感触はいかがでしたか？

かなり新鮮に感じましたね。ルーシュは3兄弟の長男ということもあってか（次男がミスティコ、三男がドラゴン・リー）、若いのに親分肌なんですよね。俺がメキシコでロス・インゴベルナブレスに入ったときもそんな感じだったし。日本でも俺を引っ張ろうとしてくれるんです。俺のホームなのに、とくに「ナイトーに合わせるよ」っていう感じでもなく（笑）。だからと言って、べつに偉そうにしてるとか、そういう感じでは全然ないんですけど、控え室でもドッシリしてるというか。俺もL・I・Jを作ってからは「自分ではじめたんだから、なんとかしなきゃ」っていうプレッシャーを、少なからず持ちながらやってきたわけですよ。でも、このときはルーシュと組んでみて、メキシコでロス・インゴベルナブレスに入った頃の感覚を思いだしたというか、ひさびさにリラックスできるシリーズでしたね。

――そのリラックスを表すように、試合中に対戦相手の頭部をサッカーボールに見立てて、ルーシュと〝エアサッカー〟をしてましたよね（笑）。

あれはメキシコで本家のロス・インゴベルナブレスがやってたんですよ。みんなでパス回しをして、最後にルーシュが遠くに蹴って、その行方をみんなで見届けるっていう流れで。ただ、主要都市ならまだしも地方会場に行くと「えっ、何やってんの？」って感じでシーンとするところもありましたけど。ルーシュもふつうに蹴ればわかりやすいのに、テンションが上がるとオーバーヘッドキックみたいなのやりだして、観る人によっては「なんでひとりで受身取ってるんだろ？」って思われたんじゃないですかね（笑）。

――このときの戦績は11・18後楽園で棚橋&ジュース組に勝利してスタートダッシュに成功するも、11・20高崎の天山&小島組、11・23愛知の裕二郎&ハングマン・ペイジ組と連敗。でも、その後は11・26高知のブライアン・ブレイカー&リーランド・レイス組、12・1大分のウォーマシン（レイモンド・ロウ&ハンソン）、12・4神戸の中西&トーア・ヘナーレ組と3連勝。しかし、最後に12・7水戸でG・o・D（タマ・トンガ

&タンガ・ロア）に敗退し、このG・o・Dと同率首位でリーグ戦を終えるも、直接対決で敗れたため優勝決定戦進出は逃しました。

最後の水戸の公式戦のとき、俺が重要な試合にもかかわらず大遅刻しちゃったんですよ。出番はメイン（第7試合）だったんですけど、自宅から電車とタクシーで会場入りした頃には第3試合がはじまってて、あのときはアセりましたねえ。控え室に慌てて駆けつけて、「ルーシュ、ゴメン！」って謝ったんですけど、やっぱり彼は大物ですよ。また一言「トランキーロ」って（笑）。最後の最後で優勝決定戦に進めなかったのは、もしかしたらこの遅刻が影響したかもしれないので、せっかくメキシコから駆けつけてくれたルーシュには申しわけなかったですね。

――『WTL』最終戦の12・10仙台で、内藤選手はルーシュ選手と共に棚橋&KUSHIDA組と対戦しました。その試合終盤、高橋ヒロム選手が介入し、KUSHIDA選手にTIME BOMBを決めて勝利をアシスト。そして、ヒロム選手は試合後に内藤選手からL・I・Jの帽子を受け取り、ユニットに加入しました。

きっとヒロムがL・I・Jに合流するのをお客さまも予想していたとは思いますけど、やっぱり歓声がすごかったので、それだけ期待が大きいっていうのが伝わってきましたよ。

――ヒロム選手はこの年の11・5大阪に凱旋帰国というかたちで姿を現すと、同大会でBUSHI選手を下してIWGPジュニアヘビーを防衛したKUSHIDA選手に宣戦布告しました。同年8月の『G1』最終戦から場内ビジョンに〝時限爆弾〟の煽り映像が流れるようになり、このときの大阪でその正体がヒロム選手だと判明したわけですが、L・I・J入りの経緯というのは？

ヒロムとは俺が15年5月にメキシコでロス・インゴベルナブレスに入ったときも、その年の秋に耳たぶの治療でメキシコに行ったときも会ってますすけど、具体的な勧誘はしてないですよ。ただ、「きっと、ヒロムが凱旋したら一緒にやっていくんだろうな」という確信は持ってました。

――そこはおふたりの絆が見えますね。ヒロム選手は「デビューできたのは指導してくれた内藤さんのおかげ」と公言してますし、内藤選手がロス・インゴベルナブレスを日本に持ち帰ることを考えているときに「絶対に持ち帰ったほうがいいです」と後押ししていたそうで。

時限爆弾の映像が場内に流れはじめた当初は、あれがヒロムのことだっていうのは知らなかったんですよ。ただ、11・5大阪で彼がKUSHIDA選手に挑戦を表明した時点で、合流は近いなと思ってました。そのあともとくに声はかけてないというか、べつにわざわざ言葉はいらないと思ったし、12・10仙台でヒロムがああいうアクションを起こしたので、それに対して単純に「ようこそL・I・Jへ」っていうことですね。

――ちなみにヒロム選手はこの年の1月の『CMLL FANTASTICA MANIA』（以下、『CFM』）で、現地で抗争中だったドラゴン・リー選手（現リュウ・リー）を追って、〝カマイタチ〟としてワンマッチのみのサプライズ参戦を果たしています。

そのときもほぼしゃべってはいないんですけど、リーとの試合は衝撃的というか、なんか新しい波を感じましたよ。そのままヒロムが日本に定着するのか、またメキシコに帰るかもわからなかったですけど、仲間のプロレスを観ているような気持ちというか。メキシコで修行中だった彼を観たときは、そこまで大きな変化は感じてなかったんですよ。それもあって、あの『CFM』のときはすごいなって思ったし、ヤングライオン時代のヒロムしか知らないお客さまは、俺以上に驚いたんじゃないですかね。

――たしかにリー選手との試合は命の削り合いのような攻防でした。

そこで一気に期待値を高め、11・5大阪で正式に凱旋帰国を果たし、試合はしてないのにその振る舞いで注目を集めて。俺が知ってるメキシコでのヒロムとは違いましたね。『CFM』で一時帰国したあと、彼はROHに戦場を移してましたけど、そこでいろんなものを見て、吸収したのかもしれないですね。

――ヒロム選手は13年6月からイギリス、メキシコ、アメリカと約3年半かけて渡り歩き、満を持して12・10仙台でL・I・Jに合流しました。

あの仙台の試合後、俺とルーシュ、BUSHI、EVIL、SANADA、ヒロムの6人で勝利写真を撮ったんですけど「これは『週プロ』の表紙を取ったな」っていう手応えを感じましたよ。実際、『WTL』の優勝チーム（真壁&本間組）じゃなく、俺たちが表紙を飾りましたから。『G1』の優勝決定戦では、こんなこと絶対にないわけですよ。だから、自分たちが話題を持っていきながら、あらためて『WTL』は改革しないとダメだなって実感しました。まあ、高橋ヒロムのインパクトがいかに大きかったかっていうことだし、彼がこれからL・I・J、そして新日本プロレスに何をもたらすのか、非常にワクワクしましたね。

――12・16後楽園ではヒロム選手とタッグを組み、翌年の1・4東京ドームのIWGPインターコンチ&同ジュニアヘビーのダブル前哨戦として、棚橋&KUSHIDA組と対峙します。ヒロム選手はこのときが正式な凱旋帰国試合となったわけですが、試合コスチュームじゃなくTシャツにデニムのハーフパンツの普段着で試合をしました。

リングシューズもなくて、普通の運動靴だったからビックリしましたよ。いつまで経っても着替えなかったんで「どうしたの?」って聞いたら、「いや、コスチュームが間に合わなくて」って(笑)。でも、当日の会場の雰囲気はすごかったですね。高橋ヒロムに対する期待感にあふれていて。このときは前哨戦どうこうっていうよりも、最初から最後まで高橋ヒロムのお披露目っていう感じでしたね。

――ヒロム選手はあの時点で自分の世界観を構築していたというか。

そうでしたね、独特な世界観を(笑)。発する雰囲気がそれまでのL・I・Jっぽくなくて、そのときに直感したのが「ヒロムはいつか俺をアセらせる存在になりそうだな」っていうことで。

――以前、獣神サンダー・ライガーさんが「ヒロムがアメリカで修行しているときにいろいろ話をしたら、若いのに昔気質のレスラーなんだなと思った」とおっしゃっていました。たしかにヒロム選手にインタビューした際、こちらが〝強烈なキャラクター〟という言葉を使ったら、「僕はキャラクターっていう言葉は嫌いです」とおっしゃっていて、強いこだわりをお持ちなんだなと思いました。

頑固ですからね、あの男は。ヒロムが練習生のとき、わざわざ俺が道場まで教えに行ってるのに「いや、僕はこう思います」って譲らなかったですし。まだデビュー前なのに(笑)。でも、

東京ドーム決戦前に実現した師弟タッグ。ヒロムがKUSHIDAを下すと、内藤は「今日は前哨戦じゃない。高橋ヒロムの“凱旋帰国試合”だよ」と頼もしげにコメント。

そういう確固たるものがあるからこそ、あれだけ際だった個性を発揮し、お客さまの支持を集めているというか。この凱旋試合の段階で、すでに試合後に「もっともっともっと〜!」って吠えてましたから(笑)。

CAPÍTULO.4

逸材への引導

俺のための舞台

――17年の1・4東京ドームではIWGPインターコンチを賭けて棚橋選手を迎え撃ちます。このドームで内藤選手は入場シーンからインパクトを残しました。入場ゲートの上部に巨大な目をかたどったビジョンが設置され、目玉が内藤選手の入場時だけ動き出すという派手な演出が行なわれました。

あれは大会の何日か前に、スタッフの人にチラッとは聞いてたんですよ。ただ、「入場ゲートが目玉」って言われても、イマイチ想像できなくて。で、当日に会場入りしてはじめて見たときに「ウワッ、完全に俺のための舞台じゃん!」って思いましたね。もっと押さえ気味というか、目っていうのがうっすらわかるくらいなのかなと思ったら、完全にそのものだったんで(笑)。

――歴代のドームを振り返っても、特定の選手にあれだけフィーチャーした入場ゲートは記憶にないです。

しかもダブルメインでしたけど、実質的にインターコンチネンタル王座戦はセミなわけですよ。それなのにメインじゃなくセミに出る選手をあれだけモチーフにするっていうのは、我ながらすごいなって思ったし、テンションも上がりましたね。でも、あの目玉が動くのは知らなかったし、

観る者の度肝を抜いた2017年の東京ドームの入場ゲート。花道を威風堂々と進む内藤を、先に入場した棚橋がリングから見つめていた。

入場時に動いてたのも気づかなくて。その日の夜、『新日本プロレスワールド』で見返したときに「あっ、動いてたんだ！」って。このときのドームは入場時から歓声がすごかったんですけど、この演出の効果もあったんでしょうね。

――入場時の表情は自信に満ちあふれていましたが、緊張はなかったですか？

その表情どおり、もはや自信しかなかったですよ。俺は性格的に、常にある程度は緊張するタイプなんですけど、これまでに出場した東京ドームのなかでも過去最高にリラックスしてました。

――2016年は内藤選手にとって飛躍の年でしたね。はじめてIWGPヘビーを獲得し、『Number』誌のプロレス総選挙で1位、さらに東京スポーツ新聞社制定のプロレス大賞でもMVPを受賞しました。

やっぱりロス・インゴベルナブレスに出会い、いまの内藤哲也を確立してからは、試合への心構えが変わりましたね。このときのドームは、シチュエーションで言えば平常心を保てなくてもおかしくないんですけど、全然アセりはなかったです。

――かつての憧れである存在と東京ドームで初シングルを行なうという部分では、棚橋選手が09年の1・4東京ドームで武藤選手のIWGPヘビーに挑んだ一戦とシチュエーションが似ていますが、あのときの棚橋選手は入場時から涙されていて。

ああ、俺とは正反対だったわけですね（笑）。そういえば俺はデビューしてから、わりとすぐの段階で「棚橋弘至を引きずり下ろすのは俺の役目」って言ってたんですよ。でも、その前に16年の1・4東京ドームのメインでオカダが棚橋選手を倒して、引きずり下ろしたというか。

――その東京ドームのオカダ戦以降、棚橋選手はケガに泣かされ、欠場が続き苦しい時代を迎えました。

だから、厳密に言えば引きずり下ろしたのはオカダっていう印象が自分のなかにはあるんですけど、とどめを刺したのは俺というか。憧れだった棚橋弘至に引導を渡すという喜びは大きかったですね。ついにそのときが来たのか、と。ただ、思った以上に時間がかかったし、本当は俺がオカダのように引きずり下ろす役目をやりたかったですけど。

――ただ、内藤選手は6年連続で東京ドームのメインを飾っていた棚橋選手を、その座から引きずり下ろしました。

ああ、ホントだ（笑）。本来、棚橋選手はこの東京ドームでメインを狙うために俺に挑戦表明したのに、俺が「ファン投票は望まない」って言ってセミになったような感じですもんね。図らずも、14年の1・4東京ドームのファン投票のリベンジみたいになって。棚橋選手にとっては皮肉ですけど、プロレスはこうやって過去とつながるからおもしろいですね。

――最後は内藤選手がデスティーノで棚橋選手を下しましたが、試合内容を振り返っていかがですか？

これまで棚橋選手とは何度も戦ってますけど、このときほど余裕を持って試合を進められたことはなかったですね。ただ、棚橋選手といえば最近はコンディションが悪いイメージですけど、東京ドームの前はオフがちょっと長いので、普段のシリーズよりも動けてる気はしました。でも、俺は相手のヒザ攻めも耐え切ったし、エプロンで食らったスリングブレイドが少し効いたっていうくらいかな。まあ、腐っても棚橋じゃないけど、向こうの意地は感じましたよ。ただ、それもあくまで想定の域は出なかったので。この試合の会見の段階から精神的に優位に立ってたし、棚橋選手のほうはかなり追い込まれてたと思いますよ。一応、俺の秘策としてフィニッシュ直前にスイング式のデスティーノを出したんですけど、観る人によってはエル・サムライ選手のスイング式裏ＤＤＴを思い浮かべるかもしれないですね。

――内藤選手がファン時代にジュニア選手で好きだったサムライ選手ですね。あれは意表をついた技でした。

あと、それまでに東京ドームでは何度も試合をしてきましたけど、あのときがいちばん手応えがありました。やっぱり東京ドームは広いので、試合をしていてもあまり一体感を感じにくいんですよ。人数が多ければそれだけ試合中に席を立つ人もいるわけで、会場全体が試合に集中するのは難しいというか。だけど、このときはお客さまの盛り上がりがすごく伝わってきて。入場の段階から「あ、集中してるな」っていうのを感じたし、最初から最後まではじめて達成感がありました。

――このときに話題になったのが、勝利を収めた内藤選手がベルトを放り投げたあと、自分の胸をコブシで2回叩いて天に突き上げてから、そのコブシを大の字の棚橋選手の胸に置き、最後は一礼をしてからリングを下りたことでした。

べつに「勝ったら試合後にああしてやろう」とか、とくに考えてはなかったんです。会心の勝利だったからこそ、自然とああいう行動になったのかもしれないですね。ひとつ言えるのは、俺が棚橋弘至を追いかけてきたストーリーはあの日完全に終わったってことで。棚橋選手が俺を追いかけるストーリーがはじまるのかどうか、そこは本人次第ですかね。あの勝利は感慨深さと同時に、もっと輝いている棚橋選手にとどめを刺したかったっていう気持ちになりました。その時点では「ビッグマッチで肌を合わすことはもうないな、これで最後だな」って思ったんですけどね。そう考えると、やっぱりしぶとい男ですね、棚橋弘至は。

2、3年経つと俺の言ったとおりになる

——その棚橋戦に勝利したあとのバックステージで、エルガン選手がインターコンチへの次期挑戦をアピールします。そもそも、エルガン選手とは16年11月に王座戦を行なう予定でしたが、その前のタッグマッチでの内藤選手の攻撃によりエルガン選手が目を負傷し、試合が流れた経緯がありました。その鬱憤を晴らすように、エルガン選手は1・4東京ドーム翌日の1・5後楽園でタッグマッチながら内藤選手からフォールを奪い、2・11大阪でのインターコンチ挑戦にこぎつけます。

エルガンは〝疑惑の眼窩底骨折〟で試合を長いこと休んでたし、新日本での復帰戦になった1・4東京ドームでも第0試合のバトルロイヤルで戯れてただけなんで、その後楽園のときは体力が有り余ってる感じがしました。もともと、あの体型でスタミナがあるっていう珍しいタイプだし。大阪の防衛戦に関しては、このときに俺は人生で初のトペ・スイシーダを出してるんですよ。それまでは場外に飛ぶと見せかけ、ロープを走って走ってゴロンっていうフェイントをずっとやってたんですけど、エルガン戦のときはフェイントのフェイントというか、いつかやってみたいと

思っていたトペを試したんです。でも……（苦笑）。

――エルガン選手はそのトペをガッチリとキャッチし、力づくでブレーンバスターの体勢で持ち上げ、そのまま花道に無慈悲に叩きつけました。

トペ、難しいですね。どうしても飛んだときにカカトがトップロープに触れちゃって。俺もいままでいろんなレスラーのトペを映像で観て、「足がロープにぶつかってるな」って思ってたわけですよ。だから、充分注意をしてイメトレもバッチリだったんです。トペはＢＵＳＨＩがうまいから、それを参考にして「よし、完璧なトペだ」って。でも、フタを開けたらカカトはロープにぶつかるわ、なおかつキャッチされるわ、挙句に硬い花道に叩きつけられるわっていう。仕掛ける相手を間違えましたね、散々な初トペでした（苦笑）。あと、エルガンには鉄柵に向けて、おもいっきりパワーボムで投げ捨てられたんですよ。その直前のエプロンへのパワーボムはカール・アンダーソンにもやられたことあったからまだしも、続けて鉄柵にホイップされるなんて予想してなかったんで、かなりダメージ食らって。欠場に追い込まれた恨みかなんなのか知らないけど、「メチャクチャか！」って思いました（苦笑）。

――場内もどよめいてましたし、ゲスト解説の外道選手も「こんなもん、衝撃映像だぞ！」と驚いてました

（笑）。エルガン選手の猛攻に追い込まれながらも、内藤選手はデスティーノで勝利を収めると、試合後のバックステージで『NJC』出場を宣言しました。そもそも、『NJC』は06年の第2回大会から優勝者にIWGPヘビーへの挑戦権が与えられ、14年からはインターコンチ、15年からはNEVERのベルトも選択肢に加えられたため、その各王者も不出場となっていましたが、内藤選手はそのシステムの改善を提案して。

俺は『NJC』の前年度覇者として出場資格があると思ったし、「大会を盛り上げるには俺を使わない手はないだろ？」っていうことで宣言したんですけどね。しかも過去を遡れば、優勝者はほぼ全員がインターコンチネンタルやNEVERじゃなく、IWGPヘビーへの挑戦を選択してるわけで。

――たしかに14年に優勝した中邑選手が、その年の1・4東京ドームで自分からインターコンチを奪った相手である棚橋選手を指名したのみですね。

まあ、俺は結局、17年の『NJC』は出場できなかったですけど、のちにIWGPヘビー以外の王者も参戦するようになりましたよね。『WTL』のときもそうだけど、2、3年経つと俺の言ったとおりになるんですよ。もしかしたら内藤の意見をすぐに採用することを、新日本がシャクだと思ってるのかもしれないですね（笑）。

ベンチプレスで300kg以上上げるエルガンが、トペを放った内藤を空中で捕獲すると、
場内は大きなどよめきに包まれた。

――『NJC』出場の叶わなかった内藤選手は、4・4後楽園で「俺にテーマを与えないってことはつまり、自分で見つけろってことでしょ？　お望みどおり、見つけてきた」と、タイガーマスクW選手に対戦を要求し、話題を振りまきました。タイガーマスクW選手は16年の10・10両国で、アニメの『タイガーマスクW』の放送記念スペシャルマッチとして新日本マット初登場を果たし、レッドデスマスク選手から勝利を収めました。その翌年の1・4東京ドームのタイガー・ザ・ダーク戦で勝利したあと、3・6大田区ではオカダ選手と好勝負を繰り広げ、注目を集めていて。

とは言え、俺自身はべつにタイガーマスクWにメチャクチャ興味があるとかではなかったんですよ。その初登場した両国とか東京ドームのカードを見てもわかるようにビッグマッチのオマケみたいな感じだったんで。というか、「〝あの人〟はマスク被って、なんでこんなことやってんのかな？　やりたいことってなんなんだろう？」って、非常に冷めた目で見てましたね。タイガーマスクWというキャラについてどうこうはないんですけど、その中身の人が何を思ってんだろうなって。そもそも、オカダはなんでタイガーマスクWとやったんでしたっけ？

――オカダ選手は16年の2・5札幌で鈴木選手を相手にIWGPヘビーを防衛したあと、タイガーマスクW選手の名前を挙げ、理由については「いちばんは話題性。札幌のお客さんの反応が期待値の高さの表れ」と

発言しています。

ああ、そうでしたね。そのときに俺が思ったのが「タイガーマスクWは意外と注目されてるんだな。じゃあ、俺もその名前を出せば、オカダみたいに大きな舞台のメインでシングルを組んでもらえるんだろ?」っていうことで。だから、タイガーマスクWと純粋に戦いたいとかではなく、新日本に対して「オカダと同じように俺の言うことも聞いてくれるんですよね?」っていう、ひねくれた問いかけにすぎなくて。

――タイガーマスクW選手と戦うイコール、その〝中身〟の選手と対峙するということですが、そこに意義を見出すことはなかったですか?

ただただ冷めた目で見てただけです(笑)。まあ、その正体が俺の予想している人間だったら、タイガーマスクWになったのも〝らしいっちゃらしい〟ですけどね。当時の彼は主戦場を決めないなか、フラフラしていたわけですよ。タイガーマスクWになったのだって、何か考えがあってのことなのか、それともとくに考えてなかったのか。でも、俺からすればそんなフラフラした選手を新日本は大事に扱って、簡単にオカダとのシングルをビッグマッチのメインで組んだりしてるわけですから「特別扱いしすぎなんじゃないの?」って。単純におもしろくはないですよね。

その選手も一時は俺より前を走ってましたけど、新日本からいなくなったあとは試合数もかなり少なかったみたいだし、俺からすればプロレスをやる気があるのかもよくわからなかったので。

——そのあいだに、内藤選手はIWGPヘビー獲得をはじめ、一気に躍進しました。

立場は完全に逆転してましたよね。だからこそ、いまさら気にすることもないし、マスクを被ったらなおさらですよ。だから、タイガーマスクWの名前を出したのは、俺に対する新日本の対応を確かめたかっただけです。で、またも内藤の要求は新日本に通らず、お茶濁しみたいなカードが組まれましたけど。

——結局、タイガーマスクW選手とは5・1姶良《あいら》での10人タッグで対戦しました。

急にタイガーマスクWが特定の地方大会に出場するっていうだけで、「何か縁のある土地か？」って正体をばらしてるようなもんだと思うんですけど（笑）。どこまで行っても特別扱いというか「ポッと地方の大会に出るなら、その前後含めシリーズに参戦すりゃいいじゃん」って思ったし。まあ、姶良のときはほとんどのお客さまも正体はわかってたでしょうね。

——内藤選手はマスクを剥がそうとしていましたね。

それはあのマスクを被った人に対する一種の礼儀かなって。向こうもフライングクロスチョッ

5.1始良でタイガーWと初遭遇。試合後に「タイガーマスクWはなんで始良大会に出場したのかね？　もしかして、彼は始良の人間なの？」とコメント。

プとか、一生懸命タイガーマスクらしいムーブを繰り出してましたから。まあ、会場のお客さまの期待感は伝わってきましたけど、タイガーマスクWから伝わってくるものはなかったですね。「もう、これポッキリでいいや」って思いました。オカダがその名前を出せばビッグマッチのメイン、内藤は地方の10人タッグ。タイガーマスクWを通してあらためて、こんなにお客さまを沸かせている内藤の要望は、新日本には伝わらないんだなって再確認しましたよ。あとは「この人、いつまでフラフラしてるんだろ？　差がどんどん開いちゃうよ？」って思ったくらいですね。

柴田勝頼のレスラー根性

——17年の4・9両国で内藤選手は8人タッグながら、ジュース選手にパルプフリクションで初フォール負けを喫します。この年の『NJC』の記者会見で唯一、ジュース選手はIWGPヘビーではなく内藤選手のインターコンチへの興味を示していましたが、この両国での直接勝利により4・29別府での王座挑戦にこぎつけました。

王座戦決定でまず思ったのが「このカード、お客さまがワクワクするのかな？」っていうことでしたね。会場の別府ビーコンプラザはものすごく広いし、その当時のジュースはお世辞にも知名度が高いとは言えなかったと思うし、果たしてどのくらい動員できるのかなって。だから〝vsジュース〟よりも〝vs別府〟って感じでしたよ。しかも、たしかに俺はジュースにフォールを取られたけど、その直前に俺は3回もフォールを取ってましたからね（笑）。結果がこんなに見えの王座戦が決まった時点で、どうやって試合を盛り上げようか、そればかり考えてましたよ。正直、相手に不満ありでした。それだけ新日本プロレスのジュースへの期待が大きかったってことなんでしょうけど。

――当時のジュース選手は伸び盛りというか、同じ年の2月には後藤選手のNEVER王座に初挑戦していました。

その2か月後に今度は違うベルトに挑戦できるんだから、恵まれてますよね。ただ、ジュースが『NJC』の時点でひとりだけIWGPヘビーではなく、インターコンチネンタルを堂々と口にしてたのは「誰に挑めばおいしいのか、ちゃんとわかってるんだな」とは思いました。

――ちなみにこの4・9両国のメインでは、オカダ選手のIWGPヘビーに『NJC』優勝者の柴田選手が挑みました。死闘の末、惜敗を喫した柴田選手は救急車で運ばれ、開頭手術を受けましたが、内藤選手はこ

のときの事態をどう捉えましたか？

その日のセミがヒロムのＩＷＧＰジュニアヘビーの防衛戦（vsＫＵＳＨＩＤＡ）で、俺はそれを見届けてから会場を出たので、オカダvs柴田は現場では観てないんですよ。それで自宅に戻って映像を観たら、退場時の柴田選手がフラフラしてたんですよね。それで「ただごとじゃないな」と思ってたら、あとでくわしく聞いて驚いたというか。あらためて俺たちはいつケガしてもおかしくないし、死と隣合わせのことをやってるんだなって。常に緊張感を持ってリングに上がってるつもりでも、「これだけの練習と試合をしてるんだ」っていう自信もあってか、どこかで危険意識がマヒする部分は出てくるんですよね。そんななか、俺とも直前まで激しくやりあってた選手がこういうことになって、プロレスは本当に危険なものなんだなって実感しました。

――リング上の内藤選手と柴田選手は相容れない部分がありました。

俺自身もあの人のことは好きじゃないですけどね。でも、両国のときの柴田選手は、自分でも試合中の異変に気づいてたはずなんですよ。それでも最後まで戦い抜き、しかもお客さまの前じゃなくバックステージまで戻ってから倒れたというところに、レスラー根性を見たというか。かつて柴田選手は「辞めることが新日本だ」って言ってましたけど、俺としては「あなたが一度、

内藤から初フォールを奪ったジュースは、インターコンチネンタルのベルトを掲げて「ナイトウ！　アイ、チャレンジ、ユー！」と絶叫。

新日本を捨ててから、俺たちが踏ん張ってきたんだよ」っていう目で見てたわけですよ。でも、このオカダ戦で最後まで勝ちを目指してプロレスをしたという部分で「ああ、この人はプロレスへの思いが本当に強いんだな」って思いました。だから、いつかリングで対峙したときは、いままでとは違う感覚で柴田勝頼を見られるのかなっていう気はしてます。

——4・29別府でのジュース戦ですが、そもそもL・I・Jを結成する直前の内藤選手は、初来日したばかりのジュース選手と組む機会が多かったんですよね。

そうです、新日本プロレスに押しつけられて。もし、そのときにジュースが俺のお眼鏡にかなっていれば、のちのちL・I・Jにも入れたのかもしれないですね。だから、俺にしてみればジュースは〝パレハになれなかった男〟ですよ。でも、向こうも「せっかくニュージャパンに上がれるようになったのに、なんでタッチもちゃんとしないし、カットにも入らないような協調性のないヤツと組まなきゃいけないんだ?」って思ってたかもしれないけど（笑）。まあ、ジュースも初来日の時点で「そこまで悪くはないかな」っていうのはありましたよ。その初来日から一年半くらい経って、ベルトを賭けて対戦したわけですけど、そこそこ成長も感じたし。ジュースって背が高いからスラッとした印象ですけど、実際にはパワーがものすごいんですよ。新日本でもトップレベルだと思います。

――試合もジュース選手の善戦が光りました。

会場が広すぎて満員マークはつかなかったけど、別府では見たことないくらいたくさんのお客さまに来ていただいたし、結果的には盛り上がったと思いますよ。でも、せっかく気持ちよく勝利したところに〝邪魔者〟が来て、よくわからないアピールで水を差すんですけど。

――この試合後、棚橋選手がリング上から〝エアレター〟でインターコンチへの次期挑戦を表明しました。この年の1・4東京ドームで内藤選手に敗れた棚橋選手は、同年3月の『NJC』一回戦でEVIL選手に敗退するも、この別府大会でリベンジに成功。そして、内藤選手の前で手紙を開くような手振りを見せ「拝啓、内藤哲也殿。あなたに負け、東京ドームでとどめを刺されました。が、いまこうしてここに戻ってきました。あなたのベルトを投げたり蹴ったりするのは、正直嫌いです、コノヤロー。いまここで、このベルトに挑戦を表明します、コノヤロー。つべこべ言わず、俺の挑戦を受けろって言ってんだよ、コノヤロー！敬具、棚橋弘至」とアピールをして。

なんで挑戦表明できるのかすごく謎でしたし、挑戦表明の仕方も大いなる謎でしたね（笑）。べつにEVILとは1勝1敗のイーブンになっただけなのに、よく恥ずかしげもなく出てきたなって感じだし、非常にくだらないやりかたでアピールしてきたな、と。俺は挑戦を受けないつもりだったけど、新日本って会社は棚橋弘至の言ったことがすべてなので、どうせ組まれるんだろうなとは思いましたよ。まあ、このときは棚橋選手の残念なアピールよりも、別府を超満員にできなかったことのほうが気になりましたね。ドームよりも別府を超満員にするほうが難しいと思ってますから（笑）。いつかL・I・Jでここを札止めにしてみせますよ。

「エル・アイ・ジェイ！」コール

――棚橋選手とのインターコンチを賭けたリマッチは、6・11大阪城で行なわれることが5月5日に発表されます。その日、新日本は松山で大会を開催していますが、内藤選手は続いて7日〜14日に北米で開催されたROH＆新日本プロレス合同ツアーに参加します。

松山の翌日にはカナダに飛んだんで、けっこう怒涛のスケジュールでしたね。その遠征で印象に残ってるのが、5・12ニューヨークでBUSHIと組んで、ヤングバックス（マット・ジャクソン＆ニック・ジャクソン）のROH世界タッグに挑戦してるんですよ。結果的には負けちゃったんですけど。

――内藤選手がヤングバックスと対戦するのも海外遠征のときくらいでしたよね？

そうですね。彼らはＴＮＡにも上がってたみたいですけど、それは俺と裕二郎選手が日本に帰って以降なんで、当時はとくに接点もなくて。ＩＷＧＰの歴史でヘビーとジュニア、両方のタッグを巻いたチームってＮＯ ＬＩＭＩＴとヤングバックスだけなんですよね。裕二郎選手はどうかわからないですけど、俺の中ではそのふたつのタッグベルトを巻いた唯一のチームっていうのが、特別な記録だったんですよ。でも、ヤングバックスも達成し、さらに防衛回数だと向こうのほうが上回ってしまい（苦笑）。そこに関しては悔しさがありましたね。

――ヤングバックスは兄弟ならではの息の合ったコンビネーションが武器ですが、いかがでしたか？

チームのキーマンはよく動く弟（ニック）じゃなく、兄貴のほう（マット）なんですよ。ただ、兄弟ということもあって、どっちかが気を遣うみたいな部分は一切見えなかったです。ＮＯ ＬＩＭＩＴで裕二郎選手が、年下の内藤に気を遣ってたのとは違って（笑）。ヤングバックスの場合、デビューしてからずっと一緒だったらしいですから、コンビネーションでは群を抜いてるところがありましたね。タッグなのに常にふたりで戦っていて。

――以前、内藤選手はＮＯ　ＬＩＭＩＴのライバルだったモーターシティ・マシンガンズ（クリス・セイビン＆アレックス・シェリー）に対しても、同じように評していましたね。

モーターシティとやりあってたのは09年～10年頃ですけど、そのときは「これがタッグの最先端だな」って思いました。でも、ヤングバックスはモーターシティをさらに進化させたタッグっていうイメージで。近代タッグの見本というか、１＋１は2じゃないっていうのをいちばん証明してると思います。シングルで結果を残してるわけじゃないふたりが、組んだらどのチームよりも強いわけで、まさにタッグの醍醐味を体現してるというか。もっとヤングバックスとタッグで試合をしてみたかったですね。あと、このときの遠征でひさびさにババ・レイ（現ブリー・レイ）と当たったんですよ。10年の１・４東京ドームの凱旋帰国試合以来かな？

――内藤選手は５・14フィラデルフィアでＬ・Ｉ・Ｊとして、ブリー・レイ＆ブリスコブラザーズ（ジェイ・ブリスコ＆マーク・ブリスコ）＆ダルトン・キャッスル組と対戦しました。内藤選手はＴＮＡに遠征していたときに、レイ選手とそのパートナーであるブラザー・ディーボン選手のチーム３Ｄアカデミーで練習してたそうですね。

週３くらいで通ってましたね。現地の若手選手なんかと試合形式の練習をやって、３Ｄのふたりからアドバイスをもらってました。だから、わりとババ・レイとは接点があって。

――レイ選手はチーム3DとしてWWE世界タッグやWCW世界タッグのほか、日本ではIWGPタッグや全日本プロレスの世界タッグを巻き、まさに業界を代表するタッグプレイヤーというか。

会場でも彼は別格というか、個室を用意されてましたからね。そういえばそのフィラデルフィアの試合が終わったあとに、ババ・レイに呼ばれたんですよ。関係者から「ババ・レイが来いって言ってるけど?」って伝え聞いて。彼はレスラーとしてはケンカ屋タイプですから、「なんだ? 第二ラウンドがはじまるのか?」と思って身構えながら行って。そうしたら警戒したのとは裏腹に、俺のことをやたら褒めてくれて。

――かつて自分がアドバイスを送った選手の成長を喜んだ、と?

そういうことなんでしょうね。「じつはオマエの試合はちょくちょくチェックしてるんだ。これだけのスターになって、オレはうれしい!」って感慨深げに言ってくれて、俺の手が痛くなるくらいに握手してきて(笑)。この遠征中、日本では聞いたことがない「エル・アイ・ジェイ!」コールが沸き起こったり、フィラデルフィアではメインでもないのに「デ・ハ・ポン!」をやったら、日本みたいに大合唱になったんで、もしかしたらババ・レイはそういうのを目の当たりにして思うところがあったのかもしれないですね。彼のそんな一面ははじめて見たんで、素直にうれしかったです。

不満だらけの王座戦

――17年5月の北米でのROH&新日本プロレス合同ツアーには、6・11大阪城で内藤選手とIWGPインターコンチネンタル王座戦を行なう棚橋選手も参戦しました。しかし、この遠征中に右上腕二頭筋腱遠位断裂となり、次期シリーズの『BEST OF THE SUPER Jr.』（以下、『SUPER Jr.』）を欠場します。

タイトル挑戦をアピールして、カードが決まったのに直前で欠場に入るって、わりと前代未聞ですよね。その時点で挑戦の資格があるのかなって思いましたし、あっさり認められてしまう現状がおもしろくなかったです。俺はこの年の1・4東京ドームで完全に棚橋弘至を抜いたと思っていたので、大阪城のカードに対してワクワクすることはなかったですね。これだけ不満のある王座戦も珍しかったです。

――そのイラつきを表すように、内藤選手は5・18後楽園でインターコンチのベルトを鉄柱に投げつけ、曲がったバックルをヤングライオンがトンカチで修理する一幕も見られました。また、同時期にＩＷＧＰ ＵＳヘビー級王座の新設が発表されたことに対しても、内藤選手は不満をあらわにしてましたね。

新日本プロレスの海外戦略の一貫なんでしょうけど、その役割ってタイトル名からして本来はインターコンチネンタルが果たすものだと思うし、俺からすれば「会社がベルトの権威を下げてるんじゃないですか？」っていう話で。だから、俺は「棚橋に勝ったらインターコンチネンタルを封印。それが認められなければ返上する」って宣言したんです。

――欠場中だった棚橋選手は『ＳＵＰＥＲ Jr.』最終戦の６・３代々木に姿を現すと、内藤選手にあらためて宣戦布告しました。このときに印象的だったのが、客席の野次に対して棚橋選手が「ハッキリ言え、コノヤロー。ナメんなよ。俺は怒ってんだよ！」と声を荒らげたことで。

あれはあまり見ない光景でしたね。そのくらい追い込まれてるんだなって思って、そのお客さまとのやりとりを冷めた目で見てました。かつて自分が憧れた選手が、こんなにも余裕がなくなってる。東京ドームで引導を渡したつもりだったけど、ちゃんと成仏させてやらないとなって思いました。そのときに棚橋選手が「俺がインターコンチネンタルを救います」とか言ってたんですけど、そういう対立構図の作りかたはうまいなって思いました。俺が広い視野で「インターコンチネンタルって、新日本にいるの？」って投げかけてるのに対し、棚橋選手は単純明快な格好いい言葉で、周りの支持を集めるというか。でも、あの人が必死になればなるほど、俺は冷たい視線を向けてましたね。

――そして迎えた6・11大阪城決戦ですが、棚橋選手は珍しく開始のゴング前に内藤選手に奇襲攻撃を仕掛けました。

相当、鬱憤が溜まってたんじゃないですか？　この年の東京ドームで俺に負けてから、棚橋選手はタグチジャパンに入ってお笑い要素の強いプロレスに走ってたわけで、俺としては「あ、棚橋弘至は完全に降りたんだな」って思ってたんですけど。もう第一線ではなく、前半の試合でにぎやかしみたいなことをやって、あとはリング外の活動で広告塔として役目を果たすのかなって。

――当時、棚橋選手は「タグチジャパンに自分は救われた」という発言をされています。エースとして追い込まれるなか、いい意味でプレッシャーから解放されてプロレスに取り組めたそうで。

そのまま居心地のいいところでやってればよかったのに、奇襲を仕掛けてきたってことは、まだ意地が残ってたんでしょうね。実際、東京ドームのときに比べれば、棚橋弘至特有のしぶとさっていうのは感じましたよ。

ゴング前から奇襲攻撃を仕掛け、気合い十分の挑戦者・棚橋に対し、内藤も右腕攻めで徹底抗戦。しかし、逸材の執念の前にギブアップ負け。

——終盤、棚橋選手はハイフライフローを放つ直前、コーナー上で中邑選手のような手の動きを見せて場内を沸かせましたが、気づいてましたか？

いや、あとで映像を観て知りました。そして、非常に冷めた気分になりました（笑）。飯伏もたまにそういう動きを見せますけど、引っ張られてるのかなんなのか、「インターコンチネンタル＝中邑真輔っていうイメージを消したくないの？」って不思議に思いますね。俺がインターコンチネンタルを雑に扱うから、あえて見せつけようとしてるのかも知れないですけど。

——棚橋選手にしてみれば中邑選手はライバルであり、飯伏選手は〝もうひとりの神〟と表現しています。そして、この王座戦の最後、内藤選手は棚橋選手のテキサスクローバーホールドでギブアップを奪われました。棚橋選手にとって〝内藤殺し〟というか、この技で08年12月の初対決や、10年10月のシングルマッチも勝利を収めています。

棚橋選手は大いちばんだとハイフライフローの連発で決めるイメージがありますけど、ギブアップを奪いに来たところに執念みたいなのを感じましたよ。どうしても「内藤に参ったって言わせてやる！」って思ったんでしょうね。このときは、棚橋弘至は昔ほど継続する力っていうのはなくなったものの、一発に賭ける底力みたいなのは残ってるんだなって。

――王座奪還を許してしまった内藤選手は試合後、「ＩＷＧＰインターコンチネンタル王座、またはないかな」と発言をしていますね。

その時点では本当に二度と獲ることはないと思ってたんですけどね。たとえベルトから寄ってきたとしても、俺の答えはノーだなって。でも、その後も王者になる機会があったってことは、それだけあのベルトがＭってことですよ。内藤にぞんざいな扱いを受けても、ちょくちょく戻ってくる（笑）。そのたびに多少はインターコンチネンタルへの気持ちも変わっていきましたけどね。

CAPÍTULO.5

『G1』2度目の制覇

初代IWGP USヘビー級王座決定トーナメント

——17年の7月1日、2日、アメリカのロングビーチ・コンベンション・アンド・エンターテインメント・センターで『G1 SPECIAL in USA』が開催されます。このときに初代IWGP USヘビー級王座決定トーナメントが行なわれ、内藤選手も出場しました。

そのベルトの存在価値について疑問を投げかけてた俺を、シレッとエントリーさせるのも正直どうなんだろうって感じでしたよ。「これ、俺への嫌がらせか? それとも俺にベルトをぶっ壊してほしいってことかな?」って。まあ、ベルトの価値を高める〝コマ〟として内藤哲也が必要だったってことなんでしょうけど。でも、いたずらにベルトを何本も乱立してどうするんだって話で、「全員にベルトを巻かせるつもりですか? だったらIWGP九州とかIWGP四国とか作ればいいんじゃないですか?」って思いましたよ。JR東日本とかJR東海みたいに(笑)。

——このときの一回戦で内藤選手は石井選手と対峙しました。それ以外の一回戦はジェイ・リーサルvsハングマン・ペイジ、ジュースvsザック・セイバーJr.、エルガンvsケニーだったので、唯一の日本人対決という

石井との骨身を削る激闘にアメリカのファンも熱狂。最後は石井の垂直落下式ブレーンバスターの前に惜敗。

意味で会社に期待されたカードだったか、と。
対戦相手に関して何も不満はなかったのと、アメリカのお客さまに勝つ姿を見せたいっていうのが、俺のこのトーナメントへのモチベーションでしたね。まあ、結局は石井選手に負けちゃいましたけど、もし優勝してたらあの赤いベルトを空港のゴミ箱に捨てて帰ってたと思いますよ。

——結果、初代USヘビー級王者は決勝で石井選手を下したケニー選手が君臨しました。内藤選手は6月のインターコンチ王座戦、そしてこのトーナメントと、ベルトを賭けた試合で連敗を喫するかたちになりました。

どっちも俺が「ベルトを封印してやる」って言ってた試合ということは、邪悪な思いを持つと何かの力が働いて、ベルトから見放されるってことなのかもしれないですね（苦笑）。

——そして、このあとは17年の『G1』を迎えます。この時期、『Number』誌でプロレス総選挙の結果発表が行なわれ、内藤選手は見事1位を獲得しました。

15年に『Number』で新日本のみの総選挙をやったときに12位だったことを考えると、すごく多くのみなさまに応援……いや、手のひら返しをしていただけたのかなって思いましたね（笑）。6、7月と結果を残せなかったものの、追い風は感じてましたよ。ただ、そのときの『G

1』は最後の思い出作りで参加した永田選手や、当時は試合を数える程度しかやってなかった飯伏がいたので、新日本の最前線で戦ってる人間として負けられないし、一緒にしてほしくないっていう思いは強かったです。

――内藤選手は開幕戦の7・17札幌で飯伏選手、7・21後楽園でYOSHI-HASHI選手と連勝。7・23町田でファレ選手に敗れるも、7・26仙台で永田選手に勝利。7・29愛知では石井選手に敗北を喫しますが、その後は8・1鹿児島で後藤選手、8・4愛媛でザック選手、8・6浜松で真壁選手、そして8・11両国で棚橋選手から怒涛の4連勝を飾り、Aブロック7勝2敗で8・13両国の優勝決定戦に進出します。これらの公式戦のなかで印象深いのは？

やっぱり話題を集めたっていう意味で開幕の飯伏戦ですかね。開幕のメインで組まれるってことは、それだけ周囲の期待も高かったたってことですけど、俺はこの飯伏戦について戦前から〝今年の『G1』でいちばんの消化試合〟って言ってたんですよ。「新日本を辞めてから何やってたのかよくわからない人間が、簡単に『G1』に出場できていいのか？」っていう気持ちが強かったので。

――飯伏選手は16年2月に当時ダブル所属していた新日本とDDTを同時に辞め、事実上のフリーランスに

転向していました。そして、この『G1』が15年の10月以来、ひさびさの新日本参戦ということで注目を集めていて。このときは内藤選手と15年の『G1』以来、約2年ぶりのシングル対決でした。そもそも内藤選手は、飯伏選手が以前所属していたときに限定出場だったことが気に入らなかったそうですね。

もちろん、新日本プロレスが飯伏幸太というレスラーに商品価値を見出すのもわかるんですけど、年間約150試合を戦ってる人間から見ればおもしろくないですよ。だから、この『G1』にノコノコ出てきたときは、新日本プロレスの現実を本人はもちろん、お客さまにも見せつけたいって気持ちが強かったです。

——内藤選手は「人間・飯伏幸太は嫌いだけどレスラー・飯伏幸太は好き。試合をするのが楽しい」と発言していますが、この時期はいかがでしたか?

まだそういう感覚はなくて、当時はフラフラしてる飯伏を受け入れる新日本プロレスへの不信感のほうが強かったですね。でも、いちばんの消化試合と言いつつ、こうして印象に残った公式戦として挙げてるんだから、やっぱり飯伏幸太との試合は楽しいってことなんでしょうね。

——内藤vs飯伏のカードといえば、危険度の高い攻防が繰り広げられますが、このときは飯伏選手の雪崩式パイルドライバーが衝撃的でした。

そのほかにもやり投げとかスワンダイブ式ジャーマンとかはじめて食らって、初っ端からダメージはすごかったですよ。結果的に相手の知らない技であるデスティーノで仕留めて、北海道では初となるデ・ハポン締めもできたし、飯伏が新日本プロレスから離れていた2年の差っていうものを見せつけることができたと思います。いま思うと、これまでの飯伏戦のなかであのときほど負けられない試合はなかったかもしれないですね。

〝元祖・夏男〟とグータッチ

――このときの『G1』ではザック選手との初シングルも実現しています。

その試合、よく覚えてるんですよ。内容自体がどうこうっていうよりも、じつは試合中に右腕の上腕二等筋をケガしちゃって。まだ、そのあともシリーズは続いたし、周りに弱点を教えるみたいなものなんで、とくに口にしなかったですけど。しかも、直接の原因はジャンピングエルボーの着地に失敗したからっていう（苦笑）。ただ、ザックの関節技の影響もあっただろうし、痛みはかなり大きかったですよ。で、半年くらい経ったら急に痛みが収まったんですけど、右腕で力こぶを作ると筋肉の一部分だけ妙にモコッと突き出るようになったんです。これはべつに鍛えて発達したわけじゃなく、完全に断裂してるとこうなるらしくて。ギリギリつながってる状態だと激しい痛みが出るんですけど、逆に完全に切れちゃうと痛みがなくなるんですよね。手術すれば筋肉のかたちは治るって聞いたんですけど、落ちた腕力は完全な状態には戻らないみたいです。

――そこまでの深手を負っていたんですね。

この試合が公式戦の終盤だったのはよかったなって思います。最初のほうでケガしてたら、ちょっときつかったかな。あと、このときの『G1』から身体の調整方法をちょっと変えたんですよね。シリーズ中に休むことなく、オフも含めてほぼ毎日、ジムに通うようにして。俺は夜行性だからいつも試合後にジムに行ってたんですけど、そのときはしんどくても、夜中、ジムへ行くと翌朝調子がよくなっていて。それもあって、長丁場の『G1』を乗り切れたと思います。

――8・13両国での優勝決定戦の相手は、昨年の『G1』の最終公式戦で敗れた因縁のケニー選手でした。

その一年前の試合同様、スリリングでしたよ。飯伏幸太と戦っているときと似てるんですけど、「次は何を仕掛けてくるんだろう?」ってワクワクしたし、俺もテンションが上がって、L・I・Jになってからは封印してたスターダストプレスまで出しちゃって。ケニーにかわされちゃいま

『G1』で当時IWGP USヘビー級王者だったケニーと2度目の対決。試合前、銃口を向けるジェスチャーで挑発するケニーを、鋭い眼光でにらみ返した。

したけど、あの技を出させたのは会場のお客さまの声援だったかもしれないですね。あと、相手に旋回しながら決める、いわゆるラ・ミスティカ式って呼ばれるデスティーノを有効的に使ったのも、このときのケニー戦がはじめてで。その直前の棚橋戦で試し斬りはしてるんですけど、このケニー戦のときに大きな手応えを感じて、以降の自分にとって大きな武器になりました。

——終盤のロープ上の攻防では、内藤選手がアクシデント的に頭部をコーナーポストに打ち付ける場面があり、場内がざわつきました。

ああ、コーナーへのDDTですね（笑）。おそらくケニーが足を滑らせて、その勢いで結果的に危険な技になったんですけど、あれは効きましたよ。あと、この年の2月のエルガン戦に続いて、俺は人生2回目のトペを出したんですけど、ヒザをフロアに打ちつけてものすごく痛かったんで、これ以来出してないですね（苦笑）。

——手応えを感じた技もあれば、そうでないものもある、と。この年の6・11大阪城で、ケニー選手と60分時間切れ引き分けの死闘を繰り広げたオカダ選手は、ケニー選手について「新日本史上、最強の外国人」と表現していましたが、内藤選手にとってはいかがですか？

新日本史上ですか？　俺は歴代の外国人全員と戦ってないんで、そんなことはわからないけど、自分がやった外国人のなかでは確実にトップクラスですよ。ほかはプリンス・デヴィット、AJスタイルズ、ジェイ・ホワイト……くしくもみんな、BULLET CLUBの中心メンバーですけど。

――その難敵を打ち破り、内藤選手は4年ぶり2度目の『G1』優勝を果たしました。

13年に優勝したときは、その勢いを活かしきれないどころか、そのあとに暗くて長いトンネルに突入しましたからね。でも、べつに『G1』に対してイヤな気持ちを持ってたり、2度目の優勝で大会自体にリベンジしたいとか、そういう気持ちはなかったし。ただ、ロス・インゴベルナブレスに出会い、自分を取り巻く環境が変わっていくなかで「いまの俺が、この『G1』で優勝したら、いったいどうなるんだろう？　何が見えてくるんだろう？」っていうワクワクはすごくありました。それを一年前はケニーに止められてしまったので、「今年こそは」っていう気持ちは強かったですね。そういえば優勝決定戦の前日、ベッドに寝っころがりながら自分の優勝した姿を想像したときに「泣いちゃったらどうしようかな？」って思って（笑）。

――13年の優勝時は長期欠場明けということや自身初ということもあってか、感涙してましたね。

でも、2度目の優勝のときは、結局ウルッと来る場面は一回もなくて。もちろんうれしかったけど、開催前から「本命は内藤」という声も耳に入ってたし、13年から4年経って「いまの内藤哲也は優勝して当然のステージに立ってる」と再確認したというか。東京ドームでのIWGPへビーの挑戦権利証を手に入れたので、「あとは残された夢である東京ドームのメインに突き進むだけだな」って思いました。

——優勝セレモニーでは「4年前は背伸びをしていて、正直なことを言えませんでした。ただし、いまの俺なら自信を持って言える。この新日本プロレスの、主役は俺だ！」と堂々とマイクアピールをしました。

迷走した時期もありましたけど、ようやく胸を張って言えたなって。あと、蝶野（正洋）さんから優勝旗を渡されたあと、俺はグーを突き出したんですよ。「これに対して〝元祖・夏男〟はどう返すのかな？　ｎＷｏのときみたいにウルフポーズで来たらどうしようかな？」ってちょっとドキドキしながら。その反応を待ってる数秒間は、けっこう長く感じました。

——結果、『G1』の歴代最多優勝者である〝黒のカリスマ〟は、〝制御不能なカリスマ〟を称えるように笑顔でグータッチを交わしました。

あの瞬間、「よし、勝った！」って思いましたね（笑）。

第1回『G1』覇者の蝶野は、内藤の優勝に対して「外国人に2連覇されていたら新日本は終わってた」とコメント。

頑な男・石井智宏

――17年の『G1』を制覇し、1・4東京ドームでのIWGPヘビー挑戦権利証を手に入れた内藤選手は、「権利証を賭けた争奪戦は1回しか行なわない」と宣言します。それまでは例年、権利証の争奪戦が9月シリーズと10月の両国大会の2度行なわれていましたが、内藤選手は「それだと『G1』の価値を落としかねない」と指摘して。

たとえば、『G1』優勝者が9月シリーズでAという選手に負けて権利証を奪われたとして、そのAが今度は自分が『G1』で負けたBと10月の両国で争奪戦を行なうとします。そうなると、もしBが『G1』優勝者に負けてたり、たとえ『G1』で負け越したりしても、ドームでIWGPヘビーに挑戦できてしまうわけですよ。そうなったら『G1』の権威も置き去りになってしまう。だったら争奪戦は『G1』優勝者がやりたい相手、つまり自分が公式戦で星を落とした相手と一度やればいいんじゃないかってことです。1回のほうが、より緊張感もあると思うし。

――内藤選手はロス・インゴベルナブレスに加入して以降、新日本に対してさまざまな問題提起を投げかけ

るようになりましたが、そもそも本隊時代から何かしら異議を唱えたいことはあったのでしょうか？

パッとは思い浮かばないですけど、「なんでこうなんだろう？」って疑問に思ったことはありましたよ。でも、まだ〝制御可能〟だったんで。それがメキシコに行って「思ってるだけじゃ伝わらないんだ」って気づいてからは、周りにどう思われようが関係なく「俺の考えはこうだよ」っていうのを口にするようになって。飯伏なんかは俺のことを〝クレーマー〟って言ってるみたいですけど、俺は批判してるだけじゃなく、いつも「こうしたほうがいいんじゃないの？」っていう建設的な意見も述べているわけで。ただのクレーマーじゃないっていうのは言いたいかな。

――ファンの賛否はどう捉えていますか？

正直、そこはどっちでもいいんですよ。たとえば賛が1％で否が99％だったとしても、みなさまに届けることが重要であり、いちばんよくないのは無関心なので。ただ、いまはSNSを通じて、自分に対する賛のほうが多い気はしてますね。そこは何を言うかじゃなく、誰が言うのかってことも関係してるのかなとも思いますけど。ロス・インゴベルナブレス以前の俺がいまと同じことを言っても、きっと響かなかったと思うし。まあ、棚橋弘至が言えば、だいたいの意見が通るっていうことが、いかにも「誰が言うかが大事」ってことを表している気はしますけどね。俺の場合はアンチだっているし、個人の選手に文句を言えば、その選手のファンからキッチリ口撃されてますから。べつに気にはしないし、思ったことは口にしますけど。

――内藤選手は権利証の争奪戦の相手として初代IWGP USヘビー級王座決定トーナメント一回戦、そして『G1』公式戦と2連敗を喫していた石井選手を逆指名しますが、まさにこのときに〝思ったことは口にしないと伝わらない〟論争が起きました。内藤選手が「俺が名前を出したから挑戦する？　新日本プロレスが内藤vs石井を発表したから挑戦する？　オマエの意思を聞きたい」とコメントする一方、石井選手は「オマエが俺とやりたいんだろ？　そうやって駄々こねてろ」と返し、平行線をたどって。

俺が何を言おうとも、まさに石井選手は打っても響かないというか。まあ、コッチからボールを投げつつ、もし石井智宏が急にベラベラとしゃべりはじめたらおかしいとは思ってましたけどね。石井選手はコメントじゃなく、試合でお客さまからの信頼を勝ち得ているタイプですから。

――ちなみに内藤選手はファン時代から、プロレスラーのコメントは気になりましたか？

俺は欠かさずチェックしてたし、楽しみにしてましたよ。ただ、石井選手の場合、よくしゃべる俺とは違って「感じ取れよ」っていうレスラーですよね。もちろん、これまでにも何度も戦ってるし、向こうが何も言ってこないのはわかってたんですけど、俺がこれだけちょっかいかけれ

内藤の口車に乗らず、己を貫いた石井に対し、試合後に「このまま二流の上くらいのレスラーで終わりたいのであれば、このまま頑固にやってろよ」と吐き捨てた。

ば「少しは重い口を開くかな」って。石井智宏の強烈な個性を崩したい、違った一面を引き出したいっていう興味もあって煽ったんですけど、やっぱりあの男は頑なでしたね。

——そもそも石井選手が新日本に本格参戦を果たした06年に、内藤選手がデビューしたんですよね。そういう意味では、同じ頃から新日本で戦いはじめたというか。

その頃、向こうはG・B・Hだったんでとくに接点はなかったですけどね。俺が当時の石井選手で強く印象に残ってるのが、『NJC』の一回戦で永田選手とバチバチの試合をしたことかな(07年の3・4浜松)。当時はまだ、石井選手もいまほど注目されてなかったですけど、会場がすごく沸いていたのを覚えてます。昔と比べて石井智宏の何が変わったって、何も変わってないんですよ。本当に俺と真逆であり、変化せずにのし上がった選手というか。俺は成長するには変化が必要だと思っているので、そういうふたりの会話が噛み合うわけがないですよね（笑）。

——でも、試合では毎回スイングするというか。あの争奪戦では石井選手がデスティーノを垂直落下式ブレーンバスターに切り返したのが印象的でした。

リバースブレーンバスターで切り返されたことはありましたけど、正調の垂直落下式ブレーンバスターで切り返されたのははじめてですね。石井選手はあの身体で2メートルの選手を持ち上げるし、俺を無理な体勢から投げつけるのなんて、たやすいことなんだと思いますよ。

――内藤選手は接戦を制し、1・4東京ドームでのIWGPヘビー挑戦を決めたわけですが、この同じ両国大会のメインではオカダ選手のベルトにEVIL選手が挑戦しました。EVIL選手はこの夏の『G1』でオカダ選手を下して挑戦にこぎつけたわけですが、内藤選手はこの王座戦をどうご覧になりましたか?

ＥＶＩＬは2年前の10月の両国で俺が〝パレハ〟として連れてきて、そのときは会場の反応が薄かった。それがビッグマッチのメインでＩＷＧＰヘビーに挑むまでの存在になったわけで、ちょっと感慨深いものはありましたね。ただ、このときに俺は戦前、「理想はＥＶＩＬ、予想はオカダ」ってコメントしていて。東京ドームのメインでＬ・Ｉ・Ｊ対決をやるのは理想でしたけど、結果的には予想どおりになりましたね。そこは同じ相手に連敗するわけにはいかないっていう、オカダの意地もあったでしょうし。

――そして、両国大会の翌日の会見で、正式に1・4東京ドームでのオカダ選手と内藤選手によるIWGPヘビー級王座戦が発表されました。4年前の東京ドームも同じカードでしたが、そのときはファン投票でメインから実質的なセミに降格という憂き目に遭ってましたし、何か胸に去来するものがあったのでは?

このときの会見はテレビ朝日でやったんですけど、まさにファン投票を発表したときと同じ場所だったんですよね。だから、17年の会見のときは、その4年前の「ファン投票？　ああ、新日本は俺をメインから外したいんだな」って落ち込んだのを思い出しつつ、「同じ場所なのに、こんなに心持ちが違うのか」って思いました。

BUSHIは踊らせ上手、ヒロムは踊るのが上手

──18年の1・4東京ドームのオカダ戦の決定後、10月から11月にかけては『SUPER Jr. TAG TOURNAMENT』が開催され、L・I・JからはヒロムＢＵＳＨＩ組が参戦しました。内藤選手から見てどんなチームでしょうか？

そもそもBUSHIはL・I・Jの誰と組んでも、いい女房役というか、人に合わせて引き立てることに長けてるんですよ。そのなかでもいちばん相性よかったのがヒロムだと思います。BUSHIは組んだ相手を躍らせるのがうまくて、ヒロムは踊るのがうまい。彼は乗せられるとどこまでも踊って、どんどん持ち味を発揮するんで、このふたりの組み合わせはバッチリでしたね。

──年上が一歩引くという部分では、かつて内藤選手が先輩の裕二郎選手と組んでいたNO LIMITに

似ている部分があるというか。

言われてみればそうですね。ただ、NO LIMITの場合は裕二郎選手が我慢して俺に合わせてたから、最後は分裂しちゃいましたけど。BUSHIに関しては性分的にそういう心配はないんじゃないかな。でも、個人的にはBUSHIが長期欠場から復帰するタイミングで「一緒にやっていきたいんだけど」って言ってきたときや、KUSHIDA選手と抗争してIWGPジュニアヘビーを獲ったときみたいな、〝俺が俺が〟っていう前のめりの部分をもっと見てみたいですよ。ユニットのチームバランスを考えてるのかもしれないですけど。

――BUSHI&ヒロム組はトーナメント準決勝で田口隆祐&ACH組に敗れます。そして、最終的に優勝したのは田口&ACH組を下したROPPONGI 3K（SHO&YOH）でした。RPG 3Kはこの直前の10・9両国で凱旋を果たし、ワンチャンスでIWGPジュニアタッグを奪取し、勢いに乗っていて。

まず、海外遠征からの凱旋帰国って、レスラーにとって大きなチャンスなんです。注目が集まるなか、どのくらい成長したのか、変貌を遂げたのかをお客さまやレスラー、そして会社に見せつけないといけない。でも、踏み外せば取り返しのつかないことになるし、ハイリスク・ハイリターンというか。でも、俺が聞くかぎり、RPG 3Kのふたりは海外であまり目立った活躍を残せてなかったはずなんですよ。アメリカはさておき、メキシコでの情報なら俺の耳にも入ってきますから。

――そこはRPG 3Kのふたりも自覚していて、現地でアセリがあったからこそ、SHO選手は総合格闘技の試合に出場するなど、試行錯誤していたようです。

なるほどね。そういう状況の彼らがレスラー人生の中でも重要な凱旋試合で、何を見せることができるのか。そういう意味で注目というか、ハッキリ言って疑いの目で見てました。でも、凱旋試合のときは姿を現した時点で、会場は沸いてましたよね。その2年前のEVIL初登場のときとは大違いだなって（笑）。まあ、EVILの場合は風貌が変わりすぎて気づかれなかったっていうのはありますけど。そこでRPG 3Kはベルトを獲って、トーナメントで優勝までしたわけですけど、俺は「あ、これはきついな」って思いました。たしかにいちばん重要な結果は出してるけど、まだ試合や言葉でお客さまの期待感を超えてなかったというか。

――たしかにRPG 3Kは18年3月にIWGPジュニアタッグから陥落すると、再びベルトを巻くのに一年を要しました。

2年目のジンクスみたいなもんですよね。YOHはプロデビュー戦の入場直前にカロリーメイトをマイペースに食べてたくらい強心臓だし、若手の頃から試合をソツなくこなすんですよ。でも、凱旋した彼を見て、俺は「器用貧乏ってこういうことを言うんだな」って思いました。全体的によくはなってるんですけど、だからこそ突出した部分がなくて。そういう意味ではSHOのほうが不器用なところはあるけど、持ち味が目立っていて。最初の頃、RPG 3Kは六本木で飲み明かしてるみたいなイメージでしたけど、とくにSHOなんか絶対にそんな感じじゃなかったですよ（笑）。だから、最初の頃はいろいろ厳しいだろうなって思ってました。

――試行錯誤の末、RPG 3Kも徐々にイメージが変わってきました。

それぞれシングルでも個性が出てきたんじゃないですかね。俺も自分で通ってきた道ですけど、レスラーが結果と内容の両方で周囲を認めさせるのは、一朝一夕じゃいかないってことですよ。

史上最低のタッグリーグ

――内藤選手は11・18後楽園から開幕する『WTL』出場を見据え、「11月8日からのイギリス遠征のあとにメキシコに立ち寄ってパートナーを探す」と宣言しています。

1年前はルーシュと出場しましたけど、彼もオクパードなんで、このときは代わりの〝パレハ〟を探しにいくつもりだったんですよ。EVIL&SANADA組はその一年前の『WTL』に出場して、かなりタッグチームとして仕上がってたし、そこに俺が割って入る余地はないというか。しかも彼らはBUSHIを加えたトリオで、NEVER6人タッグも巻いてたんで。

——そのトリオは17年当時、NEVER6人タッグ王座を巡る戦いの中心にいましたね。パートナー探しを掲げた内藤選手でしたが、結局はイギリス遠征の前に新日本から『WTL』のエントリーチームが発表され、1・4東京ドームで既にカードが決まっている内藤選手とオカダ選手、IWGP USヘビーを賭けてジェリコ選手を迎え撃つケニー選手、同じくジェイ・ホワイト選手とのインターコンチ王座戦に臨む棚橋選手の不出場が明らかになりました。

いやあ、ビックリしましたね。その前の年の16年に俺は「『WTL』優勝者がIWGPタッグに挑戦する場合、その会場は必ずしも東京ドームである必要はない」と提言したわけですよ。東京ドームのカードが決まっている選手が、潜在意識の中で「『WTL』でケガして東京ドームの大いちばんが吹っ飛んだらどうしよう？」ってなるのはやむを得ないし、そもそもこういうスケジュール自体に問題があるって。で、一年経ってフタを開けてみたら、俺の要望が都合よく切り取られたというか、全然解決策になってないっていう(苦笑)。会社として「内藤もうるさかったし、東京ドームのカードが決まってる人間は外そうか」ってなったのかも知れないけど、それはイコール、シングルでベルトに絡んでるトップ選手を外すってことで、『WTL』のレベルの低下につながりますから。

——ちなみにこのときの『WTL』で組もうと思っていたのは?

ロス・インゴベルナブレスも入れ替わりが激しいユニットで、当時の正式メンバーはルーシュ以外だと、ルーシュとミスティコ(二代目)とドラゴン・リーの3兄弟の父親であるピエローしかいなかったんですよ。ピエローはいま、ラ・ベスティア・デル・リングっていう名前で試合していて、とくに個人的に深くしゃべったことはなかったんですけど、「ここは〝パパ〟の新日本初登場かな」と思って。ルーシュには以前から「ウチのオヤジを新日本でどうだ?」みたいなことは言われてたんで。でも、結局は俺自身が『WTL』に不出場になったんで残念でしたね。

——このときの『WTL』開幕直前、内藤選手は「トップ選手が出てなくて注目度が低い。そのなかで『WTL』の成功の鍵はEVILとSANADAが握っている」と、仲間のふたりに発破をかける発言をされていました。

出場チームを見たときに、実力も周囲の期待度もEVILとSANADAがズバ抜けてましたから。この『WTL』の開催中、ほとんどの会場のメインが俺とオカダの前哨戦だったんですよ。それを『WTL』に出場している選手は悔しく思うべきだし、EVILとSANADAは優勝するのは当然として、どこまでシリーズを盛り上げるのか、俺はそこに注目してました。

――シリーズ序盤、内藤選手は「いまのところ史上最低のタッグリーグ」とまで言っていました。

結論として、『G1』に対する注目度に比べたら『WTL』は差があったし、EVILとSANADAが話題を作り出せたかというと、厳しかったと言わざるを得ないですよ。タッグリーグの星取りがどうなっているかということよりも、結局俺とオカダの絡みのほうが話題になってたと思うし。優勝決定戦をやった最終戦（12・11福岡）も平日開催で、スケジュールの都合はあるのかもしれないけど「新日本ももうちょっと『WTL』を大事にしたほうがいいんじゃないか？」とは思いましたけどね。結局、満員マークもつかなかったですから。でも、俺のその「史上最低のタッグリーグ」っていう発言に対して、EVILが噛み付いてきたのはさすがだなと思いました。

――シリーズ中、「史上最低？　どんどん言ってこい、俺がすべてを飲み込んでやる」とコメントしていま

すね。そして、結果的にEVIL&SANADA組がG・o・Dを下して『WTL』初優勝を飾りました。

EVILとSANADAの意地とプライドが結果につながったんでしょうね。期待の裏返しとはいえ、味方である俺に好き放題言われて、おもしろくなかったのは間違いないし。あのふたりは研究熱心というか、試合前によくふたりで話し込んでますよ。

――以前、ふたりは「自分たちは目指すプロレスが似ている」と話していました。あと、「シングルでもそれぞれ結果を残しているタッグチームは自分たちだけ」という自負も大きいようです。

なるほどね。EVILは15年に俺と『WTL』で準優勝してるし、俺としては思い入れのあるタッグだったんですけど、もはや俺は蚊帳の外だな（苦笑）。まあ、『WTL』に関しては俺もいろいろ言ってますけど、逆に捉えればいちばん可能性を秘めてるシリーズなんですよ。そもそもタッグマッチはほかのボクシングや柔道では観ることができないプロレスの醍醐味だと思うし、シングルじゃ表現できない魅力があるんで。また俺も新しいパートナーと『WTL』に参戦して、EVIL&SANADA組と戦ってみたいですね。

CAPÍTULO.6

夢に見た東京ドームのメイン

ドームツアーの野望

――18年の1・4東京ドームでのオカダ戦の最終前哨戦が、17年の12・17&18後楽園2連戦で行なわれました。初日は試合後にオカダ選手が内藤選手にレインメーカーを食らわせ、逆に2日目は内藤選手が試合後にデスティーノでオカダ選手をKOし、決戦を前に熱い火花を散らします。

これはいまだから言えるんですけど、この後楽園2連戦が終わった直後、俺は入院して左ヒジを手術してるんですよ。とにかくヒジが痛くて痛くてしょうがなくて。これは直接的な原因があるわけじゃなく、積もり積もったケガだったんですけど。左ヒジの軟骨が割れて関節内でウロチョロして、それが骨と骨のあいだに挟まるとつっかえ棒みたいな感じになり、痛みを誘発してたらしくて。おそらく、17年の10月の両国前後から、そういう状態になってたと思うんですけど。

――その後は痛みに耐えながら試合をしてたわけですね。

俺、じつは同じケガを右ヒジでもやっていて、手術してるんですよ。だから、左に痛みを感じたときに「これは右ヒジと一緒だな」と思って、すぐに病院で診察してもらったんですけど「手術の場合は完治までに1か月は見たほうがいい」って言われたんです。でも、新日本のスケジュールでそんな長いオフはないわけで、強いて言えば年内最終戦からドームまで2週間ちょっとあったから「手術するならここしかないな」と。それで試合翌日の19日に入院して、20日が手術で。俺としては右ヒジのときに2週間で復帰できたんで「1か月って言われてるけど、東京ドームには間に合うな」っていう考えがあったんです。手術の2日後に退院してからは療養に専念して。だから、この最後の後楽園2連戦のときは「さあ、東京ドームだ！」っていう気持ちよりも「さあ、手術だ！」っていう感じでしたね。

――結果的に左ヒジも無事に間に合った、と？

痛みもなく、2週間でバッチリでした。手術のあと腫れが引くまでは安静ってことだったんですけど、年内には収まって。ただ、無理して腕の筋トレの負荷を大きくして、東京ドーム前に悪化させるわけにはいかないので、このときは気をつけながらコンディションを整えました。会社は心配してたと思いますけど、そんなときこそ「トランキーロ」ですよ（笑）。

――東京ドームのカード自体は10月の両国大会直後に決定していましたが、そこから3か月にわたる前哨戦を振り返っていかがですか？

そもそも、オカダはそれまでにも何回も対戦してるし、勝手知ったる相手というか。前哨戦は全国のお客さまに「このカードを東京ドームのメインでやりますよ」っていうのを広める意味もあると思うんですけど、正直「3か月は長すぎるな」とは感じてました。四季で言えば一季節分だし（苦笑）。そのなかでメインイベンターとして話題を振りまいて、注目度を高めていかないといけないわけで、俺としては途中でアクセントをつける意味でも『WTL』に参戦したかったんですけどね。とは言え、東京ドーム間際になれば「なんだかんだであっという間だな」っていうのもありましたけど。

――このときの内藤選手は9回目のドーム出場で、初のメイン出場でした。念願の舞台だったわけですが、当日はそれまでの出場と比べて心境面で異なる部分はありましたか？

会場入りから控え室で過ごしてるときは、普段の東京ドーム大会と変わらず、わりとリラックスしてました。ただ、東京ドーム大会の場合、自分の試合の3つ前にバックスクリーン裏の待機ブースに車で移動するんですけど、そこに入ってからはさすがにいろいろ考えましたね。「俺が中3のときに立てた3つの目標が、これですべて叶うんだな」って。

――目標というのは、新日本プロレスのレスラーになること、二十代でIWGPヘビーを戴冠すること、そ

して東京ドームのメインに立つことでしたね。

まあ、ＩＷＧＰヘビー戴冠だけはちょっと遅れちゃいましたけど、その二十代での戴冠を阻んだオカダが、最後の夢の相手というのもおもしろいなとも思ったし。その入場直前、「もう夢が全部叶っちゃうんだな。なんか、入場したいようなしたくないような……」みたいな気持ちになりましたよ。このドキドキをもう少し味わっていたいような感じでしたね。

――夢が叶ってしまったあとの自分を考えたりはしましたか？

考えましたよ。「夢が達成されたときに、何も見えてこなかったら俺は終わるな」って思いました。でも、「見えてこないわけがない」と思ったし、それを期待しながら花道へ踏み出して。そこで大観衆の光景を目の当たりにし、大きな内藤コールに包まれた瞬間、すぐに次の夢が見つかったんですよ。「あ、ドームツアー、やりたいな」って。

――夢が叶うと同時に、次の夢が生まれた、と。

数年前の新日本が落ち込んでた時代のドーム大会に比べると、観客席の光景も歓声の大きさも全然違ったし、「この勢いがあれば、俺がファンだった90年代みたいに全国各地のドームでもいけるな」って、花道をゆっくり進みながらそんなことを考えてましたね。

運命のIWGPヘビー級王座戦

――07年8月26日、オカダ選手の新日本でのプレデビュー戦の相手を務めたのが内藤選手でした。それから10年が経ち、同じカードが東京ドームのメインをはじめて飾るという部分で、思うところがあったのでは？

そうですね。そのプレデビューの試合後、俺は「アイツは何年、何十年と競い合っていく相手だと思う」ってコメントしてたし、その直感は間違いじゃなかったなって。まあ、東京ドームのメインに関しては、俺のほうがだいぶ遅れちゃいましたけど。

――オカダ選手は13年の1・4東京ドームがはじめてで、この18年は通算5回目でした。そして、この戦前にオカダ選手は内藤選手に対して「東京ドームのメインで勝ち、ベルトを巻く難しさを知ることになる」と発言していて。

俺が経験したことがないっていうのはそのとおりだし、「そうだろうね」と納得しつつも、あんまりピンとは来なかったですね。東京ドームのメインに感慨深いものはあるけど、会場の規模は勝敗には関係ないなと思ったし、べつにリングの大きさは場所がどこでも変わらないわけで。

――オカダ選手はファンの支持を集める内藤選手について「ヒーローというのは等身大ではなく、感情移入できないくらいに届かない存在だからこそ。あの人みたいに挫折を乗り越えたことをさらけ出すのは、どうなんだろうと思う」と疑問を呈していました。

その発言は知ってましたけど、それはあくまでオカダの考えであって、べつに「全員が俺のやりかたをしろ」なんて微塵も思ってないですから。「へえ、オカダはそういう考えなんだ。でも、俺はこうだよ」っていうくらいの話ですよ。オカダは最短距離でＩＷＧＰヘビーを巻いて、その後もトップ戦線で活躍し続けてる以上、そのやりかたを否定するつもりもないし。ただ、俺は俺のやりかたで上を目指すっていうだけです。

――心理的に揺さぶられることはなかった、と。このときの東京ドーム決戦は、ファンの期待をかなり感じていたのでは？　内藤選手は16年に続き17年のプロレス大賞でもＭＶＰを受賞しました。逆に防衛ロードを突き進むオカダ選手は、強すぎるがゆえに当時ブーイングが起こる場面もあって。

追われるオカダのほうがアセりはあったかもしれないですね。その頃、コスチュームをパンタロンみたいにしたのも、東京ドームに合わせた特別仕様っていうだけじゃなく、気分を変えたかったのかもしれないし。たしかにこのときの東京ドームは、自分への追い風はガンガン感じましたよ。「ああ、お客さまは東京ドームで『デ・ハ・ポン！』の大合唱をやりたいんだな」って、客席の反応を見渡しながら思いました。

――このときの東京ドーム大会ではセミファイナルでケニー選手が、元WWEのトップレスラーであるクリス・ジェリコ選手を迎え撃ったIWGP USヘビー級王座戦が実現し、世界的な話題を集めていましたが、内藤選手はどう受け止めていましたか？

ジェリコがそこまでのビッグネームになってるというのが、あんまり実感なかったんですよね。97年の『SUPER Jr.』に出てたのは覚えてたんで、「懐かしいな」って思ったくらいで、とくにこのときのケニー戦もチェックしなかったし。ただ、周囲の人たちが世界中のファンがジェリコ目当てで『新日本プロレスワールド』に加入するって予測してたんで、自分にとっていいお年玉になるかもなとは思ってました。

――内藤哲也の名をもっと売るチャンスと捉えていた、と。そして、オカダ選手との決戦の火蓋が切られるわけですが、試合全体を通して印象に残っていることは？

14年の1・4東京ドームのセミで、オカダのIWGPヘビーに挑んだときとはだいぶ違いましたね。あのときは緊張もあったし、オカダのプロレスについていくのでいっぱいいっぱいでしたから。試合中、場外の俺に対して、オカダがリング上からイラ立つようにヒジのサポーターを投げつけてましたけど、あの時点で勝負はついてたのかもしれないです。それに比べてこのときはリラックスしつつも、いい緊張感を持って内藤哲也のプロレスをぶつけることができて。最後の攻防のときは正直、「これは勝ったな」と思いましたし。

――コリエンド式デスティーノを決めるも、オカダ選手が意地でキックアウト。すると内藤選手はレインメーカーを切り抜けてラ・ミスティカ式デスティーノを食らわせ、もう一度正調のデスティーノを仕掛けます。しかし、オカダ選手が旋回式のツームストン・パイルドライバーで切り返し、最後はレインメーカーの前に3カウントを聞きました。

　敗因としては最後の最後で「勝ったな」と思ってしまったことでしょうね。きっとお客さまの多くも「内藤が勝った！」と思ったんじゃないかな。でも、オカダはその一瞬の気の緩み、スキを見逃さなかったというか。アニマル浜口ジムの道場訓に「一瞬の気の緩みが逆転を許す」っていう言葉があるんですけど、まさにそれでしたね（苦笑）。あの一連の場面はすごく覚えてます。オカダも16年の6月に俺からIWGPヘビーを奪還して以降、ずっとベルトを守り抜いてきたわけで、このときは「ドッシリしてるな」って思いました。大舞台でやるたびに変化を感じる相手ですけど、そのへんはさすがだし、負けてヘンないいわけをする気はまったくなかったです。

——退場するときもわりと晴れやかな表情でした。

もちろん悔しさはあるけど、東京ドームのメインという夢を達成したうれしさ、そして次の目標を見つけた充実感もあったんでしょうね。試合前は「もしかしたらこの試合後、俺は燃え尽きちゃうんじゃないか？　プロレスを続ける気にならないんじゃないか？」とも思ってたし。

——その内藤選手に対し、オカダ選手がリング上から「東京ドームのメインイベント、最高に気持ちいいだろ？　勝つとな、もっと気持ちいいぞ、コノヤロー！　またやろうぜ。ドームのメインで、もう1回やろうぜ」と言葉を送りました。

なんか「へえ、珍しいな」って思いましたよ。あれを言われた瞬間、俺がまた次に東京ドームのメインに立つときは、その対角線にオカダ・カズチカがいるのかなって、なんとなく思っちゃいましたね。

東京ドームの初メインを勝利で飾れなかった内藤は、「俺は必ず、この舞台に戻ってくる。東京ドームでの大合唱、みなさま、楽しみに待っててください」と語った。

クリス・ジェリコの襲撃

——東京ドーム翌日は1・5後楽園を迎えます。この大会は14年からスタートし、19年まで会場は後楽園で定着し、20年は大田区総合体育館で開催されました。

14年ってことは、そのときも俺は前日にオカダのIWGPヘビーに挑戦して負けてますね（苦笑）。最初は東京ドーム翌日に大会があるのは不思議な感じはしましたよ、東京ドームが1年の締めくくりみたいな感覚なので。でも、東京ドームを観に遠方から来たお客さまにとっては、次の日にそれより小さい会場で選手を身近に感じられるのは、うれしいのかもしれないですね。

——実際、東京ドーム翌日は毎回盛り上がっています。東京ドームがひとつのクライマックスだとすれば、その翌日の1・5後楽園は新たなスタートというか、毎回〝何か〟が巻き起こっていて。18年のときは、内藤選手がまさしく当事者だったというか、メインの10人タッグでYOSHI－HASHI選手を下してデ・ハポン締めをした直後、ジェリコ選手が背後から襲い掛かりました。ジェリコ選手は1・4東京ドームでケニー選手との死闘に敗れたあと、「明日、日本を経って、もう二度と戻ってこない」と宣言していただけに、

翌日の襲撃は大きなインパクトを残しました。

それまで何も接点のない相手だし、俺を狙ってくるなんて予想もしてなかったですけど、べつに驚くほどではなかったですよ。俺はクリス・ジェリコっていうレスラーの価値はいまいちよくわかってなかったけど、向こうは内藤哲也の価値を理解してたってことでしょうね。まあ、ジェリコが新日本にひさびさに参戦して、大きな話題になったとは言え、俺にはファン時代に観た地味なジュニア選手っていう印象しかなかったんで、あんまりピンと来なかったというか。

――ジェリコ選手は97年の『SUPER Jr.』に参戦していますが、その最終戦の日本武道館大会で、内藤選手は会場で実際に試合を観ていたそうで。

そうそう、97年の6月5日です。なぜ日付まで覚えてるかというと、その日のメインの橋本真也vs武藤敬司のIWGPヘビー級王座戦を観て、中学3年の内藤哲也はプロレスラーになるって決めたからなんですけど。そんな記念の日に、ジェリコは『SUPER Jr.』の優勝決定戦に出られなかった選手たちが集まった8人タッグで、「いたっけ？」っていうくらい目立ってなかったですよ。その試合でカニ歩きをしてた愚乱・浪花選手のほうが、よっぽど印象に残ってます（笑）。たしかジェリコって、その前は邪道外道と組んでたんですよね？

――90年代中盤は冬木弘道さん率いる冬木軍の一員として〝ライオン道〟を名乗り、邪道選手と外道選手と行動をともにしていました。その後、ジェリコ選手はアメリカのWCW所属となり、提携関係にある新日本にも参戦。そして、99年にWWF（現WWE）と契約すると一気に才能を開花させ、トップスターの仲間入りを果たしました。

そこがよくわかんないんですよね。プロレスを取り巻く環境の違いもあるんでしょうけど、なんで新日本で目立てなかった地味なジュニア選手がそこまでのし上がれたのかなって。

――もともと持っていたリング上のテクニックに加え、パフォーマンス能力の高さも相まってブレイクしたというか。現在は俳優としても大活躍しているザ・ロック（ドウェイン・ジョンソン）と、真っ向からマイクで渡り合っている姿は印象的でした。

へえ。ジェリコはロックバンドもやってるらしいですね。トップスターだかなんだか知らないですけど、そんな二足の草鞋を履いてるレスラーに新日本プロレスでデカい顔させる気はさらさらなかったですよ。ジェリコはかなりのベテランらしいですけど、きっと自分のキャリアを振り返ったときに新日本でインパクトを残せなかったのが、どこかで心残りとしてあったんじゃないですか？　それで皮算用してひさしぶりに参戦したのに、大舞台でケニーに負けて。で、このま

1.5後楽園では、ジェリコの襲撃に対しても余裕の構え。さらにイスを手にすると、広げて腰を下ろし、ジェリコを挑発した。

まじゃ引き下がれないってことで、今度は〝おいしい相手〟であるこの俺のことを狙った、と。まあ、この1・5後楽園のときは、ジェリコとあんなに長いことやり合うようになるとは思ってなかったですけど。

YOSHI-HASHIはYOSHI-HASHI

——1・5後楽園で内藤選手を襲撃したジェリコ選手ですが、その後はしばらく音沙汰がなかったというか。

俺としては「ああ、このままフェードアウトか。そこまで大きなインパクトは残せなかったね」って感じでしたよ。新日本プロレスには〝おいしい相手〟である俺を狙う選手がほかにもいるわけで、いちいち出稼ぎ気分の〝自称スーパースター〟に構ってられないし。

——このあと、2・10大阪ではSANADA選手がオカダ選手に挑戦するIWGPヘビー級王座戦など、L・I・JとCHAOSのシングル五番勝負が組まれ、内藤選手はYOSHI-HASHI選手と対峙します。YOSHI-HASHI選手は1・5後楽園で内藤選手にフォールを奪われた直後、「いま、プロレス業界にいるなかでいちばんアイツのことをよく知ってる。『挫折した』とかいろいろ言ってるけど、俺のほうが

100万倍挫折してる。でも、俺は一瞬たりとも弱音を吐いたことはない。テメエとシングルやって、ブッ倒してやる」と宣戦布告をして。

そのわりにYOSHI‐HASHIからは、俺を〝狙ってる感〟はあんまり伝わってこなかったですけどね（笑）。2・10大阪のカードが発表されてから、俺は『CFM』とか『タカタイチマニア』でYOSHI‐HASHIをイジってるのに、それに対してアイツは何もアクションを返さないっていう。

――内藤選手は1・23後楽園の『タカタイチマニア』（TAKAみちのく&タイチの自主興行）でタイチ選手に勝利したあと、YOSHI‐HASHI選手について「俺はこんなにオクパードでカンサードのなか、試合してるのに、オマエはどこで何してるんだ？　それでいいなら新日本プロレスから去れよ！」とまでコメントしました。

いまの時代、SNSとか手段はあるはずなのに、YOSHI‐HASHIは内藤戦について何も発信しなかったですから。タイチ選手の場合は試合前、ツイッターで俺に言及するわけですよ。でも、YOSHI‐HASHIがその時期、唯一ツイッターでつぶやいたのが「自動販売機の当たりが出た」みたいなことで（笑）。まあ、アイツらしいっちゃ、らしいんですけど。浜口ジム時代の頃から、ノンビリしたイメージはあるんで。みんなレスラーを目指してギラギラしてたのに、YOSHI-HASHIからそういうのは感じなかったですよ。内に秘めたものはあったのかもしれないですけど。

——YOSHI-HASHI選手は2・10大阪の前哨戦として1・27&28の札幌2連戦で当たった際、試合後に内藤選手に場外戦を仕掛けました。

その札幌の初日、俺がゴング前にYOSHI-HASHIに仕掛けたから、ようやく少し火がついたようなもんですよ。俺がそこまでケツを叩いてやらないといけないわけで。昔から彼は曲げないところは曲げないというか、頑固なんですよね。YOSHI-HASHIは俺と一緒の入門テストを受けて落ちてからも、他団体にはなびかず新日本プロレスにこだわり続けて、合格にこぎつけたっていうのも頑固なところを感じるし。あと、アイツが海外から凱旋して以降、何かで優勝するとか、どれかベルトを巻くとか、そういう実績を残せていないなら、本来は何かを変化させようって思ってもおかしくないのに、ずっと如意棒を持ち続けてるし（笑）。

——頑固というのは、よく言えば信念を曲げないというか。

もちろん、貫くことの大切さっていうのもわかりますけどね。彼がデビューに向けてきつい練

YOSHI-HASHIは入場時の内藤を背後から襲撃。その後も気迫のこもった攻撃を見せるが、内藤は冷静に対処し、危なげなく勝利を収めた。

習を耐えてきたのも、俺は間近で見てきましたし、そのくらい新日本プロレスに対して気持ちがあることを知ってるわけで。俺はアイツのデビュー戦の相手も務めてますし、どこか気になるというか、「現状のままでいいの？」っていうのはすごく思います。この大阪のときも「チャンスを活かさないのか？」っていう気持ちを投げかけてたんですけど、やっぱり当時のＹＯＳＨＩ－ＨＡＳＨＩにはいまいち響かなかったかな。ＹＯＳＨＩ－ＨＡＳＨＩは意外といろんな技を持ってるし、このときの試合は少なからず意地や悔しさみたいなものは伝わってきましたけど、俺をおびやかすまでではなかったです。

――結果はコリエンド式デスティーノからのデスティーノで内藤選手が快勝を収めました。

まあ、ＹＯＳＨＩ－ＨＡＳＨＩのことが気にかかったのもこの大阪のときまでかな。「シリーズ最終戦で俺と戦うんだよ？　頼むぞ？」っていう気持ちだったけど、ＹＯＳＨＩ－ＨＡＳＨＩはＹＯＳＨＩ－ＨＡＳＨＩのままでしたよ。

タイチの自己プロデュース能力

――2・10大阪でYOSHI-HASHI選手を下したあと、退場時の内藤選手にタイチ選手が襲撃を仕掛けました。

年明けにジェリコに襲われ、この大阪のときは入場時にYOSHI-HASHI、退場時にタイチ選手の奇襲を受けた、と（苦笑）。それだけ俺が〝おいしい選手〟っていう証明でもあるし、「内藤哲也は売名行為に打ってつけなんだな」って、あらためて実感しますね。

――タイチ選手は内藤選手をバックステージに連行すると「テメーの発言に責任取れ、俺をその気にさせたぞ？　新日本のリングでもう1回やれ！」とアピールします。これは内藤選手が1・23『タカタイチマニア』でタイチ選手とのシングルマッチに勝利したあと、「何かを変えたいなら行動に出るべきじゃないの？　なんなら階級を変えるのもひとつアリじゃない？」と提言したことに対する、アンサーというか。

そのときはタイチ選手のデビュー15周年の試合だったんですけど、そもそも俺はあの連中の興行に出る気はまったくなかったんですよ。でも、彼らがL・I・Jにちょっかいを出しはじめた時点で、最終的に俺を引っ張り出すのが目的なんだろうなとは思いましたけど。自分たちで「チケットを売るため」って堂々と言ってたのは、逆に清々しかったな（笑）。まあ、リングに上がる瞬間までは「いまの俺にとくにメリットはないな」と思ってましたけど、実際はいろいろ楽しめましたね。まず、国内で新日本プロレス以外のリングに立つのがひさしぶりだったんで、その雰囲気が新鮮に感じられて。しかもメインでシングルマッチですから。

――そもそも、内藤選手はジュニアヘビー時代のタイチ選手のことを評価されてましたよね。10年のメキシコ遠征で一緒になり、タイチ選手がトップ戦線で活躍するのを目の当たりにされたそうで。

タイチ選手はCMLLのビッグマッチのメインで髪切りマッチをやってましたからね。俺はそこまで駆け上がる姿を、そばで見ていたわけで。でも、日本に帰ってからは前半の試合とかで、おちゃらけたプロレスばっかりやってるわけですよ。「タイチは帰れ！」とか言われて。その姿を見て、完全に余計なお世話ですけど「力を持ってるのに、このままで終わっていいの？」とは感じてました。でも、あの『タカタイチマニア』のときは、自分たちの興行のメインで内藤哲也と一騎打ちをやることへの責任感なのか、普段は見せない殺気立った表情や攻撃を出してきて。俺が試合中に挑発したら、コーナーに押し込まれて蹴りをバッコンバッコン入れられたんですけ

YOSHI-HASHI戦後、退場時のタイチに襲われるも、「あんなにイキイキしているタイチ、俺は数年ぶりに見たよ」と不敵な笑みを見せた。

ど、かなり強烈でしたね。たぶん、あの人とは若手時代にシングルで3回くらいやってるんですけど、08年の初対決から約10年かけてはじめてシングルで勝利しました（笑）。

――タイチ選手は『タカタイチマニア』で内藤選手に「一歩踏み出す勇気が必要なんじゃないの？」とヘビー転向のアドバイスを送られて以降、その次のシリーズから試合後のコメントで、自分の体格を「190センチ、150キロ」「2メートル1センチ、170キロ」と自己申告するようになりました（笑）。

俺もそんなに身体がデカくなると思わなかったですけど（笑）。でも、タイチ選手はもともと肩幅が広いし、レスリングの下地があって引っこ抜く力も強かったですから。まあ、俺のふとした一言が、かなりその気にさせちゃったんでしょう。

――そして、3・6『旗揚げ記念日』（大田区）でタイチ選手との再戦が決まります。

タイチ選手としてはヘビー転向の手土産として、俺という存在をうまく利用したかったんでしょうね。そこらへん、あの人はクレバーだと思いますよ。自分がのし上がるために、鋭い嗅覚で俺に食らいついてきて。俺の入場時に襲いかかってきて、花道でパワーボムをやられたのは面食らいましたね。でも、タイチ選手は『タカタイチマニア』のときのほうが自分のホームという意識があったのか、まとってる空気が違ったというか。「あ、このシリアスな感じだったら新日本のヘビーでもやれるんじゃないの？」って思ったんで、俺もああいう発言をしたんですけど、『旗揚げ記念日』では『タカタイチマニア』ほどの勢いは感じなかったかな。

――試合は内藤選手がタイチ選手のお株を奪うマイク攻撃から、デスティーノで連勝を収めました。そのバックステージで内藤選手は「単に体重を増やせばいいとかそういう問題じゃないし、何かちょっと勘違いしてる。心意気は伝わってきたけど、その程度じゃいまの俺には勝てないし、いまの新日本プロレスには何のインパクトも残らない」と発言しています。

新日本のヘビーは甘くないよってことですね。そういえば最後のマイク攻撃、かなり手応えがあったんですよ。マイクの先っぽの固いところで上からおもいっきりフルスイングしたら、その部分が当たった勢いで折れちゃって（笑）。俺、その瞬間にテンションが上がって、マイクスタンドを自分のモモを使って真っ二つに折ろうとしたんですよ。でも、硬すぎてビクともしなかったんで、ごまかすように投げました（苦笑）。そんな固いもので殴ったわけで、タイチ選手はかなりのダメージだったと思いますよ。あとで関係者に聞いたら、大きなタンコブができたらしいです。まあ、ヘビー級の洗礼ですよ。

――このあと、タイチ選手は直後の『NEW JAPAN CUP』に参戦し、一回戦で棚橋弘至選手に敗れ

るも、激闘を繰り広げます。そして、ヘビーとしてステップアップしていきました。

大田区のときは俺がイメージしてたタイチ選手と違ったんで苦言を呈しましたけど、余計な心配でしたね。『ＮＪＣ』の棚橋戦以降のタイチ選手を見てると、自己プロデュース能力が高いんだなって。結果的には、俺をうまくヘビー転向のジャンプ台にしましたね。

LOS INGOBERNABLES

CAPÍTULO.7

怨敵ジェリコと初対決

絵に書いたような完敗

――18年の3月に開催された『NJC』ですが、内藤選手は3・11尼崎の一回戦でザック選手と対峙し、最後はオリエンテーリング・ウィズ・ナパーム・デスの前に無念のギブアップ負けを喫しました。

単純に「完敗っていうのはこういうことを言うんだな」って思いました。ここまで自分の動きを封じ込められた試合って、キャリアの中でも経験したことないくらいで。あの試合は俺が相手の土俵であるグラウンドの展開に踏み込んだ部分もあるし、逆にザックに引きずり込まれた部分もありましたね。そのせめぎ合いに夢中になって、気づいたら向こうの手のひらの上に乗せられていたというか。

――ザック選手には17年の『G1』での初対戦で勝利していますが、そのときと違いは感じましたか？

そもそも、俺はグラウンドが好きなんで、1回目のときはある程度、向こうのフィールドで勝負しようと思ってたんですよ。で、「あ、まずいな」と思ったら、すぐにグラウンドから抜け出して、とくに苦戦したイメージもなかったんですよね。「楽しい試合ができたな」って思ったたくらいで。でも、『NJC』ではザックが次々に繰り出す技から脱出できなくなってしまって。それだけザックが進化したっていうことなんでしょうけど。最初は他団体のジュニアの外国人選手っていうイメージだったんで、まさか新日本に来てヘビーでここまでやるとはっていうのはありましたね。

――17年3月から新日本のリングに定期参戦するようになったザック選手は、この『NJC』では内藤選手を撃破したあと、二回戦で飯伏選手、準決勝でSANADA選手、そして決勝で棚橋選手を下し、初出場初優勝を成し遂げました。ダークホースが並みいる強豪を退け、快挙を達成したというか。

でも、個人的には俺を完封した時点で「これ、ザックが優勝するかもしれないな」とは思いましたけどね。何より二回戦で飯伏に負けるのだけは勘弁してほしかったし、それは俺にとって最悪なんで（笑）。ザックを食い止めるとしたらSANADAしかいないなって思いましたけど、テクニックで凌駕しましたよね。きっと、ザックは17年の『G1』の経験をもとに、いかに相手を自分のペースに引きずり込むかを研究したんじゃないですかね。あれだけの技術を持ってるんだから、もともと頭のいい選手だと思いますし。実際に試合をしてて「クレバーだな」って感じますよ。相手に考えるヒマを与えないように次々と技を繰り出して、気をそらせたところで一気に仕留めにいくというか。

——ザック選手はいわゆるランカシャースタイルと呼ばれるイギリスのテクニックをベースとしています。内藤選手もアメリカやメキシコをはじめ、海外でプロレスを経験されていますが、イギリスのスタイルと接点はないですか？

とくになかったですね、キャリアのなかでイギリスの選手と当たる機会も少なかったですし。ザックとはじめて当たったときは、俺もそこそこキャリアを積んでましたけど「世界にはこういうプロレスがあるんだな」って。いまはわりとテクニックもボーダレスというか、いろんな国のスタイルを融合させた選手が増えてると思うんですよ。そういうなかでザックみたいな伝統的なスタイルを守ってる選手は年々減ってるというか。同じ関節技でもルチャ・リブレのジャベはまた違うんですよね。ジャベの得意な選手で、ＣＭＬＬにヴィールスっていうベテランルチャドールがいるんですけど。

——16年の『CFM』に参戦し、獣神サンダー・ライガー選手とテクニック合戦を繰り広げた選手ですね。

ヴィールスも昔ながらのジャベの使い手というか、ねちっこいレスリングをするんで、俺としてはザックvsヴィールスを観てみたいですね。ちょっとマニアックですけど（笑）。

やっぱりみのるが嫌い

――『ＮＪＣ』で早くも姿を消した内藤選手ですが、その直後に当時のインターコンチ王者だった鈴木みのる選手と因縁が勃発します。３・15後楽園のタッグマッチで鈴木選手が内藤選手を激しく意識し、バックステージでは「オモロいもん見いっけ」と不敵な笑みを浮かべて。

王者のほうから仕掛けてきたわけですよね。そのベルトは、俺がまったく興味がないインターコンチネンタルでしたけど。あのときは鈴木選手の目的がよくわからなかったですね。俺と絡めばおいしいってのはあるにしろ、そもそもまだ『ＮＪＣ』の開催期間中で、優勝者がどのベルトに挑戦するか、鈴木選手はその選択を待つ側なのに。選ばれないと思って、アセってたのかなんなのか。

――ちなみに優勝したザック選手は、オカダ選手のＩＷＧＰヘビーへの挑戦を選択しました。

鈴木選手はザックが優勝した場合、同門の自分を選ばないと踏んだのかもしれないですね。まあ、誰が優勝しても、わざわざインターコンチネンタルを指名するとは思わなかったですけど。

——その後、内藤選手は4・1両国で鈴木選手に対し「〝自称・プロレス界の王様〟。あなたが〝宝物〟だとおっしゃるそのインターコンチネンタルネンタル王座、俺には〝宝物〟には見えませんけどね。むしろ俺に放り投げられてたときのほうが、輝いてたんじゃないでしょうか?」と強烈な挑発を行ないます。

メチャクチャ怒ってましたよね、王様(笑)。鈴木選手との抗争自体がはじめてでしたけど、俺は楽しみましたよ。俺がファンだった03~05年あたり、鈴木選手が髙山善廣選手なんかと外敵軍として暴れてた頃は、新日本ファンとして単純に嫌いでしたね。そもそも、一度新日本を辞めたレスラーっていう部分で興味もなかったし、パンクラスに上がってる頃とかも全然観てないんで。あのファイトスタイルも俺には響かなかったし、何よりあの表情がムカついて(笑)。だから、すごく嫌いでしたよ。プロレスラーになったいま思い返せば、ファン時代は鈴木みのるの手のひらの上で転がされてたのかなとも思いますけど。

——ちなみに内藤選手がデビューした06年頃から、鈴木選手は全日本プロレスを主戦場とし、その年のプロレス大賞でMVPを獲得しています。

自分がデビューしてからは、まったく鈴木選手の動向は追いかけてないです。ただ、俺はデビューして2年目くらいのときに、あの人の20周年興行(08年の6・17後楽園)に出場してるんで

寝転んで挑発する内藤に対し、鈴木は「オマエみたいなウソばっかりの“詐欺師野郎”は、地ベタに這いつくばるその姿がお似合いだ」と怒りをあらわに。

すよね。鈴木選手が過去に上がった団体の選手が出場したバトルロイヤルにエントリーして。べつに本人と縁もゆかりもないんで「なんで俺がメンツに入ってるんだろ？」とは思いましたけど。一応業界の先輩なんで、そのときは鈴木選手に「お疲れさまです」って一言挨拶したものの、それ以上の会話をすることもなく。

――鈴木選手が11年に鈴木軍を始動させてからも、内藤選手はとくに接点もなかったですよね。13年と14年の『G1』公式戦で対戦したくらいで。

だから、あの『ＮＪＣ』で仕掛けられたときはちょっと意外ではありましたよ。ただ、鈴木軍の部下に一回戦で負けた俺に、あのタイミングでちょっかいを出すっていうことは、王様の目には自分で〝宝物〟と言っているベルト以上に内藤哲也っていうレスラーが光り輝いて見えたんだろうなって。鈴木選手は常にアンテナを張ってる印象がありますから。

――フリーでさまざまな団体のトップ戦線で活躍してきたという意味でも、嗅覚が鋭いというか。

「いま誰と向かい合うと注目を集められるのか？」っていうのを、常に考えてるんだと思います。『ＮＪＣ』優勝者に指名されないなら、その前においしい相手に噛みついて話題を作ってやろうって考えだったのかもしれないですね。

――そして、内藤選手は４・29熊本で鈴木選手を迎え撃つことになりますが、このときはトラッシュトーク（試合前の挑発）も白熱しました。鈴木選手が内藤選手について「アイツがなんで客の支持を集めるか、知ってるか？　それはアイツが言うことは全部〝あと出しジャンケン〟、あとづけだからだ」と挑発をして。

俺はロス・インゴベルナブレスに加入して以降、言葉を重視してきましたし、いろんな選手のコメントもよくチェックしてるんですけど、意外と俺が投げたボールが返ってこないこともあったんですよね。返ってきても、キャッチボールにならないような、ヘンな方向の言葉だったりして。そういうなか、鈴木選手はちゃんと何かしら引っかかることを発信してくれるので、「今日はどんなことを言ったんだろ？」っておもしろかったですよ。

――心理的な駆け引きを楽しんでいたわけですね。

鈴木選手も俺とは違うかたちで、相手の粗探しをするというか。あと出しジャンケンって言われたときは、「たしかにそうかあ」ってちょっと納得しました（笑）。と同時に、あと出しできるようなスキがあるから突っ込むわけで、それが的外れだったら、そもそもお客さまも支持はしないでしょうし。でもまあ、「あと出しか、おもしろい表現をするな」って思いました。

――試合を振り返っていかがですか？

さっき言ったように、ファン時代からあのファイトスタイルは好きじゃないんですよ。これはいい悪いを言ってるんじゃなくて、好みの話ですけど。好きなスタイルじゃないということは、なかなか攻防も噛み合いにくいというか。俺がそう感じてる時点で、相手も同じことを思ってるでしょうね。互いにスタイルを一切崩さなくて。鈴木選手はスタイルを崩さないからこそ、同化せずにいろんな団体の第一線で異彩を放つことができたと思いますよ。あのときの熊本は非常に難しい試合でしたね。攻防がスイングするとかじゃなく、どっちが相手を自分のペースに引き込むか、そういう駆け引きがある戦いで。

——鈴木選手の攻撃といえば、一発のエルボーで会場をどよめかすのが印象的です。

前哨戦の後楽園で、まさに鈴木選手のエルボーで記憶が飛んだんですよ。いままで食らったエルボーのなかではいちばん強烈かもしれないです。だから、熊本のときは警戒して臨みました。

——終盤、内藤選手はバレンティアを初公開しましたが、当時はまだ技名が決まっていなかったですね。

あれ以外にも、じつは新しい技をいくつか用意してたんですけど、ことごとく失敗しました（苦笑）。そのへん含め、駆け引きの試合だったというか、新しい技もほかの相手だったら決まってたかもしれないし。そもそも、新しい技を試す相手として鈴木選手は間違えてたのかもしれない

4.29熊本で鈴木を下して2度目のインターコンチネンタル王座戴冠を果たすと、「このベルトは必要のないベルトだという気持ちは変わらない」とバッサリ。

（笑）。まあ、結果的にはバレンティアで動きを止めてデスティーノにつなげることができた。いい試合に見えなかったかもしれないですけど、自分のなかで何かと準備をした一戦でしたね。

――そういうものを踏まえた上で、もう一度あの試合を観るとおもしろそうですね。攻防がスイングする好勝負とはまた違う、ギスギスした戦いが感じられるというか。

たしかにプロレスの好勝負とか名勝負の基準も人それぞれですからね。このときは試合のこともいろいろ考えたけど、「勝ったら何を言おう？」っていうのもすごく考えたんですよ。

――この試合後に、いまや内藤選手の名文句として浸透した〝一歩踏み出す勇気〟という言葉が出たんですよね。16年4月14日に熊本地震が発生し、その年の4・29『レスリング火の国』が中止となりましたが、18年に2年ぶりの開催を迎えたのを踏まえ、内藤選手は「いまもあのときの傷を持っているかたがた、たくさんいらっしゃると思いますが、だからこそ俺は言いたい。変わらないこと、あきらめないことはもちろん大事。でも、変わろうとする思い、変わろうとする覚悟、そして一歩踏み出す勇気も大事」と発言されて。

あれはそのときの熊本に対して思ったことを口にしました。熊本地震の前年の15年の『レスリング火の国』のとき、本隊時代の俺が会場でサイン会をやったんですけど、全然お客さまが並ばなかったんですよ。そんな誰にも興味を持たれないような選手が3年経って、同じ会場のメインを締めくくることができた。一歩踏み出して状況を変えた俺だからこそ、熊本のお客さまに何かメッセージをお伝えすることができるんじゃないかと思いましたし、いろいろと感慨深い大会でしたね。

ヒロムの『SUPER Jr.』優勝

――5・4福岡では内藤選手の身に災難が起こります。1・5後楽園で遺恨が生まれたジェリコ選手が、客席から退場時の内藤選手を突如襲撃しました。あのとき、ジェリコ選手はL・I・JのパーカーにBUSHI選手のマスクを被り、ファンを装った姿で飛びかかってきて。

あの襲撃のやりかたは斬新でしたね。いままでの新日本プロレスでなかったというか。なんか聞いたところによると、ジェリコ選手は変装の名人で、海外でも同じようなことをやってたらしいですね。あの福岡ではキャリアでもいちばんっていうくらいに流血させられましたけど、バックステージでも血がなかなか止まらなかったんですよ。それが放送的にダメだったのか、『ワールドプロレスリング』ではあの場面が白黒で映って（苦笑）。あの1月の後楽園で襲われて以降、ジェリコからは何の音沙汰もなかったんで、福岡で仕掛けてくるのは予測できなかったな。もしかしたらベルトを獲るタイミングを見計らってたのかもしれないですね。このあと、ROHの北米ツアーに参加したんですけど、現地のお客さまから「ジェリコ」っていう単語をよく耳にしたんで、この顔合わせが世界的にも注目されてるんだなっていうのは実感しました。

――6・9大阪城でジェリコ選手とのインターコンチ王座戦が組まれますが、その直前の『SUPER Jr.』ではヒロム選手が念願の初優勝を飾りました。内藤選手も感慨深いものがあったのでは？

そうですね。俺が練習生時代の彼に「俺でよかったらプロレス教えるよ」って声をかけなかったら、いまの新日本プロレスのリングに高橋ヒロムというレスラーはいなかったと思いますよ。たぶん、辞めさせられてただろうなっていうくらい落ちこぼれてたんで。その男がL・I・Jに加入して以降、ジュニアのトップ戦線で活躍するようになって。しかも、このときの『SUPER Jr.』は開幕前から、高橋ヒロムのためのシリーズみたいな空気がありましたよね。

――新日本プロレス公式LINEの優勝予想アンケートでも、ヒロム選手が1位となりました。2位が石森太二選手、3位がウィル・オスプレイ選手、4位がKUSHIDA選手、5位がBUSHI選手と続いて。

ヒロムはそのプレッシャーもあったはずなのに、シリーズ中のバックステージインタビューで

『SUPER Jr.』で初優勝したヒロムからトロフィーを取り上げた際、内藤は“異変”に気づくも、そのまま何食わぬ顔で授与式を敢行。そして、足早に去っていった。

は俺とおちゃらけたやりとりをしてるわけですよ（笑）。そうやって違った一面も見せながら、きっちりと結果を残したんだから大したもんだと思います。まあ、彼が黒星先行だったのを3勝2敗まで持ち直したときに「勝ち越しましたよ！」ってアピールされたときは「喜ぶのは早いだろ」って思いましたけど（笑）。そのあとの大会から俺はオフに入り、最終戦（6・4後楽園）だけ出場したんですけど、ヒロムはちゃんと優勝決定戦で石森選手を下して。ヒロムが会場を熱狂させてる姿を見て、「すごい選手になったなあ」とうれしい部分もありつつ、「悔しいな」って思っちゃいましたね。

——そして、優勝セレモニーでは内藤選手がヒロム選手から優勝トロフィーを取り上げると、あらためて卒業証書のように授与し、互いに一礼を交わしました。このあと、バックステージでヒロム選手は「内藤哲也という男は俺のトロフィーを奪い、そして壊れたことに気づき、『ゴメン、ちょっと壊れた』と渡してきた！」とブチまけて（笑）。

ハハハハ！　いや、彼を目の前にすると、なんか仕掛けてやりたいなってスイッチが入るというか、「ヒロムはどういう答えを見せてくれるんだろう？」って、そういう気持ちにさせてくれる存在なんですよ。俺の予想以上の答えをいつも返してくれるので。だから、『ＳＵＰＥＲ Jr.』

で優勝したときも、トロフィーを見て「ここで仕掛けたら、ヒロムはどんな反応を見せるんだろう?」と思って取り上げたんです。そうしたら、その瞬間にトロフィーが折れちゃうっていう(笑)。「わあ、やっちまった!」と内心アセりつつ、ヒロムに渡したら、やっぱり彼はちゃんとそのあとにうまく対応してましたね。

――ヒロム選手は折れたトロフィーに土下座をしてから、「内藤、どこだ~!?」と叫びながら退場し、前代未聞のフィナーレに会場は盛り上がりました。

そのへん、頭の回転が早いですよ。たとえハズしたとしても、そこから力づくで持っていくというか(笑)。お客さまや選手をワクワクさせる存在ですね。

〝自称スーパースター〟の本質

――6・9大阪城でのインターコンチ王座戦を前に、ジェリコ選手は『SUPER Jr.』の期間中、内藤選手に5・22後楽園と6・4後楽園の2回にわたって「俺と戦えばオマエの名は世界に知れ渡る。負けるのは確実だけどな!」という挑発的なVTRメッセージを送ってきました。

ああいうかたちで短期間にビデオレターみたいなものを送りつけてくるのは、いままで新日本の歴史でもなかったんじゃないですかね。参戦に向けた意気込みを表すＶＴＲとかはあっても。新鮮に感じたし、「リング上で向かい合わなくても、対戦の機運を高めることはできるんだな」って思いましたよ。「ジェリコはいろんなやりかたを知ってるんだな」って感心しました。ただ、それと同時に「この人はホントにヒマなんだな。試合もロクにしてないみたいだし、ほかに仕事ないんじゃないの？」ってちょっと心配になりましたけど（笑）。もしかしたらスーパースターすぎて、もはや働かなくてもいい身分なのかもしれないな。それくらいの人のアンテナに、内藤哲也が引っ掛かったってことですよね。あと、あのＶＴＲメッセージでよかったのは字幕がついてたことで、ジェリコの言いたいことがよくわかったっていう（笑）。

――たしかにリング上で英語を使って直接アピールされても、理解するのは難しかったかもしれないですね（笑）。そして、６・９大阪城でついに実現したジェリコ戦は、テーブルやイスも飛び交う壮絶なラフファイトの応酬の末、結果的に内藤選手は王座から陥落してしまいました。

あの試合は身体的な代償も大きかったです。頭が１か所、左のまぶたが１か所、右のまぶたが２か所、それと左の頬もパックリ切れて。目は病院で検査して、とくに問題はなかったんでよかったですけど。俺だけが大流血に追い込まれたんで、そこは悔しかったですね。あと、スーツが台ナシになったのも精神的に来ました（苦笑）。自分からゴング前に仕掛けたので自業自得なんですけど。

——内藤選手は年に1回、東京ドームのときにスーツをチェンジしてるんだとか？

そうなんですけど、白いスーツは血が落ちないんで、あのジェリコ戦のあとに新しく作り直したんです。そのあと、『G1』も控えてたし。だから、いろんな意味でジェリコからダメージを食らいましたね。

——試合の最後は、ジェリコ選手の急所蹴りからのコードブレイカーで3カウントを奪われました。

急所蹴りに関しては自分もやるんで何も文句は言えないですね。その前に、俺が雪崩式フランケンシュタイナーを仕掛けたとき、こらえたジェリコがその状態のままリングに飛び降りたんですけど、俺の頭がマットに突き刺さったんですよ。意識朦朧のなか、間髪入れずにウォールズ・オブ・ジェリコに持っていかれて、それは何とか逃げ切ったものの「ヤバいな、これ」って思いました。アクシンデントみたいなもんなんですけど、あのときは運にも見放されたというか。

——ジェリコ選手の百戦錬磨ぶりというものを実感しましたか？

この大阪城ホールと、再戦となった翌年の1・4東京ドームと、この2戦をいま振り返ると彼から学んだことは多々ありましたよ。試合に向けていかにお客さまの注目を集めるか、そこにジェリコ選手はものすごく力を入れてました。試合前から全力で試合をしてるというか。

――そこは内藤選手も共感する部分が大きかったのでは？

それはありますね。俺はジェリコがどうやっていまの地位を築いたのか、本当に知らなかったんですけど、彼との一連の抗争を通して「あ、俺が日頃言ってる〝プロレスにおいては言葉が重要〟ってことは、本当にそのとおりだな」って再確認できましたよ。実際、ジェリコの参戦で『新日本プロレスワールド』の外国での加入者もかなり増えたって聞きましたし、そのあたりもキッチリと仕事をするというか。シリーズ参戦するわけでもないのにタイトルマッチが組まれて、さぞかしギャラも高かったんでしょうけど、新日本プロレスが彼を特別扱いする理由のひとつというか。あと、本番の試合でも彼は一生懸命で、そこはちょっと意外に感じましたね。

――意外というのは？

ビッグネームということで、過去の実績だけでプロレスをしてる選手なのかと思ってたんです。年齢が俺より一回り以上も上ということで、動きにビックリするものはなかったんですけど、そ

6.9大阪城でのIWGPインターコンチネンタル王座戦。ジェリコは試合開始直後、内藤を場外の机に向けてパワーボム。その衝撃で机は真っ二つに。

れを補って余りある闘志でしたね。そこが〝自称スーパースター〟の本質というか。試合の合間に余裕の表情を浮かべたり、心理的な仕掛けはしてくるんですけど、技ひとつひとつはスカすような部分がないというか。ライオンサルトもけっこうな飛距離を飛んできましたからね、あの体型で。俺も目で動きを追いながら「ここまでは届かないだろ」って思ってたら、難なくこなして。俺がファン時代に観た頃より、10キロ以上は太ってると思うんですけど。

――棚橋選手はジェリコ選手について「とにかく場馴れしているから、待つことができる」と分析していました。観客の反応ほしさにつねに動き回るということがなく、場を支配する力を持っているというか。

それは俺も同意ですね、まさに観る側を手のひらの上に乗せることのできる選手ですよ。最初にシングルやる前は「なんで俺がコイツの相手をしないといけないんだ？」くらいに思ってましたけど、いま振り返ると自分のキャリアのなかでも重要な試合のひとつになったな、と。今後、自分が一回り年上の相手にベルトを奪われることもないでしょうし。いろんな意味で手強かったし、おもしろい相手でしたよ。

CAPÍTULO.8

ヒロムのいないL·I·J

スーパー・ストロング・マシン引退記念試合

――6・19後楽園ではEVIL&SANADA&BUSHI&ヒロムと組んで、「スーパー・ストロング・マシン引退記念試合」として新たによみがえったマシン軍団と対戦しました。試合前の場内ビジョンに、田口選手が〝世紀の大オマージュ〟として「AIを駆使して、進化したマシン軍団を見せる」と宣言したVTRが流れると、S・S・マシン・エース&マシン・バッファロー&マシン・ジャスティス&マシン・ドン&マシン・No.69が登場。さらにマシン軍団のマネージャーだった将軍KYワカマツさんまで姿を現しました。

ちょっと、いままでにない斬新な引退試合でしたよね（笑）。マシン選手本人はセコンドについて、そのほかは正体バレバレのメンツがマシンのマスクを被って。まあ、言ってみれば対戦相手はみんなふざけてるわけですよ。戦う側としては「〝マシンごっこ〟の相手をしなきゃいけないの？　本来の主役であるマシンが出てこいよ！」って思いましたよ。コンディションの問題もあったんでしょうけど、どうせなら本家本元と最後に当たりたいなって。

――でも、試合終盤に場外でマシン・バッファローに捕らえられた内藤選手は、マシン選手のラリアットを

食らいましたよね。

望んで食らったわけじゃないし、べつにマシン選手の現役最後の技を食らったっていうのも、いまの内藤哲也にとっては大きな勲章でもないですからね。ただ、かつてファンとして新日本プロレスが大好きで、足繁く会場で観戦してた内藤少年の目線で考えると、ものすごくうれしいラリアットでしたよ。マシン選手も現役最後に攻撃した相手が内藤哲也だっていうのは、いい思い出になったんじゃないですかね。

――内藤選手は本隊時代、マシン選手とはどのような接点がありましたか？

マシン選手は俺が入門した当時から、ほぼ毎日のように朝早くから道場で練習してたのを覚えてます。練習でも、どこか昭和を感じさせるレスラーというか。リングを下りると、基本的には温厚な人でしたね。後輩を叱り飛ばすような姿も見た記憶がないし。そういえば俺、気づいたらマシン選手には「哲っちゃん」って呼ばれてました（笑）。そう呼んでたのはほかに永田選手、小島選手、棚橋選手、田口選手くらいかな。マシン選手は大先輩なのに、距離を感じさせない人でしたね。

――マシン選手が現役の最後の頃は、雑用で忙しい若手選手の洗濯物をたたんであげていたというのを聞い

たことがあります。

俺も若手時代、マシン選手に気遣ってもらったことがありますよ。新弟子は先輩がちゃんこを食べてるときは、横に立って給仕をしないといけないんですけど、あの人は「座っていいよ」とか「あっちで休んでな」って声をかけてくれて。マスクを脱いだ素顔は優しい人でしたね。

――このあと、7月7日にはアメリカ・カリフォルニア州サンフランシスコのカウ・パレスで、『G1 SPECIAL IN SAN FRANCISCO』が開催されます。内藤選手は同大会の第6試合で、BUSHI選手とのタッグでオカダ&オスプレイ組と対戦しました。そして、その次の試合でヒロム選手がドラゴン・リー（現リュウ・リー）選手を相手にIWGPジュニアヘビー級王座を防衛するも、試合終盤のドラゴンドライバーで首を負傷し、長期欠場することになりました。あのとき、内藤選手は試合後のヒロム選手を入退場口で出迎えたそうですね。

モニターであの試合を観ていて「これは首、やったかな」と思って、戻ってきたヒロムに「大丈夫？」って聞いたんです。そうしたら、ヒロムは正面を向いたままロボットみたいにカクカク動きながら「やっちゃいました」って答えたんで、すぐにトレーナーの先生を呼びにいきました。

そのあと、救急車が来るのを待ってるときに、ヒロムと少し言葉を交わすことができて。彼はいつでも冗談を飛ばすタイプで、ビッグマッチ直前で緊張しているのをほぐそうとして、ＢＵＳＨＩと一緒になってイジると、「やめてくださいよ～」みたいに反応してくれるんですよ。だから、このときも「そろそろ起きたら？」って言葉をかけたんですけど、「すみません。本当にすみません」しか言わないので、「あっ、これは本当にヤバそうだな」って思って。

――「すみません」というのは、いろんな気持ちが入り混じってそうですね。

べつに俺が何かされたわけじゃないんですけど、彼はユニットに穴を空けて迷惑をかけてしまうと思ったのかもしれないですね。正確な診断結果が出ていないなか、ちょっと気が動転してた部分もあったでしょうし。でも、その「すみません」を連発したあと、ヒロムが「（地元の）八王子大会（7月22日）には出ますから」って言うんですよ。きっと、本人も心の中では無理だと感じてたとは思うんですけど。俺も「一緒に出よう」とか気軽に返せないし、あの時間はなんとも言えない感じでしたね。

――ヒロム選手が救急車で運ばれてから、内藤選手たちは？

俺たちは大会翌日に帰国するスケジュールだったので、とりあえず診断結果の報告を待つしかなくて。ヒロムがケガした試合直後は、俺もどう受け止めたらいいかわからなかったです。起こってしまったことはしょうがないし、とにかくどんな診断結果だろうが、冷静に受け止めないとなって思ってました。

「大丈夫、コイツは帰ってくる」

——ヒロム選手は現地の病院で第一頚椎の骨折と診断され、絶対安静の期間を過ごしたのち、帰国して日本の病院に入院しました。

ヒロムからLINEで「首、折れてました」って来たときは、「復帰するにも、かなり時間がかかるだろうな」って思いました。俺は既読スルーの常習犯なんですけど、そのときは本当に何て返していいかわからないというか。気軽なツールでそんな重いことを送られてきても返事のしようがないっていう（苦笑）。自分も長期欠場したことがあるとはいえ、俺はヒザで、ヒロムは場所が場所ですからね。

——同じように試合中に首を骨折したヨシタツ選手は、復帰までに1年4か月もかかりました。

そもそも、ヒロムが復帰できるかどうか、その時点ではわからなかったですから。やっぱり首のケガって、そのくらい大きいですよ。俺が新日本プロレスに入門する前、浜口ジムにいたときから浜口さんには「首は徹底的に鍛えろ」って言われてましたし。プロレスは首へのダメージが付きものとはいえ、どこかで「ここをケガしたら、終わっちゃうな?」っていう危機感は持ってますから。

――内藤選手は怖い技としてジャーマンスープレックスを挙げてましたよね。

うしろが見えない状態で、後頭部から首を叩きつけられるわけですからね。どれだけ警戒していても、ケガは起きてしまうものなんですけど、身近な仲間が首を骨折したっていう事実を、すぐに飲み込むのは難しかったですね。ヒロムが日本に帰ってきてから、EVILと見舞いに行きましたよ。きっと、ヒロムもアメリカで診断結果を知らされたときは落ち込んだと思うんですけど、そのときは少し気持ちの整理ができてたのか、暗い顔じゃなく笑顔で「僕、ドームで復帰しますから!」って言ってたのを覚えてます。八王子の次は東京ドームに目標を定めて。ひさびさにそうやって前向きな様子を目の当たりにして「あ、ヒロムは復帰できるな」って思いましたね。その時点でも、まだ復帰可能かはわからなかったんですけど、ヒロムの言葉を聞いたときに「大丈夫、コイツは帰ってくる」って。

――確信を持った、と。

もちろん、ヒロムがそう言ったのは俺たちを心配させないためっていうのはあったんでしょうけど、リングにカムバックするっていう気持ちが伝わってきたんで。ただ、復帰の目標は徐々にズレていきましたけどね。東京ドームが流れたあと、「4月のMSGで復帰しますから!」って言ったのが、今度は『SUPER Jr.』で復帰しますから!」になり、徐々に〝復帰するする詐欺〟みたいになってきたというか(笑)。

――そこは万全のコンディションを整えるということや、復帰にふさわしい舞台のタイミングを図っていたというのもあるとは思いますけど(苦笑)。

運動ができないので、ヒロムはこの欠場期間でかなり太った時期もあったんですよ。そのときに思ったのは「あ、ヒロムは引退したら太るタイプだな」っていう(笑)。でも、身体が動かせないと、ストレス解消で食べるしかないっていうのはわかりますけどね。

――ヒロム選手と連絡は取り合っていたとは思うんですが、お見舞いにもよく行かれてたんですか?

いや、そこまでは。というのは、やっぱりヒロムがコッチを心配させないようにしてるっていうのが、すごく伝わってきたんですよね。ヘンに気を遣わせちゃうというか。彼も「欠場してるとアセります」みたいな弱気な姿を見せることなく、いつでも「復帰するんで！」って元気を振り絞ってる感じだったんで。

――L・I・Jからヒロム選手がいなくなった期間は、その存在の大きさみたいなものは感じましたか？

それはすごく感じました。L・I・Jのなかでも彼は異彩を放ってましたし。ヒロムの穴を感じつつ、彼が復帰するときにはいままで以上のL・I・Jにして迎え入れたいっていうのはありましたね。「ヒロムがいなくなって、L・I・Jの勢いは落ちた」って思われるのはイヤだったし、すごくいろいろ考えましたよ。それがのちの鷹木（信悟）の加入にもつながるわけで。あと、これはお客さまに見えないところですが、ヒロムって控え室でも中心みたいなところがあったんですよ。みんなでヒロムをイジることで、ユニットがまとまっていたというか（笑）。そういうのもなくなってしまって、当時はちょっと控え室が静かにはなりましたね。いまは前みたいにヒロムがベラベラしゃべって、それをみんなでイジり、さらに鷹木は鷹木でひとりベラベラしゃべってるっていう（笑）。うるさいくらいにぎやかなときもありますけど、ヒロムがいなかった時期を振り返ると「これがL・I・Jだよな」って思います。

SANADAと初対決

――18年の『G1』は内藤選手にとって2連覇を賭けた戦いでした。

過去に連覇を成し遂げたのは蝶野選手（91～92年）と天山選手（03～04年）だけなんですよね。なんだったら2連覇を足がかりに、史上初の3連覇を狙ってたんですけど、そうは簡単にことが運ばないのが『G1』ですね。

――このときの公式戦を振り返ると、7・15大田区でケニー選手に敗れてスタートダッシュに失敗するも、その後は7・21後楽園のジュース戦、7・26長岡のタマ戦、7・28愛知の後藤戦、8・1鹿児島の矢野戦と4連勝を収めます。続く8・4大阪で飯伏選手に敗北を喫しますが、8・8横浜でSANADA選手との初対決を制し、優勝決定戦進出の可能性を残して最終公式戦の8・11武道館に臨みます。しかし、ザック選手に敗れ、涙を飲むという結果でした。

最初にケニーに負けたのが、結果的に尾を引きましたね。そのあと、ケニーが独走して、必死に追いかけたんですけど。最後のほうはかなり混戦模様でしたよね？

――8・8横浜の段階で内藤選手はケニー選手に追いつき同率の1位タイで並びます。しかし、8・11武道館で飯伏選手がケニー選手に勝利し、そのふたりと内藤選手、そしてザック選手の4人が6勝3敗で公式戦を終了。直接対決の結果により飯伏選手がBブロック代表の座を勝ち取りました。

1位タイとは言っても、俺はほかの3人に負けてるので実質4位ですよね（苦笑）。やっぱり、最初のケニー戦で勝ってれば、また状況は変わってたんだろうなって思います。その試合、去年の『G1』決勝で俺に負けてるケニーは、相当気合が入ってただろうし、俺としてもかなり入れ込んでたんですよ。この年の『G1』は初戦がいちばんの山場だなと感じてたんで。残念ながら負けはしましたけど、あらためて「ケニーとの試合が好きだな」って思う一戦でした。彼と戦ったのは現段階ではこのときが最後で、計3回戦って自分が1勝2敗で負け越してるんですけど、またいつかリングで対峙してみたいと思う相手のひとりですね。

――そのほか、8・8横浜でのSANADA選手との同門対決も戦前から注目を集めました。最初の出会いから振り返ると、さまざまな変遷を経てようやく実現したというか。

たしかにそうですね、遡れば05年に同じ新日本プロレスの入門テストを受けて。それから13年目にして、シングルではじめて対戦して。

――そのときの入門テストに関して、内藤選手が以前「スパーで全員を倒したけど、2周目に入って、疲れたところを誰かに負けた」とおっしゃってましたが、動画を確認すると、どうやらその相手が当時17歳のSANADA選手のようで。

へえ、そうだったんですね。そのテストのあとにSANADAは全日本プロレスに入り、俺は彼と『ALL TOGETHER』で二度にわたってタッグを組んで（11年の8・26武道館＝内藤&真田聖也&谷口周平vsモハメド ヨネ&征矢学&裕二郎。12年の2・12仙台＝内藤&真田&潮崎vs棚橋&諏訪魔&森嶋猛）。そのあと、SANADAとは一回だけ当たりましたけど、それはタッグでしたからね。

――12年の7・1『新日本プロレスリング&全日本プロ・レスリング創立40周年記念大会 サマーナイトフィーバー in 両国』での内藤&タマ・トンガvs真田&ジョー・ドーリングですね。その試合で内藤選手はSANADA選手について、「なんでこんなに響かないんだ?」と思ったそうで。

俺が何発張り手をしようが、SANADAは動じることなく、自分のペースを貫きましたから。そこで思うような戦いにならなかったんで、試合後に俺は「次は1対1だ!」ってアピールをして。まさかそのときは、〝同門対決〟になるとは思ってなかったですけど。

SANADAとの同門対決を制すると、試合後には「高橋ヒロム！　さっさと帰ってこいよ、カプロン！」と欠場中の仲間にエールを送った。

——16年の4月にSANADA選手がL・I・Jに加入し、共闘していくなかで、ついに『G1』で待望の一戦が実現したわけですが、あの試合を振り返っていかがですか？

もちろん、前にタッグで戦ったときよりも互いにレベルアップしてたと思うんですけど、SANADAは根本にあるものは変わってなかったですね。あくまでも自分を曲げずに、相手のペースには付き合わないというか。そういう意味で、戦いやすい感じではなかったかな。そこはお互いさまかもしれないですけど。SANADAにはSANADAの好きなプロレスがあって。

——技巧派というか、SANADA選手はこの『G1』でザック選手に勝ったときに「頭から落とすだけがプロレスじゃない」という発言をされていました。

じつはパワーもあるのに、そこを押し出さないのは、それだけテクニックへのこだわりが強いんでしょうね。頑なに自分のスタイルを崩そうとしないのは、12年の初対決と同じでした。それは普段、L・I・Jでタッグを組んでいて、間近で見ていても感じるところはありましたし、ものすごく頑固なプロレスというか（笑）。感情を表には出さない頑固っていう。とはいえ、この『G1』のときは終盤のエルボーの打ち合いで、SANADAが感情的になったんですよ。

——フィニッシュのデスティーノの直前に、内藤選手の投げっぱなしジャーマンを食らったSANADA選手が、すぐに立ち上がって気合いの雄叫びを上げた姿も、ほぼ観た記憶がないというか。

　ポーカーフェイスと言われるSANADAのなかにも、俺との試合に思うものがあったのかもしれないですね。それと終盤に、SANADAがデスティーノを出したんですけど、自分のフィニッシャーを食らったのはあのSANADA戦だけなんじゃないかな。

――SANADA選手もそばで内藤選手を見てきて、研究した部分はあったんでしょうね。ただ、のちにあのデスティーノについて「ちょっとかたちが崩れたし、難しいと思った」と発言されていて。

　そうなんですよ、デスティーノは見よう見まねでできるような技じゃないんです（笑）。身体能力の高いSANADAでも、完璧には決まらなかったわけで。でも、SANADAにやられてみて、「こんなに強烈な技なんだ！」って、その威力を身を持って思い知りましたね。

ケニーvs飯伏の最高のお膳立て

――内藤選手はこの年、『NJC』に続いて『G1』でもザック選手に敗北を喫しました。

　しかも、『G1』のほうは最後の望みを断たれた試合ですから。あのときは俺とザックの試合がセミで、メインが飯伏vsケニーだったんですよ。俺がザックに勝って、ケニーが飯伏に勝つか引き分けになったら、俺は単独1位で優勝決定戦に進めたんですけど。

――試合展開としては『NJC』とは異なり、内藤選手は徹底的な首攻めでザック選手を苦しめました。

『NJC』と同じ過ちを繰り返すわけにはいかないので、ザック対策の成果が出てたと思います。ただ、最後は関節技ではなく、ザックドライバーでやられてしまって。あの技をザックが『G1』から使うようになったのは知ってたんですよ。でも、その直前に旋回式のデスティーノを決めて、最後に正調のデスティーノにいこうとしたところを切り返され、逆に一気に叩きつけられて。デスティーノに入ろうとした瞬間、「勝った!」と思っちゃったんですよ。気が緩んだ一瞬のスキをつかれました。あと、日本武道館っていう会場を気にしすぎたのもあるかな(苦笑)。

――このときがプロレス史上初の武道館3連戦で、新日本単独では03年6月以来、15年ぶりの開催ということで話題になりましたが、会場が気にかかった、と?

武道館は11年8月の『ALL TOGETHER』で試合したことはありましたけど、新日本の大会としてはこの『G1』がはじめてだったんですよ。自分がプロレスラーを目指そうと思ったのが、この会場で新日本プロレスを観たことなんで、感慨深いものがありました。

武道館で行われた『G1』で、徹底した首攻めでザックにダメージを蓄積させるも、最後はザックドライバーの前に撃沈。『G1』2連覇の夢がついえた。

——97年6月の橋本真也vs武藤敬司のIWGPヘビー級王座戦を観て、内藤選手はプロレスラーになる夢を抱いたんですよね。

はじめて自分のお小遣いでチケットを買って観に行った大会で、いまでもどこの席だったか覚えてますからね。南のW列24番。俺、このザック戦の入場時やリングに上がってからも、「たしか、あのあたりから試合を観てたんだよな」って上の席のほうを見つめてるんですよね。べつにそこにあの頃の俺がいるわけじゃないんですけど、自然とそういう気持ちになったというか。そんな郷愁みたいなものが、敗因のひとつになったのかもしれないですね（苦笑）。

——武道館に負けた、と（笑）。この試合後、内藤選手はバックステージで「飯伏vsケニーの最高のお膳立てをしてしまった」と発言しています。

やっぱり、最初に『G1』のブロック分けが発表されたときに「飯伏vsケニーはどこでやるんだ？」って気になりましたから。それが最終公式戦の行なわれる武道館だってわかって、「このふたりの試合が注目されるだろうけど、おいしいところは持っていかせたくない」ってすごく思いました。俺が独走して〝消化試合〟にしてやりたいとまで考えましたけど、まったく逆のパターンになっちゃいましたね。

――このときの飯伏vsケニーは、6年ぶりのシングルということで開幕前から大きな注目を集めていました。

俺自身、「いまの飯伏とケニーがやったら、どうなるんだろう?」って興味は沸きましたけど、「まさか自分が最高のお膳立てをするハメになるとは……」って感じでしたよ。自分の蒔いた種なんですけどね。やっぱり、最初のケニー戦の負けが、最後の最後まで尾を引いたと思います。『G1』は「1敗はセーフ。2敗は大丈夫かな? 3敗はキツいかも」みたいな考えを持ってたんじゃダメだって痛感しましたよ。もともと、そんな考えはなかったですけど、あらためて1試合の重みを感じたというか。『NJC』みたいな一発勝負のトーナメントじゃないですけど、『G1』の公式戦の勝敗も同じくらい重要だってことですね。

BULLET CLUB分裂騒動

――『G1』最終戦の8・12両国で、内藤選手は鈴木軍との8人タッグに臨みますが、ここで鈴木選手との遺恨が再燃します。試合後も内藤選手を攻め立てた鈴木選手は、バックステージで「テメーとの決着はこれっぽっちもついてねえ。プロレス界の王が貴様のことを許すとでも思ったか！」と宣戦布告を果たして。

俺はまったく〝王様〟には興味なかったんですけど、いきなり向かってきたんですよね。べつにそのとき、俺は王様のお好きな〝宝物〟を持っていないにも関わらず。それ自体、内藤哲也がベルト以上に価値があることを、王様が証明してくれたというか。俺にこの年の4月に負けたリベンジという気持ちも強かったんでしょうけど、「ホント、しつこいなあ」って思いましたよ。それはけっして相手に合わせない、あの試合スタイルにも表れてますけど。

――そして、鈴木選手とは9・17別府で、今度はノンタイトルで一騎打ちを行ないました。

この年、俺は鈴木軍の手下であるザックに2連敗してるんで、鈴木選手としては立場的に俺に2連敗するのはまずいと思ったのか、その別府の前哨戦から普段以上に怖い目をしてましたよ。とくに広島では殺気立っていたというか。

――9・15広島の8人タッグの試合後、内藤選手は鈴木選手に蹂躙されます。そして、セコンド勢がタンカを用意しますが、内藤選手はそれを叩きつけて怒りを見せて。

広島は俺にとってホームみたいなもんだし、毎回楽しみにしてるのに、あのときはほとんど場外で鈴木選手とやりあうハメになって。いつの間にか試合も終わってて、見せ場もなく台ナシにされたことにイラつきがあったんでしょうね。しかも、この時期はNHKの番組の取材クルーがずっと同行して、撮影してたんですよ。

――その年の11月に放映され、大きな反響を集めた『プロフェッショナル 仕事の流儀』ですね。

俺としてはいいところを見せたかったのに、さんざんやられて（苦笑）。別府の一騎打ちでは俺が勝ちましたけど、あらためて「性格が本当に悪いな、俺は鈴木みのるが本当に嫌いだな」って思いましたよ。ただ、それと同時にタイトルマッチに関係なく、鈴木選手は自分の見せかたや注目の集めかたが、さすがだなって。まあ、嫌いですけどね。

――鈴木選手に勝利した直後、内藤選手は「俺は4月の熊本で『変わらないこと、あきらめないことはもちろん大事。でも、一歩踏み出す勇気も同じぐらい大事なんじゃないかな』って言ったけど、まさにL・I・Jがそんな状況かな」と、新たなパレハの登場を示唆しました。

そうか、ヒロムが欠場してから、まだ3か月も経ってなかったんですね。でも、逆に高橋ヒロムの存在感を日に日に実感したからこそ、新たな一歩を早く踏み出さないとって思ったわけで。

――この当時、BULLET CLUBの分裂騒動も注目を集めていましたが、L・I・J以外のユニットが話題になることに、アセりのようなものはありましたか？

いや、それはまったくなかったです。そんなことに構ってられないくらいだったというか。BULLET CLUBの分裂騒ぎは、俺自身も意味がまったくわかってなかったし、「コレ、新日本のお客さまに伝わってないんじゃないか?」って思ってましたよ。あのユニットのメンバーが常に新日本にシリーズ参戦していたわけじゃなかったし。

――時系列で追うと、18年1月にケニー選手がCody選手らと仲間割れを起こし、飯伏選手とゴールデン☆ラヴァーズ(GL)を復活。7月にケニー選手をタマ選手らが襲撃すると、Cody選手が現れケニー選手と和解。そして、BULLET CLUBがケニー派の〝ELITE〟と、初期メンバーを中心とした〝OG〟に分裂する事態となりました。GLの再結成自体は、内藤選手はどのようにご覧になってましたか?

完全に冷めてましたね。ジュニアタッグで活躍してた頃の彼らの試合は好きだったんですよ。俺と裕二郎選手のNO LIMITが海外修行に行ってから、彼らが新日本で活躍するようになったんで、直接戦ったことはなかったんですけど試合はチェックしてました。

――その後、ケニー選手がBULLET CLUB入りしてGLは解散状態となります。内藤選手は両選手とシングルで好勝負を繰り広げていますね。

あのふたりはシングルになって、GL時代よりもどんどん輝きを増していったと思うんですよ。

9.17別府では、鬼気迫る鈴木の猛攻に大苦戦。しかし、掟破りのゴッチ式パイルドライバーで動きを止め、最後はデスティーノで因縁の一戦に終止符。

でも、いざタッグを再結成すると、なんか光がボヤけるというか、もったいないなって。とくに飯伏からはケニーに〝乗っかってる感〟がすごく感じられたというか。この時期はケニーのほうが実績で飯伏よりもリードしてましたからね。昔と取り巻く状況が変わったのもあるかもしれないけど、タッグというのは必ずしもいいレスラー同士が組んだからって、さらに光が増すってことじゃないんだなって、復活したGLを見てちょっと思いました。

――タッグ名を表すように、コンビ愛が強いタッグだったとは思うのですが、そのあたりはいかがですか？

いや、飯伏幸太にコンビ愛があるとは思えない（笑）。あの男は心にもないことを平気で口に出すんで。だから、ケニーの前では相手によく思われるような態度だっただろうし、取材でGLについて聞かれたときは、お客さまに喜んでもらえるようなことを言ってたんじゃないですかね。ケニーはどうかわからないですけど、飯伏はそんな感じだったと思いますよ。

LOS INGOBERNABLES

CAPÍTULO.9

二冠への野望

L・I・J第6の男

――18年の10・8両国では、新たなパレハとして鷹木信悟選手が合流しました。内藤哲也&SANADA&BUSHI&X vsオカダ&矢野&YOH&SHOというカードが発表され、そのXの正体が内藤選手と同じ浜口ジム出身の鷹木選手だったわけですが、じつはジム生だった当時は仲がよくなかったそうですね。

よくないというよりも、俺が一方的に鷹木を意識……いや、敵視してた感じですかね（笑）。俺が高3の9月にジムに入って、そのあと3か月くらいして同い年の鷹木も入門して。中高と柔道の経験があったアイツは最初からスパーも強かったし、早い段階で周りから一目置かれてたんですよ。俺自身、鷹木にスパーで勝ったのはアンクルホールドでギブアップを奪った1回だけで、あとは負けっぱなしでしたから。しかも鷹木は浜口さんに勧められたとかで、急に大減量して身体をコンガリ焼いてボディビルの大会に出場し、キッチリ入賞までして。「コイツ、早くいなくなんねえかな」って思ってましたよ（笑）。

――相当意識されてたんですね（笑）。そして、鷹木選手は内藤選手より一足早く04年にドラゴンゲートで

デビューをすると、若手の段階から頭角を表しますが、やはり気になってましたか？

アセりはありましたよ。『週刊プロレス』をパラパラ見ていると、どうしたって目に入ってくるんで。でも、俺自身が06年に新日本に入ってからは、目の前のことで精一杯で、鷹木のことも全然気にならなくなりましたけど。そういえば鷹木は過去に一度だけ、新日本の別ブランドだった『ＬＯＣＫ　ＵＰ』にドラゴンゲートの提供試合で出てるんですよね（07年7月20日／栃木県総合文化センターサブホール）。でも、そのときはお互い一言挨拶する程度で。当時の俺はまだヤングライオンで、完全に向こうのほうが格上だったんで意識してたんでしょうね。そのあと、俺が欠場してる12年頃から「57年会」がはじまり、顔を合わせるようになって。

――「57年会」はプロレス業界の昭和57年生まれが親睦を深める会ですね。当時、内藤選手や鷹木選手のほか、飯伏選手や石森選手などが参加していて。

単なる飲み会なんですけどね。でも、そこでも鷹木と深くしゃべることはなかったですよ。いまもそうなんですけど、昔から鷹木は人と会話をするというよりは、一方的に自分のことをベラベラしゃべるんで（笑）。まあ、団体の規模の違いはあるかもしれないけど、鷹木がバリバリのトップを張ってるのに比べて、まだ俺はくすぶってる時期だったんで、57年会で会ってた頃も彼は俺より前を走ってる気はしてましたね。ただ、57年会のメンバーが次第に増えてくるに連れて俺は自然に足が遠のき、最終的に15年5月にロス・インゴベルナブレスとして日本に帰ってからは完全に行かなくなって。それからは鷹木と会うこともなかったです。

――鷹木選手は18年9月にドラゴンゲートを退団し、フリーに転向することを発表しました。そして、10月7日に所属ラストマッチを行ない、その翌日の10・8両国に姿を現しましたが、そもそも鷹木選手には内藤選手から誘いの声をかけたんだとか？

そうですね。7月にヒロムがケガをして復帰がしばらくできないことがわかり、いろいろとL・I・Jについて考えるなかで、鷹木がフリーになるってニュースを目にして。その瞬間、「コレだ！」って、ひらめきに近いものがあったというか。

――そこは内藤選手が昔から意識してた相手ということや、鷹木信悟という名前のインパクトも考えて？

いや、直感だけですね。そのあと、よくよく考えると「いろんなつながりもあって、おもしろいな」とは思いましたけど。まあ、使い勝手のいい言葉でいえば〝デスティーノ〟（運命）っていうことで。最初はヒロムの復帰を4人で待とうと思ってたんですけど、鷹木のニュースを見て「これは逆に増やすのもアリなんじゃないか？」と考えるようになって。だから、この加入は鷹

L･I･Jとして初戦を終えた鷹木は、「俺も内藤のおかげで一歩踏み出す勇気をもらったよ。おもしろくなるな、これからプロレス界」と、期待を高めた。

木ありきでしたね。それまではL・I・Jは5人で完成したと思ってたんですよ。試合の最後に5人がリングに揃ったときに、マイクで締めるひとりがリング中央、ほかの4人がコーナーっていう構図もバランスがよかったし。それに少数精鋭のほうが、まとまりやすいんで。

――たしかにL・I・Jはこれまで造反がないユニットですね。加入に関しては鷹木選手とほかのメンバー、まずどちらに持ちかけたんでしょうか？

そこは鷹木でしたよ、最初にLINEで「フリーになるんだって？」みたいな感じで送って。それまでは俺から連絡を取ることなんてなかったんで、きっと向こうは驚いたでしょうね（笑）。ただ、最初は断られるんじゃないかなって思ってました。鷹木は鷹木なりの道を、すでに自分で決めてるんじゃないかなって。国内外でいろんな選択肢があっただろうし、どこでも通用する選手だと思うので。でも、鷹木の返答は「おもしろそうだな、くわしく聞かせてほしい」みたいな感じで、意外とスンナリ乗ってくれたんで、そこから話は早かったですね。

――いまでこそ鷹木選手は欠かせないメンバーですが、〝日本男児〟や〝大和魂〟というフレーズを感じさせるタイプで、それまでのL・I・Jとは異質な雰囲気というか。

たしかに周囲のそういう反応も知ってましたけど、まったく気にならなかったです。観る側が

「L・I・Jっぽいな」って思うようなメンバーを入れたところで、ただ人数が増えただけで何も変化はないと思ったし。むしろ異質な人間を入れたほうが化学反応は起こるだろうし、それでこそ増やす意味があるというか。ヒロムの帰りを4人じゃなく5人で待つなら「いままで以上のL・I・Jにしないと」っていう気持ちが強かったんで、〝L・I・J第6の男〟として鷹木はベストな選択だったと思いますね。

スケールの違う〝ヒマ人〟

――鷹木選手の加入に関して、ほかのメンバーの反応は？

正直、最初は大歓迎っていう感じではなかったんですよ。それは俺の受け取りかたなのかもしれないですけど。ヒロムは「内藤さんは俺の反応が微妙だったたって言うけど、全然そんなことない！」って反論してましたね（笑）。ただ、俺としてはヒロムとEVILはすぐに賛成という感じでもなかった気がするんですよね。SANADAは淡々と受け止めた感じで、浜口ジムの頃から鷹木を知ってるBUSHIは「わかった。まあ、なるようになるでしょ」って。

――ＥＶＩＬ選手とはどんな会話を？

最終的には「内藤に任せる」ってなったんですけど、はじめに告げたときは「……」って、かなり長いあいだ静寂の時が流れて（苦笑）。きっと、ほかのメンバーも俺が思ったのと同じように、ヒロムが合流してＬ・Ｉ・Ｊは５人で完成したっていう思いがあった気がするんですよね。でも、ヒロムが復帰したときにＬ・Ｉ・Ｊがさらに大きくなっているよう、そこは一歩踏み出す勇気で。ユニット内で少なからず葛藤は見えましたけど、現状のまま維持しても、それは結局のところ後退だと思うし、周りが進化すれば、変化のないＬ・Ｉ・Ｊは退化することになるわけで。

――そして、迎えた10・８両国ですが、先に入場した内藤選手はリング上から新たなパレハであるＸを呼び入れるとき、その正体が放送席のミラノさんだと匂わせますが、観客がどよめくと即座に「んなわけないでしょ、勘弁してくれよ」と否定してましたね。

単純にミラノコレクションA.T.本人がイジられるとすごくうれしがるので（笑）。あの日は全９試合のうち５試合目っていう順番でしたけど、パレハが誰なのか、そこにいちばん注目が集まってましたよね。でも、「早く観たい！」っていうお客さまに「トランキーロ」っていう意味で、ちょっとワンクッション挟んだだけです。毎回、お客さまの前でパレハが加わる瞬間っていうのは、俺自身がすごく楽しんでますよ。

——そして、Xが銀の仮面を脱ぎ、その正体が鷹木選手だとわかると、場内は大歓声に包まれました。それを見渡しながら、内藤選手と鷹木選手は言葉を交わされてましたよね？

俺が「すごい反応だね」って言ったら、あまりの歓声で鷹木が聞き取れず「エッ!?」って聞き返されました（笑）。毎回、新たなパレハが登場するときは正体が誰か話題になりますけど、このときは「鷹木信悟」っていう声が多かったですよね。そういう意味では予想どおりだったのに、あれだけ会場が沸いたのは期待の高さの表れというか。まあでも、お客さまの歓声は想定内ではあったんで、試合が終わったときにどれだけのインパクトを残せるのか、そこが気になりましたね。でも、鷹木はさすがいろんな場数をこなしてるというか、最初から最後まで堂々としていて。

——ド迫力のファイトを繰り広げ、最後はSHO選手をパンピングボンバーからの豪快なラスト・オブ・ザ・ドラゴンで粉砕しました。

伊達にほかの団体でトップを張ってたわけじゃないなって思いました。キャリアもL・I・Jの中ではいちばん長いですし、とくに緊張したそぶりもなく、憎たらしいくらいでしたね。ちょっとでも不安を感じてた自分がバカだったというか、「そうだ、コイツは浜口ジムで俺が敵対視するくらいの男なんだ」って。鷹木を入れて間違いなく成功だったなって思いました。ただ、最初の試合が注目を集めるのはあたりまえなので、その後も勢いをキープできるかが肝心で。それもあって、次の『SUPER Jr. TAG LEAGUE』に鷹木とBUSHIがタッグでエントリーしたとき、俺は自分の試合が組まれてなくてもセコンドとして帯同したんですけど。

――BUSHI＆鷹木組は優勝こそ逃しましたが、優勝決定戦まで勝ち残りました。

やっぱり、鷹木には何の心配もいらなかったですね。リーグ戦を通して、その戦いぶりにお客さまの反応も上々で。BUSHIはヒロムと組むときは一歩引いてサポート役に回ってるように見えたんですけど、鷹木とのタッグは互いに出るとこは出て、引くとこは引いてという感じで、あれはあれでいいチームだなって思いました。

――この10・8両国ではEVIL選手がザック選手との一戦に臨みました。しかし、その入場時に白い仮面をつけた従者のひとりが、主であるEVIL選手に襲いかかり戦闘不能状態に追い込みます。その従者の正体は同年6月の大阪城ホール大会で内藤選手からインターコンチを奪取したジェリコ選手で、その大阪城試合後に遺恨が勃発していたEVIL選手をターゲットに定めました。

俺は控え室でモニターを見てたんですけど、ジェリコに試合をブチ壊されたザックが、その腹いせにＥＶＩＬを痛めつけてたんで、慌てて駆けつけました。この年の5月の福岡もそうでしたけど、ジェリコは試合もせず乱入するためだけに、海を渡ってきてるわけで、スケールの違う〝ヒマ人〟だと思いましたね。でも、そのときの俺はベルトを奪われたジェリコよりも、ザックに目線がいきました。

――バックステージでは「ぜひシングルマッチをザック・セイバーJr.選手、よろしくお願いします」と平身低頭でしたね。

そこは『ＮＪＣ』と『Ｇ１』で2連敗してる身ですから。ザックは基本的にはクールな選手で、「俺とやれ！」とか正面から挑発しても乗ってくるタイプじゃないと思ったし。「オマエには2連勝してるからいいや」って返されたら、コッチは何も言えないですからね。だから、あえて敬語でお伺いを立てた感じですよ。そんな謙虚な対戦表明、なかなか聞いたことないですけど（笑）。

3度目のザック戦

――ザック選手とのこの年3度目となるシングルは、11・3大阪で組まれました。

外国人選手と1年にシングルを3回やることも珍しいですね、メリットのない試合を飲んでくれたザックにはただ感謝というか。俺としては負けが許されない切羽詰まった状態でしたし、「18年を振り返ったときに、ここをクリアしないと。避けられない道だ」って思ってましたね。初戦の『NJC』ではテクニックで完封されて、2回目の『G1』はデスティーノを切り返されてザックドライバー。関節技と叩きつける技、両方でいかれたっていうことは、向こうも俺を研究してたってことでしょうし、俺もいろいろ考えましたよ。

——11・3大阪では内藤選手が逆にザックドライバーを切り返し、バレンティアで動きを止めてからデスティーノで勝利を収めました。バレンティアはこの年の4・29熊本での鈴木戦で初披露しましたが、もとは同年の1・4東京ドームのオカダ戦がきっかけなんだとか？

そうです。あの東京ドームでオカダに負けて「何が足りないんだろう？」って考えたときに、自分には相手を抱えて落とす技が足りないなって。ただ、俺はパワーファイターじゃないので、うまくタイミングをはかって抱え上げるという点では、ザックドライバーに近いかもしれないですね。ザック戦はあの緻密なレスリングに対抗するのに、かなり頭を使うというか、ほかの選手との試合とは違う刺激がありますよ。俺の要求を聞き入れてくれた恩は忘れてないですから、またタイミングが合えばやってみたい相手です。

――同日のメインでは、ジェリコ選手がＥＶＩＬ選手を下してインターコンチを防衛。試合後もＥＶＩＬ選手を痛めつけていると、内藤選手が救出に現れ、ジェリコ選手に「次の対戦相手は俺だ！　内藤哲也が自称世界のスーパースター、クリス・ジェリコを沈めてやるぜ！　カブロン!!」と宣戦布告しました。

この年はザックもそうですけど、ジェリコにも翻弄された1年でしたね。１・４東京ドーム翌日の後楽園、5月の福岡で襲われ、挙句に6月の大阪城ホールでインターコンチネンタルを奪われて。もし、11月の大阪でＥＶＩＬが勝ってたとしても、俺はジェリコをターゲットにしてたと思います。たまにしか来ない自称スーパースターが、新日本のメインで大きい顔する原因を作ったのは俺自身だし、ただただおもしろくなかったんで。

――この内藤選手のアピールに対して、ジェリコ選手はバックステージで「東京ドームだろうが、後楽園ホールだろうが、マディソン・スクウェア・ガーデン（ＭＳＧ）だろうが、俺はオマエの前に立つことはない！」とリマッチを拒否する構えを見せました。

あれはジェリコがこの再戦の注目度を高めるために、ツンデレを見せたんでしょう（笑）。ジェリコが6月の大阪城で戦う前にビデオメッセージを送ってきたんで、今度はコッチが相手のお株を奪うじゃないですけど、同じ方法でお返しをして。

——19年の1・4東京ドームでのジェリコ選手とのリマッチが決定すると、内藤選手は12月11日にツイッター上で自撮りの動画メッセージを発信しました。そのときはジェリコメイクを施して。

あれ、コツがつかめなくて難しかったんですよ。ペイントやるのははじめてだったし。本人は筆を使って描いてると思うんですけど、俺は手で塗ったんで大雑把になっちゃって、ちょっと微妙な仕上がりになってしまい。あれを見て、余計にジェリコは怒ったかもしれないですね（笑）。

——そのあと、12月15日には新日本の事務所でジェリコ選手も同席の元、会見が行なわれました。そのなかで内藤選手はジェリコ選手の顔面に水を噴射し、乱闘騒ぎになって。

子どもの頃に風呂場で毒霧の練習をしていた甲斐がありましたよ（笑）。あのときもジェリコは試合がないのに、わざわざ日本に来たんですよね。で、その夜の後楽園大会にジェリコが乱入してきて。来るだろうとは思ってましたけど、それまでのジェリコはひねった乱入の仕方をしてきたんで「何をやってくるかな？」と思ったら、オーソドックスに背後から来たんで、逆に裏をかかれたというか。そのあと、年明けの東京ドームの前日会見のときにも、俺はジェリコにやられちゃって。

11.3大阪では、内藤がEVIL救出に現れると、ジェリコは場外にエスケープ。ロープを開けてリングインを促すも、誘いには乗らず花道を引き上げた。

――1月3日の『大プロレス祭り2019』(東京・STUDIO COAST)での調印式で、ジェリコ選手は内藤選手をパワーボムで机に豪快に叩きつけました。

かなり首にダメージを受けましたけど、それと同時に「前哨戦がないのに、それ以上に話題を集めるのは、やっぱりお見事の一言だな」って感心しましたね。俺自身もいろいろ考えさせられたし、だからあのジェリコメイクも生まれたわけで(笑)。東京ドームの再戦に向けて周囲の注目度が上がるにつれ、自分自身の気持ちも高まっていきました。

ジェリコにリベンジ

――19年の1・4東京ドームのジェリコ選手とのリマッチですが、この直前に高熱が出たそうですね。

クリスマス前後に40度を超えちゃったんですよね。「東京ドーム前なのに、もしインフルエンザだったらまずいな」と思って、滅多に行かない病院で診てもらったら、急性扁桃炎ってことで。薬を飲んだら翌朝には熱が下がったんで、東京ドームには問題なく臨めました。

――内藤選手はジェリコ選手について「観る側を手のひらの上に乗せることができる選手」と発言していま

すが、年間最大の舞台でもそれを感じましたか？

そうですね。ジェリコを見て思い出したのが、ロス・インゴベルナブレスに出会ったときの感覚なんですよ。俺が15年の5月にメキシコ遠征に行ったときに目の当たりにした、ルーシュとラ・ソンブラに近い雰囲気を感じたというか。「周りにどう思われても関係ないんだ」っていう。それは裏を返せば「俺がリングに立てば盛り上がる」っていう自信があるから、そう振る舞えるわけで。重要なのは「観客が何を求めてるかじゃなく、自分が何をしたいか」ってことで、それをジェリコは体現してると思います。

——このジェリコ戦は、内藤選手がゴング前に奇襲攻撃を仕掛け、そこからはイスや竹刀などアイテムも飛び交う壮絶なラフファイトとなりました。18年の6・9大阪城と異なる点として、このときは前日の調印式でのジェリコ選手の要求により、反則裁定なしのノーDQマッチで急遽行なわれることになりました。

個人的に印象に残ってるのは、竹刀でジェリコにフルスイングしたことですね。東京ドームのド真ん中でバットじゃないけど、それっぽいものを振り回すって、元・野球少年にとってはたまらないものがありましたよ（笑）。リング上だから土はないけど、ちゃんと足場も慣らして狙いすました一撃を、寸前でかわされちゃったのは残念でしたけど。

――終盤には掟破りのコードブレイカーも見事に決めました。

コードブレイカーはすごくいい技だなって思いました。大きい相手でも、小さい相手でも使えるし、どの場面でも繰り出せるというか。自分が走ってもいけるし、相手が来たところにカウンターでもいいし。飛びつく瞬間もジャンピングニーみたいなもんですから、何かと理にかなった技ですね。とっさの判断でしたけど、ジェリコに一泡吹かせられたんじゃないかな。

――あの試合はまさに〝プロレス頭〟のぶつかり合いだったというか。

いま思うと大阪城で戦ったときはラフファイトになりつつも、自分のなかで「試合として成立させないと」っていうのがあって、どこかでブレーキがかかってたんですよ。でも、東京ドームのときはノーDQだから竹刀でフルスイングもできたし、ベルトで顔面を殴りつけることもできた。だから、ジェリコの敗因はノーDQを要求し、俺の制御を解除しちゃったことでしょうね。

――最後はベルトでの殴打で動きの止まったジェリコにデスティーノを決め、死闘に終止符を打ちました。

身体はしんどかったですけど、楽しい試合でしたよ。「東京ドームが〝逆エビ固め〟（ウォールズ・オブ・ジェリコ）でこんなに沸くんだ」って、やられながら思いました（笑）。ジェリコはそんなに派手な技を持ってるわけでも、技数が多いわけでもないのに、リングから遠く離れた席

1.4東京ドームのノーDQマッチでは、竹刀で豪快にかっ飛ばし、ジェリコに雪辱。約7か月ぶりにインターコンチネンタル王座を奪還、通算3度目の戴冠に成功した。

のお客さまにも伝える力を持っていて。俺がファン時代に観てたときは地味な外国人レスラーだったのに、抗争してみて見方がだいぶ変わりましたね。非常に悔しいですけど、学ぶものが……っていう言い方はしたくないんで、感じるものが多い選手でしたよ。いつかまた対戦する機会があるなら、今度は海外でやるのもおもしろそうですね。

——インターコンチを奪還した直後、内藤選手はIWGPヘビーとの史上初の二冠獲りを宣言しますが、そう思うに至った経緯は？

まず、俺がインターコンチネンタルを獲ったときに、「また内藤は〝インターコンチネンタル路線〟か」っていう声が聞こえてきて、「あ、そういう見方をされるんだな」と思ったんですよ。でも、片方の路線にいくと、もうひとつの路線にはいけないなんてルールはないわけで。実際、過去にはほかのベルトを巻いたまま、IWGPヘビーに挑んだ選手はいましたから。

——たしかに12年5月にインターコンチ王者だった後藤選手、14年1月にはNEVER王者だった内藤選手がIWGPヘビー級王者のオカダ選手に挑戦しています。あと、18年10月にはIWGP USヘビー級王者のCody選手が、ケニー選手のIWGPヘビーに、飯伏幸太選手を含めた3WAYマッチで挑んでいます。ちなみにいずれもダブルタイトルマッチではなく、IWGPヘビーのみが賭けられました。

ただ、いままでは2本のシングルのベルトを同時に巻いた選手はいなかった、と。それとジェリコとの抗争のなかで、彼のことを調べてたら〝史上初のWWE&WCW統一世界王者〟だっていうの知ったんですよね。その〝史上初〟っていう言葉にすごく魅力を感じた部分もあって、俺は「IWGPヘビーとIWGPインターコンチネンタルの史上初の二冠王を目指す」って口にしました。そこからの道はかなり波乱万丈でしたけどね。

北海道のタイチ

――1・4東京ドーム翌日の1・5後楽園では鈴木軍との8人タッグに臨みますが、内藤選手はタイチ選手のブラックメフィストでフォール負けを喫してしまいます。

あの人にフォールを取られたのは、若手時代以来でしたね。その前日のジェリコ戦では、俺がフィニッシュの前にジェリコにベルトで一撃食らわせたんですけど、後楽園は逆にタイチ選手にベルト攻撃をやられて、最後はブラックメフィストでいかれました。

――試合後、タイチ選手は「テメーが昨日勝った同じやり口で、こんなにアッサリやられた気分はどうだ？」

と挑発し、さらに「オメー、このベルトをいらねえとかなんだ言ってるけど、1回でもコントロールしたことあんのかよ？　そんないらねえんだったらよこせ」と挑戦をアピールしました。

そもそも、俺はインターコンチネンタルをコントロールしようと思ったことないんですけど、タイチ選手は何をもってそう言ったんですかね？　かつて俺があのベルトを投げたときは、わりとコントロールできたとは思いますけど（笑）。

——うまく鉄柱に命中させてましたね（苦笑）。そもそも、タイチ選手のヘビー転向のきっかけは18年の内藤選手との二度にわたるシングルマッチでした。

本人は否定するかもしれないですけど、そこからタイチ選手は順調に実績を積んでいったのかなとは思います。その年の『G1』にタイチ選手が出られなかったとき、みなさまの「なんでタイチが出られないんだ？」っていう声が大きかったのも知ってますし、周りからの期待を集めてましたよね。

——その期待に応えるように、タイチ選手は18年の9・17別府では、後藤選手からNEVERのベルトを奪取しました。

彼の〝一歩踏み出す勇気〟が正解だったってことじゃないですかね。俺も言い出しっぺとして、彼の動向は少なからず気にはなってましたよ。タイチ選手はいまに至るまで、存在感を増してきてますよね。トークスキルも高いし。もし俺の言葉が刺さってヘビーに転向したのなら、タイチ選手には俺に感謝してほしいところですけど、もともとあの人が能力を持った選手なのは知ってたんで。このタイチ戦のときは約1年ぶりのシングルだったんで、どのくらいタイチ選手が強くなってるのか、楽しみな部分はありましたよ。あと、きっと本人としてはただベルトを獲るんじゃなく、内藤哲也からベルトを奪うことに重きを置いてるんだろうなって思いました。

――この決戦の舞台は雪の札幌2連戦の2日目、2・3札幌となりましたが、戦前には〝地元論争〟もありましたね。北海道はタイチ選手のご当地ですが、内藤選手が「彼の出身は石狩市。札幌じゃない」と指摘したら、タイチ選手が「北海道では札幌は石狩管内と言われ、足立区から東京駅行くより近い」と反論して。

ありましたね（笑）。でも、ピンと来ないし、そんなこと言ったら都内出身の俺なんか毎週のように凱旋してるみたいなもんですから。まあ、北海道は年に2、3回の開催なんで、地元凱旋ってしたいのもわかりますけど。でも、ブーイングも人気のひとつと捉えるなら、すでに彼は全国区なんじゃないですか？　そもそも、お客さまも本当に心底嫌いだったら「タイチは帰れ！」なんてテンポのいいチャントも起こらないでしょうし。

――たしかに。ただ、このときがタイチ選手にとって北海道のビッグマッチで初のメインだったので、お客さんも地元出身の選手を声援で後押ししようというのはあったんじゃないかな、と。

もしかしたらそういうのを本人は嫌がって、試合前にああいう仕掛けをしたのかもしれないですね。

――内藤選手の入場時、背後からタイチ選手と同じく北海道出身の飯塚高史選手が脚立で襲撃し、さらにタイチ選手が花道上でブラックメフィストを炸裂。場内に大きなブーイングが発生するなか、内藤選手はバックステージに運ばれドクターチェックを受けました。

この試合の前にタイチ選手は「何かが起こる雪の札幌」っていうフレーズをよく使ってたんで、アイデアマンだし当然何かを企んでるんだろうなとは思ってましたけど、あれはちょっと想定外でした。

――タイチ選手はベルトを手に、観客席を見渡すと「今日のメインイベントは終わりだ！　テメーら、帰れ、コノヤロー！」と罵声を浴びせ、さらに「試合できねえんだろ。俺がチャンピオンだな？」とアピールしました。場内が騒然とするなか、レッドシューズ海野レフェリーや三沢威トレーナー、新日本の菅林直樹会長まで姿を現して試合が可能か協議を行なっていると、内藤選手が現れてゴングを鳴らすように要求。じつに

2.3札幌で最後の地元凱旋となった飯塚は、内藤への渾身の一発で、引退を前に大きな爪跡を残した。

入場の襲撃から約15分経って試合がスタートしました。

そんなに長かったんですね、早く戻ったつもりだったんですけど（苦笑）。医務室でチェックを受けながらモニターを観ていて、俺としては「まだ開始のゴングも終了のゴングも鳴ってない。早くリングに上がらないと」って感じでしたよ。そこはお客さまをガッカリさせたくないっていうメインイベンターの責任感もありましたけど、いちばんは自分自身が戦前にいろいろ考えて楽しみにしていた試合だったんで、「このまま終わるのはイヤだな」っていう。あの試合のあと、「ビッグマッチのメインなのに」とか「タイトルマッチなのに」っていう声も一部であったみたいですけど、物議を醸したという時点でインパクトを残したわけで、俺としては「試合をブチ壊された！」みたいなマイナスイメージは持ってないです。

——前代未聞のタイトルマッチとなりましたが、当事者としては悪い印象はない、と。

それぐらい、タイチ選手もこの試合で何かを残そうということだったんでしょうし、試合が再開してからもなりふり構わず「内藤を叩きのめしてやる！」っていう思いが伝わってきましたから。ただ、俺としては「内藤哲也と地元凱旋興行のメインでシングル」っていう部分で、〝鈴木軍のタイチ〟じゃないかたちで、真っ向から来るのかなっていう気もしてたんですけど。そこは俺の読みが甘かったですね。いつもと変わらぬタイチ選手を少し残念に思いつつ、「俺はこの道を行く」っていう確固たる信念を感じましたよ。

――最後はタイチ選手のブラックメフィストをリバースフランケンシュタイナーで切り返した内藤選手が、バレンティアからのデスティーノで勝利しました。

ブラックメフィストの返し方は何パターンか考えていたので。とは言え、切り返しの難しい技なんですよね。頭と足を固定されてからだと逃げにくいので。あと、試合でよく覚えてるのが、タイチ選手が場外にテーブルを設置して、そこ目掛けてエプロンからブラックメフィストを狙ったんですよ。それを俺が逃れて、逆にパイルドライバーを食らわせたら机が真っ二つになって。タイチ選手に大きなダメージを与えたものの、俺自身も机の破片で肩のうしろあたりがけっこう切れちゃったんですよ。いまだに傷が残ってるし、もう消えないんじゃないかな。まあ、いろんな意味で印象深い試合でしたね。こういうアクシデント系の試合のほうが、記憶に刻まれたりしますから。

――タイチ選手は1年前にシングルで戦ったときと比べていかがでしたか？

けっこう変わったと思いました。タイチ選手の努力の甲斐もあり、その1年で本人への注目度がかなり上がったわけですけど、ヘビーとして自信を持って試合してるのが伝わってきましたね。ただ、「それだけじゃいまの内藤哲也には勝てないんだよ」っていうのを示すことができた試合だったと思います。

飯塚高史のプライド

――2・3札幌で内藤選手を襲撃した飯塚選手は、同じ月の2・21後楽園で現役を引退しました。内藤選手がファン時代から活躍してきたベテラン選手でしたが、どんな印象をお持ちですか?

俺が若手の頃、まだ凶暴化する前の本隊時代の飯塚選手は、よく道場で練習してたイメージがあります。ただ、俺とは挨拶程度でそんなに深い繋がりはなかったというか。あの人もどちらかというと大人しい感じの先輩だったし。そういえば飯塚選手が天山選手を裏切ってG・B・Hに合流する試合のときに、俺はセコンドに付いてたんですけど、あれは驚きましたね。

――08年の4・27大阪で、天山選手と飯塚選手の〝友情タッグ〟が真壁&矢野組のIWGPタッグに挑戦した試合ですね。試合終盤、飯塚選手が天山選手に裏切りのスリーパーを仕掛けて、真壁組の勝利をアシスト

しました。

当時、俺は天山選手の付き人だったんですよ。試合中、天山選手のタッチを飯塚選手が拒否して不穏な感じになったときに、「飯塚さん、どうしたんですか⁉」って声をかけてますから（笑）。

――その後、内藤選手は飯塚選手と10年4月～11年5月にかけて、CHAOSに同時期に所属していました。

俺がメキシコから凱旋して、CHAOSを追放されるまで一緒でした。ただ、その頃の飯塚選手はコミュニケーションの取りようがないんで（笑）。ファン時代のあの人の印象としては、00年の1・4東京ドームで橋本真也選手と組んで小川直也&村上一成組とやった試合はインパクトありましたね。俺はライトスタンドの席で観てたんですけど。

――当時、橋本vs小川の抗争と並行して、飯塚vs村上の遺恨も深まっていました。試合は序盤で無効試合となるも、アントニオ猪木さんが試合続行を言い渡し、最後は飯塚選手がスリーパーで村上選手を下して。

あれで飯塚選手は一気にブレイクして、同じ年にIWGPヘビーにも挑戦してますから（7・20北海道立／vs佐々木健介）。そもそも、それまで飯塚孝之、飯塚高史という選手は俺の視界には全然入ってなかったんですよ。闘魂三銃士の影に隠れて、地味な感じだったし。でも、あの1・4東京ドームのときから見る目が変わったというか。同じ00年の『G1タッグリーグ』で飯塚選手は永田選手と組んで優勝するんですけど、最後のテンコジとの優勝決定戦はファン時代に何度も見返すほど気に入ってましたね。

——飯塚選手の引退記念大会となった2・21後楽園ですが、内藤選手は試合が組まれてないんですよね。

そうなんですよ（苦笑）。そのときは後楽園3連戦で、初日が飯塚選手の引退興行、2日目と3日目がROHの大会（『HONOR RISING：JAPAN』）で、俺はそっちのほうの出場だったんで。やっぱり、ファン時代から観てた選手の最後ですから、同じ大会に出たいっていう気持ちは少なからずあったし、そのときはリアルタイムで『新日本プロレスワールド』でチェックしてましたよ。なんか、最後の姿を見ておかなきゃいけないような気がして。あと、あの状態の飯塚選手が果たして引退の10カウントゴングをやるのか、かなり気になったんで。

——引退試合のカードは飯塚&鈴木&タイチvsオカダ&天山&矢野でした。天山選手が飯塚選手に正統派だった頃の心を最後に思い出させることができるか、そして引退セレモニーはどのようなものになるのか、注目が集まっていました。

通常のレスラーの引退セレモニーみたいに、飯塚選手が普通に挨拶する姿を見たい気もしましたけど、最終的にああいうかたちになったからこそ、のちに語られるようなものになったのかなって思いますね。

――最後、飯塚選手は天山選手の呼びかけに苦悩しながら握手し、場内は大歓声に包まれます。しかし、すぐに飯塚選手は天山選手に噛み付き攻撃を見舞い、アイアンフィンガーフロムヘルでKOに追い込み、その混乱の最中で鈴木選手が10カウントゴングを乱打。そして、飯塚選手は凶暴状態のまま姿を消し、リングに別れを告げました。

飯塚選手って、派手か地味かで言えば基本的にずっと後者だったわけですよ。90年代は上に目立つ選手も多かったし、寡黙な実力者というか。でも、坊主姿に大変貌を遂げて、現役の最後にものすごいインパクトを残して去っていったなって思います。

――飯塚選手が去ったあとも、観客はなかなか席を立ちませんでしたが、飯塚選手が戻ることはありませんでした。

お客さまとしては「最後に飯塚の声が聞きたい」っていうのはあったのかもしれないけど、あれはあれでよかったんじゃないですかね。同じレスラーとして見たときに、俺は「飯塚高史は勝ったな」って思いました。その勝った相手がお客さまなのか何なのかはわからないですけど、ひとりのプロレスラーとしてのプライドを感じましたね。

LOS INGOBERNABLES

CAPÍTULO.10

飯伏との抗争

飯伏が新日本に残った理由

——19年の『ＮＪＣ』は、優勝者に4月6日にＲＯＨとの共催となるマディソン・スクエア・ガーデン（以下、ＭＳＧ）大会で、ＩＷＧＰヘビー級王者のジェイ選手への挑戦権が与えられることになりました。内藤選手はその一回戦（3・10尼崎）で飯伏選手と対戦します。

なかなか王者がべつのベルトを巻いてる王者にタイトルマッチで挑む機会もないなか、この『ＮＪＣ』に優勝すれば自動的に挑戦権を得るわけで、俺にとっては絶好の舞台だったんですよね。

——飯伏選手はその年の1・4東京ドームのオスプレイ戦以降、負傷欠場していましたが、2・11大阪で姿を現すと「僕はどこにも行きません、新日本に残ります」と宣言。場内は大歓声に包まれましたが、内藤選手はそれに対して噛みついてましたよね。

会場が盛り上がったことに関して、頭の中がクエスチョンマークでしたよ。だって、いま新日本に出てる選手は「新日本に残ります」なんてイチイチ言わないですから。

——飯伏選手の場合、当時は所属外であり、タッグを組む機会の多かったケニー選手をはじめとするＴＨＥ

ELITEの面々が新日本マットから拠点をアメリカに移すという部分で、その去就に注目が集まりました。内藤選手は飯伏選手がなぜ新日本マットに残ったと思いますか？

単純に海外が嫌いだっただけでしょう（笑）。「飯伏はケニーとの関係よりも、新日本への思いを優先した」みたいに美談にしがちですけど、俺が知ってる飯伏にそこまで深い考えがあったとは思えないです。飛行機がイヤだ、海外で暮らすのがイヤだ、それで断っただけだと思いますよ。あくまで俺の見立てですけど、いかにも飯伏らしいなって（笑）。でも、飯伏の残留宣言に対する、あの大阪の地鳴りのような歓声を聞いて、お客さまにとっては特別な存在なんだなっていうのは感じましたけどね。実際、テクニックにしろパワーにしろ、プロレスラーとして能力的に優れてるのはわかりますし。ただ、いろんなものを兼ね揃えているのに、どこか突き抜けないのが不思議というか、リング上以外の部分で訴えかけるものが足りないのかなとは思いますけど。

──内藤選手はブーイングに苦しんだ時期がありましたが、飯伏選手の人気にジェラシーを感じたことは？

いまの俺は「全員から好かれたい」と思いながらプロレスすることを辞めたんで、飯伏を見てどうこう思わないですけど、昔はあったのかもしれないですね。でも、誰からも愛されてしまうことが、飯伏幸太の成長を阻むいちばんの理由なのかな、と。お客さまの応援が飯伏幸太を甘やかすことになってんじゃないかなって。飯伏のことが好きなら、試練を与えたほうがもっと本人も輝くような気もします。

――なるほど。『NJC』の直前、内藤選手は「欠場明けで勝てるほど新日本は甘くないのを教える」と発言し、オカダ選手も「復帰したばかりの人に負けないでもらいたい」とエールを送っていましたが、結果は飯伏選手のカミゴェの前に惜敗を喫しました。飯伏選手は戦前に「この一回戦が決勝戦のつもりで戦う」と発言されてましたし、内藤選手の挑発も相まって、かなり期するものがあったかもしれないですね。

去年の『NJC』のザックに続いて、一回戦で消えちゃったんですよね。2年連続、尼崎のメインで負けるっていう（苦笑）。その飯伏戦でよく覚えてるのは、最後の直前に食らった技かな。

――タイガードライバー'91ですね、元・全日本プロレスでプロレスリング・ノアの創始者である三沢光晴さんの得意技です。

あれが結局、勝負の分かれ目になったというか。俺としてはダブルアームで持ち上げられた瞬間に、そのままパイルドライバーかと思ったんですよ。いわゆるルーシュがやるルーシュドライバーですね。そうしたら急角度で後頭部から落とされて。よく知らなかった技なんで、新日本好きが仇になりましたね（苦笑）。

MSG唯一の日本人対決

――飯伏選手は内藤選手との一回戦で燃え尽きた部分もあったのか、二回戦（3・16後楽園）でザック選手に敗北を喫します。その後、飯伏選手は内藤選手のインターコンチへの挑戦をアピールし、4・6MSGでの実現を要求しました。MSGといえばプロレス界ではアメリカ東海岸最大の桧舞台で、長らくWWEが本拠地とし、新日本はWWF（現WWE）と提携していた70代後半～80年代前半に、大会名にMSGを冠した『MSGシリーズ』や『MSGタッグシリーズ』を開催していました。

らしいですね。でも、周囲から「マジであそこでやるの？　すごいね！」っていう声が届いても、俺は名前を聞いたことがある程度で何も思い入れはないし、イマイチそのすごさが実感できなかったですけどね。ROHの遠征でニューヨークに行くと、MSGの近辺に泊まってたんで、「へえ、あそこでやるんだ」とは思いましたけど。

――MSGの直前には単独で3月29日にメキシコCMLL、翌日はコスタリカに遠征してるんですよね。

コスタリカは未知の国でしたけど、L・I・JのTシャツを着てるお客さまも多くて「自分の知らない国にまで、L・I・Jは広まってるんだな」っていう驚きはありましたね。あと、会場がかなり独特な雰囲気というか、自動車整備工場の二階の空きスペースにリングを組んで、観客席はパイプイスじゃなくプールサイドに置いてあるようなプラスチック製のモノでした。観客は200人くらいで満員なんですけど、クーラーがないのがきつかったな。

――そのコスタリカで内藤選手は未知の強豪として招かれ、メインでエスクアロ選手に勝利を収めました。

俺以外にCMLLからも選手が参戦してたんで、大会自体は採算が取れてないと思うんですけどね（笑）。で、コスタリカからまたメキシコに戻って、そのあとニューヨークに入りました。大会の前々日あたりから、街ではL・I・Jのパーカーやキャップを身につけてる現地のお客さまをちょくちょく見かけましたね。

――大会日はいわゆる〝レッスルマニアウィーク〟（WWEの『レッスルマニア』やその関連イベントが開催される期間のこと。世界中からファンが集い、それに合わせて他のプロレス団体の大会も周辺会場で行なわれる）でしたし、新日本&ROHのビッグマッチということで注目度も高かったんでしょうね。街中でL・I・Jのファンに話しかけられましたか？

いや、それはなかったです。街自体に人も多いですし、俺はとくに身体が大きいわけでもないので、人ゴミに紛れたのか。「ナイトーがここにいるぜ？」って感じでL・I・Jグッズを身につけた人に視線を送ったんですけど（笑）。

——MSGではさまざまなカードが並びましたが、そのなかで内藤vs飯伏は唯一の日本人対決でした。

そこは全カードが発表された段階で、かなり意識しました。唯一だからこそ、大きい舞台で「新日本のプロレスっていうのは、こういうもんなんだよ」っていうのを見せられるし、見せるには打ってつけの相手だと思いました。集客とかを考えると海外向けのカードを組むのが必要なのも理解できるんですけど、俺の理想としては普段どおりの新日本プロレスを見せることが、いちばん重要だっていう思いがずっとあったんで。

——4・6MSGの試合自体は、ニューヨークのファンも熱狂する一進一退の攻防の末、最後は飯伏選手がカミゴェでインターコンチを奪取しました。

結果は残念でしたけど、内容は日本と変わらないものを見せられたと思います。ただ、リングがROHのモノだったんで、たかがリング、されどリングでやりにくさは感じました。マットやエプロンの広さ、ロープの太さや張り具合も違うし、動きのひとつひとつが慎重になりましたね。

——試合終盤、内藤選手がツバを吐きつけてから蹴り上げると、飯伏選手は覚醒モードとなり強烈な掌底を

叩き込み、場内が大きくどよめきました。

いつも思いますけど、あれは強烈でしたよ。彼の打撃は蹴りも含め、「ちょっと何か月か習いました」っていうレベルのものではないですからね。蹴りなんかはしなやかに見えますけど、重さがあって身体中に響きますし。俺、覚醒モードって言われるときの飯伏は、あの目つきがいいなって思うんですよ。ブチ切れを通り過ぎて、無の状態というか。あれはゾクッとするし、「さあ、来たな」ってワクワクしますよ。だから、飯伏と戦うときは「あの目つきにさせてやりたいな」って気持ちにはなっちゃいますね。

――試合後、飯伏選手がインターコンチを抱きしめてる姿が印象的でした。飯伏選手は自身が〝ふたりの神〟と崇める棚橋選手と中邑選手がこのベルトを争っていたのを間近で見てきたこともあり、深い思い入れがあったそうです。

そのベルトに対する思いの差が、結果に出たのかもしれないけど、その発言をしてるのは飯伏幸太なんで鵜呑みにしちゃダメですよ。彼の発言、行動は「こうしたらウケるんじゃないか?」みたいな計算が見えますから。実際に本心なのかもしれないですけど、俺は疑いの目で見てますよ。あの男にだまされちゃいけない(笑)。

通算7度目の内藤vs飯伏は、はじめてベルトを賭けた戦いに。インターコンチネンタル王座初戴冠を果たした飯伏は、試合後に「内藤さん、ありがとうございました」とコメント。

——この時点で内藤選手は飯伏選手に18年の『G1』、19年の『NJC』、そして4・6MSGと3連敗を喫してしまいました。通算では飯伏選手の5勝2敗で、大きく水を空けられたというか。

最初に俺が2連敗、そのあと2連勝、で、そこから3連敗だったんですよね。本来、このマディソンは順番的には2連敗、2連勝、また2連敗と続いてたんで、俺が勝つ予定だったんですけど(苦笑)。さすがに3連敗っていうのは気になりましたよ。海外修行から帰ってきて2連敗はあっても3連敗なんてなかったと思うし。あと、俺のなかで〝同い年〟っていうのも気になるワードなんで。でも、結局たどりつくのは「飯伏幸太とのプロレスは楽しい」の一言なんですけど。

——内藤選手はよく、その発言をされてますよね。

楽しくない相手に3連敗したら本当に楽しくないでしょうけど、飯伏だとまたちょっと違う感情というか。とはいえ、これで俺の2勝5敗で、しかも年はじめに二冠王を宣言したのにゼロに戻ったわけなんで、このままじゃ終われないっていう気持ちになりましたね。

飯伏ファンからの苦情

――内藤選手からインターコンチを奪取した飯伏選手は、4・20愛知でザック選手を相手に初防衛に成功します。その直後に内藤選手は「次の挑戦者、俺が立候補する」とアピールしました。

基本的に俺は「前王者だから挑戦させろ」っていうのは好きじゃないんですよ。それを言いはじめたら「じゃあ、2連勝しないと勝ったことにならないの?」って感じだし、俺がファンの立場だったら「また同じカードか」とは思うので。ただ、同じでもシチュエーションが異なれば、また違う見方もできるというか、リマッチやその過程をおもしろいものにするかどうかはレスラーの腕次第なんで。あと、俺はダイレクトリマッチだけは本当にイヤだったから、飯伏vsザックが終わってから立候補したというのもあって。しかも、そのときに俺はマイクで「ほかにそのベルトがほしい選手がいるなら、いますぐリングに上がってこい」って呼びかけてますからね。異を唱える選手がいるなら、挑戦者決定戦をやったって構わなかったし。

――誰にも文句を言われないよう、そうやって外堀を埋めるあたりは策士ですね。

確信犯的というか、誰も出てこられないだろうなとは思いましたけど、もしほかに立候補者がいたらアセってたかもしれないな（笑）。まあ、このときに挑戦表明したのは、自分の二冠宣言をなかったことにしたくなかったっていうのが大きいですよ。しかも俺のなかでは先にインターコンチネンタルっていうこだわりがあって。なぜかっていうと、1・4東京ドームでジェリコからベルトを取り戻したときに、周囲から「内藤がまたインターコンチネンタル路線に行っちゃったよ」っていう声が聞こえてきたわけですけど、もし先にIWGPヘビーを獲得したら「ヘビー路線に行っちゃったよ」とは言われないと思うんですよ。IWGPヘビーは新日本の頂点のベルトなんで、そこから二冠を目指すよりも、インターコンチネンタルから狙ったほうがドラマ性があるな、と。あのときは二冠への道を進むどころか後退してしまったわけで、フリダシに戻さないとって気持ちは強かったですね。

――ちなみにこのとき、飯伏選手は内藤選手がリングを去ってから、新日本に専属で再入団することを発表し、場内は大きな歓声に包まれました。

俺としては「言ったな、入団の意味がわかってんのか？　スポット参戦とはわけが違うぞ？」って感じですよ。〝生え抜き〟という部分にこだわりを持ってる人間からすると、大きな顔はさせたくないし、そのきっかけを作ったのが俺だった部分はあるので、おもしろくなかったです。

――そして、王座戦のリマッチの舞台は上半期の天王山である6・9大阪城に決定しました。この一戦は過去の内藤vs飯伏のなかでも、とくに危険な攻防が見られたというか。

エプロンでやったジャーマンはよく覚えてます。その何秒かあとに会場がどよめいたんで、「場内ビジョンでリプレイが流れたんだろうな、エグい角度だったんだろうな」って思って。実際にあとで映像を観たらすごかったですね（笑）。過去に自分があそこまでの攻撃をした記憶もないし、飯伏もよく無事だったなって思いましたよ。勝ち負けを競ってるんですけど、相手にある種の信頼感があるからこそ、ああいう技を出したわけで。飯伏と戦ってると楽しくなって、普段は考えもしないようなことを「やっちゃおうかな」って感覚になるんですよね。

――あの技に対して、飯伏選手のファンから内藤選手のツイッターに苦情が届いたそうですね。

このジャーマンに加えて、俺の頭突きで飯伏が左目付近をケガしたことについて、飯伏ファンから「ああいう攻撃はどうなんだ？」っていうお叱りの言葉がいくつも届きましたよ。そういうあたりからも、飯伏は多くのお客さまの支持を集めてるレスラーなんだなって。ただ、「じゃあ、痛い思いをしないで勝つにはどうしたらいいの？　俺と飯伏に丸め込み合戦を期待してるの？」

って思っちゃいましたけど。

――プロレスはケガと隣り合わせですし、レスラーもその覚悟を持ってリングに立っているというか。

だから、飯伏がお客さまに愛されてると思うと同時に「過保護にされてるんじゃないか？」とも思いました。それに、そもそも先にエプロンでジャーマンを仕掛けようとしたのは飯伏ですからね。やらなきゃ自分がやられてたわけで。頭突きに関しても目を狙ったわけじゃないし。ただ、あの腫れかたをリング上で見たときはビックリしましたけどね。でも、飯伏はひるむことなく、逆にあれでスイッチが入ったというか。

――飯伏選手の猛攻を退け、最後は内藤選手がバレンティアからのデスティーノでベルト奪還に成功しました。試合後も飯伏選手は無意識なのか、内藤選手のリストをつかんだままでしたが、その手を払った内藤選手は相手の顔面を踏み潰し、右腕を天に突き上げると、場内からは歓声とブーイングが注がれて。

飯伏とのシングルは全部で8回やりましたけど、どの試合も印象に残る場面がありますよ。この年は3月の『NJC』、4月のMSG、6月の大阪城と、その前哨戦も含め短期間でかなり飯伏と向き合って、さすがに「やりすぎかな」って思いましたけど。シングルは年イチとか2年に1回くらいがちょうどいいかもしれないですね。お互い、もう若くないんで（笑）。

――初対決は13年8月の『G1』公式戦で、お互い31歳のときでした。そこからレスラーとして脂が乗る時期に、同世代でしのぎを削ったライバルというか。

これからも対決のたびに〝いまの内藤〟を見せたいし、〝いまの飯伏〟を感じていきたいなって思いますよ。

――内藤選手の「人間・飯伏幸太は嫌いだけどレスラー・飯伏幸太は好き」という言葉ですが、この〝飯伏幸太〟の部分を他のレスラーに置き換えるのも、なかなか難しいのでは?

ああ、そうですね。普通、人間の部分が嫌いだったら、レスラーとしても嫌いそうだし、逆にレスラーとして好きなら、人間としても好ましく思うでしょうし（笑）。そういう意味じゃ、唯一無二の存在なのかもしれないな。

鷹木と一騎打ち

――19年の『G1』に内藤選手はインターコンチ王者として参戦しました。

俺にとっては二冠への道として、『G1』で優勝すればIWGPヘビーへの挑戦権の権利証を獲得できるので、そこはかなり意識しました。

――昨年の『G1』は通算29回目ではじめて開幕戦が海外で開催されたことでも話題を呼びました。7月6日（現地時間）、会場はアメリカ・テキサス州ダラスのアメリカンエアラインズ・センターでしたね。

野球でいえばメジャーリーグの球団が、日本で開幕戦を行なうみたいな感じですよね。ただ、個人的には広島カープの開幕戦がアメリカで開催されてもうれしくはないので、「なんで開幕が海外なの？」って思ってる人もいたんじゃないかな、と。でも、新日本プロレスが誇る『G1』を海外のお客さまに、生で観て知ってもらうという部分で、意味合いの大きなことだとは思いました。ただ、アメリカでは俺がエントリーしたBブロックではなく、Aブロックの公式戦が組まれたのはちょっと残念でしたけど。でも、現地で行なわれた前日会見に出席したのに、その開幕戦で試合自体が組まれなかったタイチ選手よりはマシかな、と（笑）。

――タイチ選手の初戦の相手のモクスリー選手が、ダラス大会に参戦しなかったため、前哨戦のタッグマッチが組まれなかったんですよね。前日会見での現地のファンの反応はいかがでしたか？

元WWEでアメリカのお客さまになじみのあるKENTA選手への声援が大きかったのが印象に残ってます。英語でスピーチしたのに加え、『G1』初参戦で注目が集まってたんでしょうね。

あとはテキサスが地元のランス・アーチャーも声援を集めてました。でも、新日本プロレスの日本人選手への歓声もすごかったですよ。その大会のメインは棚橋vsオカダでしたけど、「やっぱり、アメリカのお客さまは新日本プロレスらしい戦いを待ってるんだな」って感じましたね。

——内藤選手の『G1』の戦績は、7・13大田区での矢野戦で敗北を喫すると、7・15札幌でタイチ選手にも敗れ開幕2連敗。続く7・19後楽園で後藤選手、7・24広島で石井選手に勝利を収めるも、7・28愛知でモクスリー選手に敗退。そして、8・1福岡でジュース選手、8・4大阪で鷹木選手、8・8横浜でジェフ・コブ選手と3連勝を収め、1位通過に望みを残すも、8・11武道館でジェイ選手に敗れ、優勝決定戦には一歩届きませんでした。この『G1』は内藤選手にとっては波乱の幕開けという感じでしたね。

矢野選手には足元をすくわれましたね。でも、新日本のなかで矢野戦ほど、いろんなことに神経を集中しなきゃいけない試合もなくて、ほかとは違う刺激という意味でわりと好きなんですよ。矢野選手といえば短期決戦ですけど、お客さまが番狂わせ的なものを期待してるのも伝わってくるし。とはいえ、自分のプロデュース商品の宣伝活動に熱心で、優勝を狙ってるかどうかもアヤしいので、『G1』出場にふさわしい選手なのかは、ちょっと疑問ですけど。

——昨年の矢野選手はモクスリー選手やジェイ選手も下し、星取りを大いにかき乱しました。

まあ、もともとレスリングの猛者だし、俺が日本人ではいちばんパワーがあると思ってる飯伏にも、腕相撲で簡単に勝ったらしいので。矢野選手はウエイトトレーニング的なものじゃなく、相手を引きつけたり押したりコントロールする力がものすごいですね。ほかの試合だと、石井戦はシチュエーションが印象的でした。思い入れのある広島で、シングルではじめてデ・ハポン締めができたのもあって。あとはモクスリーとの初対決ですか。

——モクスリー戦はインターコンチとIWGP USヘビーの王者対決でした。WWEのトップレスラーだったモクスリー選手は、その年の6月から新日本に参戦し、『G1』に注目の初参戦を果たして。

俺は例によってアメプロにくわしくないんで、モクスリーのことはほぼ知らなかったんですよ。当たってみた感想としては、思ったよりも身体がデカくて、技の重さがありましたね。それでいて意外と器用だなっていう。それと、やっぱりはじめての鷹木戦は感慨深いものはありましたよ。この『G1』のブロックわけが発表されたときから「ついに鷹木とシングルか、舞台は大阪か」って気持ちが入ってましたし、試合までにふたりが向かい合ってる姿を何度も想像しましたから。実際にリングの対角線に立ったときは、アニマル浜口ジム時代のことを思い出して。

——同じ高3のときに浜口ジムで知り合ったふたりが、それから19年のときを経て対峙した、と。

浜口ジム時代に一度しかスパーリングで勝っていない鷹木に勝利。試合後、リング上で鷹木は内藤に「これで俺の100勝2敗だからな！」と負けん気を見せた。

これは同じ浜口ジムだったBUSHIから聞いたんですけど、昔の俺と鷹木を知ってる浜口ジムの関係者の人たちが、この試合を観るためにけっこう東京から来てたらしくて。

――そうだったんですね。鷹木選手はファン人気もさることながら、レスラー間の評価も高いというか。

鷹木はレスラーとしてトータルバランスが優れてるんですけど、とくに俺が彼の試合を観てて目につくのが、ロープを走る速さなんですよ。加速力がすごいから、あのラリアット（パンピングボンバー）も強烈ですし。それにスタミナもあって、バテバテになっている姿もあんまり見たことないですね。まあ、浜口ジムの頃はスパーでさんざん鷹木にやられてたし、ようやくリベンジを果たせたなって思いましたよ。その鷹木戦で忘れられないのが、試合後に自分のコスチュームをなくしちゃったんですよ。俺、歴代のコスチュームを必ずひとつは手元に保存してるんですけど、鷹木戦が実現した感慨もあり、「せっかくだからこの試合で使ったヤツを取っておこう」と思って。でも、試合の翌日に荷物を確認したらそのコスチュームが見当たらず（笑）。

――内藤選手は落し物が多いイメージはありますが、せっかくの記念を紛失した、と（苦笑）。

試合後のダメージなのか、取っておこうと思ったものの、どこに置いたのかも思い出せなくて。常にコスチュームの予備は持ってるので、その後も困りはしなかったんですけど、鷹木戦で使ったやつは行方不明のままですね。俺としては、逆に鷹木が記念に持ち帰ったんじゃないかって疑ってるんですけど（笑）。

――それは鷹木選手に確認したんですか？

本人に言ったら、「んなわけねーだろ！」って返されましたけど、俺はいまだに疑ってます（笑）。コスチュームをそんなふうに特別に思ったのははじめてだったんですけど、それはいま、きっと鷹木信悟の自宅のいちばん目立つところに飾られてますよ（笑）。ほかにはコブとの初対決もおもしろかったですね。あとで映像を観て思ったんですけど、豪快に投げられる内藤っていいなって（笑）。コブにはデスティーノを踏ん張られて、プロペラみたいに投げ飛ばされましたから。もちろん、ああいう攻撃はきついんですけど、自分がファンだったら、そのやられっぷりが気持ちいいというか。コブはパワーだけじゃなくテクニックもあっておもしろい選手でしたね。

二冠戦線から大きく後退

――内藤選手を下してBブロック代表となったジェイ選手は、優勝決定戦で飯伏選手に敗れます。しかし、

この年の2月にIWGPヘビー戴冠を26歳で成し遂げるなど、18年の海外遠征からの凱旋帰国以降は一気に存在感を高めたというか。

ここまで頭角を表してくるとは思わなかったですね。俺がL・I・Jを始動させた当時、海外遠征に出る前のジェイによくちょっかいをかけてましたけど、あくまで遊び道具のひとつとしか捉えてなかったですから。ただ、ジェイはビジュアルがシュッとしてましたし、目についたからこそイジってたというか。個人的にはジェイはBULLET CLUBを作る前のプリンス・デヴィットみたいな、正統派外国人レスラーになるのかなって想像してたんですよ。でも、海外遠征から戻ってきて化けたってことなんでしょうね。

――ジェイ選手は間を使って自分のペースに持ち込むという部分では、内藤選手に通ずるものを感じます。

たしかに彼はインサイドワークに長けてますね、外道選手の介入を含めて。でも、それだけじゃ結果は残せないし、俺にとってのデスティーノみたいに、ブレードランナーという必殺技を身につけたのが大きかったんじゃないかな。あれは予想以上の威力で、相手の頭部を叩きつけるスピードがものすごいんです。ジェイは一見細身ですけど、引っ張る力が強いから、遠心力で一気に持っていかれるというか。

——あの技はアレックス・シェリーの必殺技であるシェルショックから着想を得たそうです。ちなみにジェイ選手の新日本でのデビュー戦（15年1月30日）の相手が、そのシェリー選手で。

シェリーに影響を受けたのかもしれないですね、ブレードランナーはいい技ですよ。それとジェイは試合中によく笑みを見せてますけど、あれは自信の表れなんでしょうね。リングで自分のやりたいことを表現できてるからこそというか。ＩＷＧＰヘビーは運だけじゃ巻けないし、それだけの実力の持ち主だと思います。

——この『G1』のあと、内藤選手は8月25日（現地時間）の『SUPER J—CUP 2019』（アメリカ・Walter Pyramid）で、BUSHI選手とのタッグでジェイ&石森組と対戦します。ジェイ選手はBUSHI選手を下すと、内藤選手もブレードランナーでKOに追い込み、「このベルト（インターコンチ）が俺のデスティーノだ。なぜならヘビーとインターの同時戴冠こそが、俺の運命だからだ！」と王座挑戦をアピールしました。

俺が発信した二冠の流れにジェイも乗っかってきた、と。でも、『Ｇ１』で負けてる身として、二冠を巻くにはキッチリとカタをつけてから前に進まないとって思いました。

——インターコンチを賭けたジェイ選手との王座戦は9・22神戸で実現します。ジェイ選手はブレードラン

ナー以外にも多彩な技を持っていますが、とくにきつい攻撃は？

あの裏投げは強烈ですね。持ち上げたあとにちょっとひねりを加えてタイミングをずらして、受身を取りづらくさせて。ほかにもデヴィットのブラディ・サンデーの変形技も使ったりと、BULLET CLUBの系譜を感じさせるというか。結果的に俺はこの試合でも負けて、ベルトを失ったわけですけど、年はじめに掲げた二冠という野望がスタートラインよりもかなり後退しちゃいましたね。1・4東京ドームをスタートとすれば、4月のMSGで一歩後退。6月の大阪城でまたスタートラインに戻るも、ここでジェイに負けて大きく下がった感じがして。明確な目標に対し、思うように前に進めなかったですね。

――以前、内藤選手はインターコンチのベルトを自分に必要ないものと発言していましたが、19年はそのベルトに翻弄されたというか。

ホント、そんな感じですよ。あと、飯伏が『G1』の優勝会見で「来年のドーム2連戦でIWGPヘビーとインターコンチネンタルのダブルタイトルマッチをやりたい」と発言したことで、なんか史上初の二冠というアイデアが飯伏発信になってるような気がして、おもしろくなくて。そもそも、飯伏は俺からインターコンチネンタルを獲ったときに、二冠に対して否定的なスタン

9.22神戸でジェイは内藤のバレンティアを切り返すと、ブレードランナーでインターコンチネンタル王座を初戴冠。わずか26歳でIWGP US、IWGPヘビーに続き3本目のベルトを手にした。

スだったんですけどね。

——たしかにあの時期、飯伏選手は「内藤さんにとってインターコンチは二冠のための〝手段〟みたいに聞こえる。選手ならベルトは何本でもほしいと思うが、いま仮に何本も巻いたとするとインターコンチへの思いが薄れてしまう」と発言されていました。

まあ、それから『G1』に優勝して心境の変化があったにしろ、二冠というのを口にしたのは、ちょっと納得いかなかった部分はありましたね。

——飯伏選手は二冠のモチベーションについて「ドーム2連戦を盛り上げるため」「最強がIWGPヘビー、最高がインターコンチネンタル。そのふたつを巻けば発信力が増し、プロレスを広めることができる」と。

意見をコロコロ変えて、もっともらしいことを言うのは飯伏らしいので。二冠に向けて歩みはじめた飯伏と、言い出しっぺなのに後退していた自分を比べて、もどかしさは感じてました。しかも、この頃になると自分の目の状態がだいぶ悪くなってきてたんで、まさに見据える先がボヤけてたというか、アセりが増してましたね。

LOS INGOBERNABLES

CAPÍTULO.11

逆転の内藤哲也

右目上斜筋麻痺の発覚

――内藤選手は20年の東京ドーム2連戦が終わったあと、19年は右目上斜筋麻痺で苦しんでいたことを明かしていますね。

最初に「あれ？ 目がおかしいな」っていう初期症状があったのが19年の5月くらいで、右目のピントが合わなくなりモノが二重に見えてきたんです。でも、目を細めれば視認できたし、当時は「コンタクトレンズの問題かな？」って深刻には捉えてなくて。とは言え、リング上の相手がボヤけるというか、トップロープを使ったスイングDDTでロープを蹴り損なったりしたので、トレーナーの先生のすすめで眼科と脳外科、耳鼻科で診てもらったんです。でも、原因はわからず、そうこうしてるうちに『G1』に突入して、ますますピントのズレが激しくなってきたというか。そのときは「俺、このまま終わるかもしれないな」ってすごく感じましたね。

――人知れず、引退まで頭をよぎった、と。

それで9月のシリーズ前に大学病院で検査を受けたところ、右目上斜筋麻痺だというのがわかって。直接的な原因は不明で、おそらく試合のダメージの蓄積みたいですけど。ミラノコレクションA.T.も同じような症状で引退してるんですよね。あの人の場合は俺みたいに目の上斜筋だけじゃなく、下斜筋もやっちゃったのが理由みたいですけど。結局、9月に神戸でベルトを落としたあと、あらためて病院に行ったら「手術をすれば100％には戻らないけど、現状よりは回復してプロレスも続けられる」って言われて。ただ、手術すれば療養期間が必要になるわけで、いまの新日本は長いオフを取るのも難しいし、東京ドーム2連戦も目前に迫ってきてる。だから、最終的には「メスを入れるならドームのあとだな」と思って。

——史上初の二冠王に向けて、手負いの状態で戦い抜くしかない、と。

そこは覚悟を決めましたね。〝史上初〟を目指してる俺としては、先に誰かに二冠王を成し遂げられたら意味がないですし。かと言って、ジェイに負けてベルトを落として、ここからどう東京ドーム2連戦にたどりつけばいいかわからなかった。そんなときに、俺の目の前にタイチ選手が現れて。

——内藤選手は10・14両国で鷹木選手と組み、タイチ＆DOUKI組と対戦。鷹木選手をマイクスタンドで殴打して反則巻けとなったタイチ選手は、さらに内藤選手にタイチ式ラストライドを食らわせると「オマエ

ができなかったこと、代わりに俺がやってやるよ」とアピールし、二冠戦線への殴り込みを宣言しました。それに対し、内藤選手は不敵な笑みを浮かべて退場すると「ハッキリと見えていなかった史上初の偉業への道が、うっすらと見えてきた」とコメントを残しました。

この年、タイチ選手には2月の札幌でのインターコンチネンタルの防衛戦で勝ちましたけど、8月の『G1』公式戦では負けてたんで、二冠戦線に名乗り上げてくるのも納得できたというか。やっぱり、あの人は自分をいかに目立たせるか、その嗅覚に優れてますよね。それと同時に「これは自分にとっても渡りに船だな」と。

――この10・14両国では、後藤選手がジェイ選手へのインターコンチ挑戦をブチ上げました。後藤選手は過去、12年にインターコンチのベルトを巻いたまま、当時のIWGPヘビー級王者のオカダ選手に挑戦。結果は惜敗だったものの、15年にインターコンチ王者だった際にはIWGPヘビーとの統一戦を口にするなど、〝元祖二冠提唱者〟だったというか。

後藤選手が元祖っていうのは知ってましたけど、結局は達成することはできず、そのあとも口にすることはなかったし、大きな渦を巻き起こせなかった。で、自分の関係ないところで二冠の機運が高まってきたら、「元祖は俺だぜ」みたいに口を出してきた、と。調子いいなとは思いましたけど、俺が史上初の二冠と掲げたことにいろんな選手が乗っかってきたことが、内藤哲也の考えることがいかに魅力的かという証明でもあったというか。だから、東京ドーム2連戦までの大きな流れを、結果的には俺が作ったっていう自負はありましたね。

――タイチ選手は10・14両国のバックステージで内藤選手に「悔しいだろ？　ベルトを獲られ、俺にもボコボコにされて。だけど、俺とオマエの仲だ、最後にチャンスを与えてやってもいいぞ」とコメントし、11・3大阪で一騎打ちが組まれることになりました。

俺としてはタイチ選手を下し、東京ドームでのインターコンチネンタル王座挑戦につなげたいって思ってました。その相手は後藤選手じゃなく、自分が連敗したジェイしか頭になかったです。理想も予想もジェイ・ホワイトでしたね。

因縁のファン投票

――11・3大阪でのタイチ戦ですが、二冠王座戦に向けたラストチャンスということもあり、共に気合い充分でゴング前から激しい乱打戦となりました。

正式に銘打たれてはなかったですけど、発信力のあるタイチ選手が戦前から「これはインターコンチネンタルの次期挑戦者決定戦だ」って口にしてたんで、わざわざ何かを言う必要もなかったというか。タイチ選手は前哨戦の段階から気迫がかなり伝わってきましたよ。バックステージのコメントで「殺してやろうか?」とまで言ってましたから(苦笑)。

——「放送禁止か? 関係ねえ、殺したくなった」とか物騒な感じでしたね。この大阪の一騎打ちは内藤選手がデスティーノで制しますが、印象的な場面は?

最後の直前、俺がタイチ選手にブラックメフィストを食らわせるんですけど、やってみてすごくいい技だなって思いました。腕よりも足の力で持ち上げる技なんで、いわゆるパワーファイターじゃなくても使い勝手がいいというか。しかも首にダメージを与えるので「これ、デスティーノの前に出すには打ってつけなんじゃないか?」って(笑)。俺はこの年、飯伏と同じくタイチ選手ともシングルで3回やりましたけど、それぞれシチュエーションが違ったので、新鮮な刺激がありましたね。とくにこの大阪は、史上初の二冠に向けて期するものがあったんで。

——そして、メインでジェイ選手が後藤選手を下してインターコンチを防衛すると、内藤選手はリングに登場して「そのインターコンチネンタル王座、申しわけないけど返してもらおうか」とアピール。すると、ー

終盤、タイチがタイチ式ラストライドを狙うも、逆に内藤は脚力で持ち上げ、一気にブラックメフィストを炸裂。

ＷＧＰヘビーへの挑戦権利証入りのアタッシュケースを持った飯伏選手も現れ、この二冠の流れに対して「ＩＷＧＰヘビーしか興味がない」と否定的だったオカダ選手を呼び込みました。

オカダが何を口にするのかっていうのは、すごく興味がありましたね。オカダが二冠についてって「金メダルを持ってるのに、銀メダルはいらない」って発言してたのを知って、プライドが伝わってきたし、「そのとおりだな」って思ったんですよ。そうしたら、あのリング上で「ファン投票」って口にしたんですけど。

――オカダ選手は二冠に対する場内の反応を確かめてから、「東京ドームといえばさ、内藤さん、〝投票〟ってあったよね？」と、ドームで二冠戦をやるかどうか、ファン投票に委ねることを提案しました。ここで14年の1・4東京ドームでのダブルメインの順番を、ファン投票で決めた件を持ち出してきました。

オカダも14年のファン投票で〝オカダvs内藤〟が〝中邑vs棚橋〟に負けたのが、どこかで引っかかってたのかもしれないですね。あの提案で会場も盛り上がりましたし、「おもしろいことを考えるな」とは思いましたけど、俺はオカダには自分のプライドを貫いて「二冠をやる気はない」って言ってほしかったです。周りの反応を聞いて、物事を決めるのって、ロス・インゴベルナブレスに出会う前の俺みたいなものなんで。だから、ちょっと残念には思いました。

リングに四強が揃い踏み。緊張感が漂うなか、オカダが「俺はこのIWGPの戦いにプライド持ってんだよ、コノヤロー！」と叫ぶと、内藤は強い眼差しを向けた。

――もしオカダ選手が東京ドームで二冠をやらないと宣言していたら、内藤選手はどうしてましたか？

その場合は1月4日と5日で、IWGPヘビーとインターコンチネンタルのタイトルマッチが別々にわけて行なわれてたでしょうね。俺の一番のこだわりは〝史上初〟という部分なんで、たとえドームで二冠王座戦が実現しなくても、そのあと達成に向けて動いてたと思います。オカダも東京ドーム2連戦を盛り上げるために、ファン投票を口にした部分はあったんじゃないかな。

――たしかにオカダ選手は「vs世間」という部分で、東京ドームを2日間とも満員にすることにこだわりを見せていました。

だから、オカダがブレたと取るのか、責任感に駆られたと見るのか。俺はその両方だと思いますけど。まあ、ファン投票でダブルタイトルマッチをやることが決まった段階で、オカダはほかの3人に比べて唯一、二冠へのモチベーションがない状態でリングに上がることにはなりましたよね。オカダ自身は「IWGPヘビーのひとつの防衛戦として東京ドームに臨む」って気持ちを切り替えてたみたいですけど。

――急遽行なわれた二冠戦実現のファン投票は、賛成15952票に対し、反対が9055票。結果、1月4日にオカダvs飯伏のIWGPヘビー級王座戦、ジェイvs内藤のインターコンチ王座戦を行ない、その勝者

11月5日に行なわれた1.4東京ドームの記者会見で、内藤はシリアスな表情で「ジェイに俺の野望を横取りされたくない。史上初の男になってみせる」と決意表明。

同士が翌5日にダブルタイトルマッチで雌雄を決することが正式に決定します。

史上初の二冠の舞台が史上初のドーム2連戦になったのは、日本だけじゃなく世界中に伝わるような会場というか、結果的に最高のお膳立てになりましたね。俺自身は二冠の野望を口にした段階で、どこで成し遂げるのかは想定してなかったですけど、まさに舞台は整ったという感じで。「あとは俺が2本のベルトを手にするだけだな」と思いました。

——このあと、内藤選手は11・16藤沢から開幕した『WTL』のシリーズ前半のみに参戦し、ジェイ選手と前哨戦を繰り広げます。

予想してたとはいえ、東京ドームのカードが決まってるから『WTL』に不出場と発表されたときは、「なんでだよ」っていう気持ちはありましたよ。周りから内藤&鷹木組の出場に対する期待の声も聞こえてたんで。ただ、このときばかりは表立って文句を言わなかったんです。なんでかっていうと、東京ドーム前に右目を手術できるなと思って。

——内藤選手は11・27浜松まで試合に出場し、29日に都内の病院で麻痺して緩んでいた右目の周囲の筋肉を、縫合する手術を受けたそうですね。

29日に手術を受けるために入院して、翌日退院しました。術後は目が馴染むのに3週間はかかるって言われて、東京ドームの最終前哨戦の後楽園3連戦（12・19～21）を考えると、わりとギリギリのスケジュールでしたね。最初、手術したあとは、それまで以上に目のピントが合わなくなって、世界が45度傾いて見えました。両目を使うと真っ直ぐ歩けないような状態だったんで「ウワッ、本当に間に合うのか？　手術、失敗してないよな？」って不安に思いました。でも、その状態も1週間くらいで落ち着いて、後楽園初戦のときには手術前よりも見えやすくなって。

――効果を実感した、と。

お医者さんに言われたとおり、100％には戻ってないんですよ。正面を向いて上目遣いをすると、目の前がゆがんで見えて。だから、上を向くときは目だけじゃなく、顔ごと向ける必要があるんですけど。とはいえ、単純に目の前の相手がダブって見えなくなり、手術前に比べたらはるかに戦いやすくなったので、「よし、これならいける！」っていう手応えをつかんで。〝逆転の内藤哲也〟、それが東京ドーム2連戦の俺のテーマでしたね。

ドーム初日にインターコンチ奪還

――そして、年が明けた20年の1月4日と5日、東京ドーム大会2連戦を迎えます。そもそも、年間最大のビッグマッチを東京ドーム2連戦で開催すると聞いたときの率直な感想は？

土日だから開催に踏み切ったんでしょうけど、正直なところ「大丈夫なの？」って思いました。1大会あたりの観客動員が、前年のドーム大会を下回ったらどうなんだろうって。でも、新日本プロレスという会社の一歩踏み出す勇気というか。

――19年のドームの観客動員は38162人（満員）でしたが、結果的に20年は4日が40008人（満員）、5日が30063人となりました。

初日はクリアしたわけですけど、そこは〝1・4〟というものがブランドになってるのもあるでしょうね。前売りの段階では4日のほうが断然売れ行きがいいって聞いてたんですよ。そう考えると、4日の結果を受けて5日のメインのカードが決まり、当日券が伸びたのかなって。

――内藤選手は新日本のドームツアーを野望として掲げていますが、この東京ドーム2連戦に感慨深いもの

はありましたか？

ドームツアーに向けて一歩近づいたのかなとは思いました。俺が新日本に入る直前の04年〜05年あたりは年に2、3回、ドーム大会をやってましたけど、会場に行くたびに動員が減ってましたからね。俺がはじめて東京ドームで試合した09年あたりも動員数は少なかったですし、それを考えるとスタンド席を開放して2連戦できたのは「ここまで来たか」って思いました。

——その初日では、ジェイ選手のインターコンチに挑みました。前年の11月5日に試合が決定してから、ジェイ選手とは前哨戦を繰り広げてきましたが、内藤選手は普段の饒舌さとは打って変わり、一貫してノーコメントでしたね。

それは完全にアセりが原因です。常日頃、プロレスにおいて言葉は試合と同じくらい大切だと思ってる人間が、追い込まれた状況のなかでコメントまで頭が回らなかったというか。アセりから来る俺の仏頂面に対し、ジェイに「ナイトー！　スマイル！」って挑発されましたけど、あれは去年の8月のインターコンチネンタルを奪われる前、俺が最初に「ジェイ！　スマイル！」ってやってたんですよ。それを逆手に取られたというか、立場が入れかわってしまって。ジェイが俺の口の両端をつかんで、無理やり「スマイル！」ってしてきたときは、「俺、こんなイラつくことやってたんだ」って思いましたね（苦笑）。そもそも、ダブルタイトルに絡んでいる4人のなかで、オカダはIWGPヘビー級王者、ジェイはインターコンチネンタル王者、飯伏は『G1』覇者で、自分だけが〝持たざる者〟なんですよ。しかもここでジェイに負けたら3連敗になるし、かなり瀬戸際の心境でした。まずはインターコンチネンタルを何が何でも取り戻さないとはじまらないし、このジェイ戦の直前は正直、5日のことまで考える余裕はなかったです。

――試合は例によって外道選手の乱入や、再三にわたるジェイ選手のヒザ攻めに苦しみました。

裏足4の字（NTO＝ナイトウ・タップ・アウト）でかなり長いこと捕まったのはきつかったです。そのときに起こった「内藤」コールで「ああ、お客さまも期待してくれてるんだな」と思って、踏ん張れたというか。あと、「舞台の大小関係なく、相変わらずジェイは自信満々だな」って感じました。よくよく考えると、俺もジェイと同じ26歳くらいの頃って、自信しかなかったんですよ。ただ、当時の俺は結果があまりついてきてないのに比べて、ジェイは着実に実績を残して。ここからどこまでデカくなるのか、行く末が気になるレスラーですね。

――接戦の末、内藤選手はジェイ選手のブレードランナーをバレンティアで切り返し、最後はデスティーノを決めてインターコンチ奪還に成功します。そして、メインのオカダvs飯伏のIWGPヘビーの結果を待つ

1.4東京ドームでは、2連敗を喫していたジェイを撃破し、インターコンチネンタル王座を奪還。快心の勝利後、「これを獲るだけが、今回の目的じゃないから」と、明日の大一番を見据えた。

ことになりました。

あの試合は退場してからモニターで観てました。ちなみにそのときのバックステージコメントで、俺は「理想はオカダ、予想もオカダ」って言ってるんですよ。飯伏との試合は毎回楽しいんですけど、オカダには2年前の東京ドームで「ドームのメインで勝つと気持ちいいぞ」って言われてたことや、ここ数年は〝IWGPヘビー＝オカダ・カズチカ〟っていうイメージが強いので、そういう相手を倒してこそ二冠の重みも増すと思ったんで。実際のオカダvs飯伏の感想としては、ちょっと差を感じましたね。それは東京ドームだからこそというか、飯伏はこのときが東京ドームでのメインははじめてで、オカダは何度も上がってるんで、その経験の差が出たと思います。もし後楽園や両国だったら、飯伏が勝っていたかもしれないけど、東京ドームでのふたりの戦いを観てたら、途中で「これはオカダだな」って。本人は否定するでしょうけど、飯伏は会場に呑まれた部分はあると思います。

――オカダ選手が飯伏選手をレインメーカーで仕留めたあと、内藤選手は獲ったばかりのインターコンチのベルトを手にリングに登場。明日の決戦を前に、オカダ選手に対して「俺はまた、東京ドームのメインイベントに戻って来たぜ。史上初の偉業、そして、東京ドームではじめての大合唱、明日オカダを倒した上で実

現させてやるぜ」と宣戦布告します。

オカダとのシングル自体、2年前の東京ドーム以来でしたからね。メイン終了後のリングへ向かって歩いているとき、オカダの新日本でのプレデビュー戦の相手を俺が務めたことや、12年の東京ドームでオカダが凱旋帰国して以降、自分がどんどんと離されていったこととか、いろんなことがフラッシュバックしましたよ。「あっ、オカダに対するいろんな感情っていうのは、すべてこのときのためなのかな」って思いました。

――理想と予想どおりの相手と、最高のシチュエーションで戦うことが決まったというか。

そのときにリング上で思ったのが、東京ドームのマイクがしゃべりにくいなってことで。反響がものすごくて、自分のしゃべった声が遅れて耳に入ってくるわけですよ。俺は東京ドームでマイクするのがはじめてだったんで、「何だ、これは？　こんな状態でオカダや棚橋弘至はしゃべってたのか？」って驚いて（苦笑）。5日の前に経験しておいてよかったなって思いましたね。

――4日の大会が終わって、翌日の大会まではどのように過ごしましたか？

4日に比べて5日は大会の開始時間が早かったこともあって、試合に向けて少しでも休むために会場近くのホテルに泊まったんですよ。でも、どこでもいつでも眠れる俺としては珍しいことに、その晩はなかなか寝つけなくて。窓の外が明るくなってきて、8時頃にようやく眠りに入って、結局は2時間くらいしか睡眠が取れなくて。緊張というよりは、興奮が大きかったんだと思います。「ついにダブルタイトルマッチが実現するんだ、しかも相手はオカダ・カズチカだ」って考えたら、ワクワクが止まらなくなったんでしょうね。

――ちなみに新日本の過去の東京ドーム大会で、IWGPヘビー級王座戦を3回やったカードは、棚橋vsオカダとオカダvs内藤のふたつのみになります。まさに団体の至宝を賭けた看板カードというか。

そうか、棚橋vs中邑はIWGPU30、IWGPヘビー、インターコンチネンタルって毎回ベルトが違いましたもんね。あと、このときの東京ドーム2連戦でよく覚えてるのが、車で会場入りする途中で、とにかくL・I・Jグッズを身につけたお客さまの姿がたくさん目に入って。海外のお客さまも多かったですし。その光景を見ながら「いま、横向いたら内藤がいるよ」と思いつつ、誰にも気づかれず会場に到着して(笑)。とくに5日は「俺の偉業達成の目撃者になろうと、これだけの人が集まってくれたんだな」って、かなりモチベーションは高まりましたね。

オカダとのロックアップ

――5日はついに史上初のダブルタイトルマッチが行なわれましたが、大一番を目前にした心境は？

東京ドームって、自分の試合の3試合前に入場ゲートの裏まで移動して、そこに小さい個室が並んでいて出番まで待機するんですけど、俺はこの時間が苦手で。控え室を一度出たら戻って来られないし、ひとりで隔離されるのがナーバスになるというか。いつもは我慢してるんですけど、このときは耐え切れなくて、「ちょっと一緒に行こう」ってヒロムを誘いました（笑）。「エエッ、なんでですか⁉」って言われましたけど、無理やり連れていって、一緒に個室に入って。そうしたら彼は自分の試合が終わってるからか、やたら話しかけてくるんですよ。

――ヒロム選手は同日の第一試合で、獣神サンダー・ライガー選手の引退試合の相手を務めましたね（ヒロム&リュウ・リーvsライガー&佐野直喜）。

ヒロムはプレッシャーから開放されたのか、とにかくしゃべくり倒してきて。ナーバスになってた俺の気を紛らわそうとしてたのかもしれないですけど、俺は「少し黙って」って注意しました（笑）。そのくらい、ちょっと感情が不安定になってたんでしょうね。睡眠時間が少なかった割に眠気もなかったし、やっぱり興奮状態だったんだと思います。でも、いざ入場になって花道に出たら、不安も何もかも吹っ飛びました。大きな「内藤」コールを聴いて、気持ちを一気に鼓舞できて。先にリングインしてオカダを待ってる時間が、なんか心地よかったんですよね。「新日本の歴史に大きく刻まれる戦いが、いよいよはじまるんだな」って、ほどよい緊張感と共にそんなことを考えてました。

――2年ぶりにシングルで戦うオカダ選手の姿はその目にどう映りましたか？

ものすごく堂々としてました、身体全体から自信やプライドが溢れ出ていて。もはや、それ自体が大きな武器というか。2年前と比べて技が増えたとかではないんですけど、雰囲気や佇まいが、別人と言ってもおかしくないくらいでしたね。オカダがその前日の東京ドームを締めくくったときに、マイクで「超満員にならなかった！」って叫んでたんですけど、去年よりは入ってたわけですよ。でも、現状に満足せずに志が高いというか、ほかの選手とは違うところを見てるんでしょうね。だから、いまになってオカダの「レベルが違う」っていう言葉は、身体的な強さというよりも意識の強さなのかなって思いました。このとき、試合がはじまって最初にロックアップで組み合ったんです。俺の試合ってロックアップがあったりなかったりなんですけど、基本的にはロックアップが大好きで。相手のタイミングや体格でいろいろ変わるんですけど、オカダと組み合うのがいちばんガチッとハマるんですよね。

――よく、「ロックアップで組み合った瞬間に相手の実力がわかる」と言われてますよね。

ああ、それはなんとなくわかる気がします。少なくとも、俺のなかではオカダ以上にロックアップで伝わってくるものがある選手はいなくて。このときに最初に組み合った瞬間っていうのは強く印象に残ってますね。

――試合ではオカダ選手が内藤選手の左ヒザを机に叩きつけるなど、非情の攻撃を繰り出していたのも、勝利への意気込みが伝わってきたというか。

前日にジェイにヒザをかなりやられてたのを、オカダもチェックしてたんでしょうね。そのあたり、リング上の駆け引きというのも、オカダとは独特のものがあるというか。歓声は聞こえてるんですけど、どこかふたりだけの時間を楽しんでた気もします。お客さまからどう見えているかはわからないですけど、俺のなかではプロレスというものを存分に味わえる相手で。あと、このときは2年前の東京ドームではオカダにかわされたスターダストプレスを、ちゃんと決めることができたのは安心しましたね（笑）。L・I・Jになってからあの技を出したのは、17年の『G1』のケニー戦を含めて計3回だけで、しかもヒットしたのはこの東京ドームがはじめてで。

――同じ大会でスターダストプレスの開発者であるライガーさんが引退されましたが、あの技は内藤選手なりのメッセージだったそうですね。

いろんな選手がライガーさんへのメッセージを出してましたけど、俺の思いとしてはあの一発に集約した感じです。あと、スターダストプレスを出さなくなったのはべつにヒザが悪くなったからじゃないっていうのがあって、ここぞっていうときに見せたくなるというか、「ほら、できるけどやらないだけなんだぜ」っていう（笑）。

――そもそも内藤選手のスターダストプレスは、若手時代に道場で飛び技を考えているときに、中邑選手からアドバイスをもらって共同開発したとのことですが、あとでライガーさんが96年の1・4東京ドームで一度だけ繰り出した技と同じだと気づいたそうですね。あの技についてライガーさんと話したことは？

いや、一度もないです。本隊のときに「使わせてもらってます」と言ったこともないですし。「使うな」って言われてヤブヘビになるのがイヤだったんで（笑）。俺が試合であの技をはじめて出す前に、ライガーさんが昔やったことがあるっていう事実を、中邑選手が気づいたんですよ。だ

1.5東京ドームでのオカダとの二冠戦。終盤、内藤がスターダストプレスを繰り出すと、場内はどよめきに包まれる。

から、オリジナル名はつけずに、先人へのリスペクトとしてスターダストプレスという名前で使わせてもらって。そこから俺の昔のキャッチフレーズである〝スターダスト・ジーニアス〟も生まれたと思うので、そういう意味ではライガーさんには感謝してますよ。

史上初の二冠王者

――そのスターダストプレスは返されましたが、直後にバレンティアからのデスティーノでオカダ選手を撃破し、ついに史上初のIWGPヘビー＆IWGPインターコンチの二冠王者に君臨しました。逆転の内藤哲也を結実させたわけですが、あらためてその道のりを振り返っていかがですか？

1年前に俺がパッと思いついた野望が、それからさまざまな選手を巻き込むかたちで、こうして東京ドーム2連戦の目玉になるとは思わなかったですね。やっぱり、思ったことを口に出すことがいかに大切かっていうのを実感します。ロス・インゴベルナブレスに出会って「言わなきゃ何もはじまらないんだな」って気づいたからこそ、いまの自分があるのは間違いないので。

――オカダ選手に勝った瞬間の気持ちは？　内藤選手の偉業を称えるように、場内を大きな「内藤」コール

が包みました。

直後はわりと冷静だったんですよ。すぐには現実味を感じられなかったからというか。とはいえ、自分にとって特別な相手であるオカダに、東京ドームのメインイベントで勝つことができた。そして、〝史上初の男〟に対し、お客さまが大歓声を送ってくれている。徐々にうれしさがこみ上げてきて、俺はマイクで「オカダ！　東京ドームのメインイベントでの勝利、ものすごく気持ちいいな！　またいつか東京ドームのメインイベントで勝負しようぜ」って素直な気持ちを表して。

――2年前の東京ドームで、オカダ選手が内藤選手に贈った言葉へのアンサーというか。

オカダは自分自身のライバルをSANADAと言ってるので、内藤哲也が彼にとってどういう存在なのかは知らないですけど、俺にしてみれば特別な相手ですよ。かつての俺はオカダを自分のライバルだって言ったことはありますけど、ロス・インゴベルナブレス以降はそういう発言はしてないんですよね。もしかしたら、いまやライバルという表現に収まらないくらいの存在なのかもしれないし。きっと、まだ俺とオカダのストーリーは続いていくでしょうし、また東京ドームのメインイベントで対峙する日が来ると思います。

――そして、試合後のマイクでは「この2本のベルトを持って、さあ何をしようかな。その答えはもちろん、

トランキーロ！　あっせんなよ!!　ただひとつ、言っておきたいことは、俺は東京ドーム2連戦のことを、忘れることはないでしょう。この2本のベルトとともに前へ進みたいと思います」と、二冠王としての所信表明を行ないました。

願わくば前日の観客動員を超えたかったですけど、多くのお客さまが祝福してくれているのが伝わってきて。だからこそ、「この喜びをみんなで分かち合おう、念願の東京ドーム初の〝デ・ハ・ポン〟だ！」って思ったんですけどね……。

――最後の「デ・ハ・ポン！」の大合唱の直前、KENTA選手が突如リングに駆け上がり、内藤選手を急襲。go 2 SLEEPでKOに追い込み、この暴挙に場内は大ブーイングに包まれました。

あと、3文字言うだけだったんですけど（苦笑）。あの乱入は誰も予想できなかったんじゃないですかね。やられた直後は何がなんだかわからず、それがKENTA選手だと気づいたときは、「なんで？」って思いましたから。KENTA選手は同じ日、後藤選手にNEVERのタイトルマッチで負けてるわけで、その敗者が殴り込んでくること自体、前代未聞というか。まあ、見ようによっては〝逆転のKENTA〟ですよね。しかもリング上は俺ひとりだったこともあり、KENTA選手の襲撃に気づかなくて。

KENTAは猛然と内藤に襲いかかると、大ブーイングのなか、PKからのgo 2 sleepでKOに追い込む。試合後、一世一代の舞台を台ナシにされた内藤はノーコメント。

――本来ならL・I・Jのメンバーが全員集合していてもおかしくはないですよね。

俺も最初、東京ドームのリングでメンバー揃っての大合唱を思い描いてたんですよ。でも、その日はSANADAだけが負けてしまって（ブリティッシュヘビー級王座戦でザックに敗北）、「自分がSANADAの立場だったら、出てきたくないだろうな」と思い、入場時に連れてきたヒロムに「もし俺が勝っても、リングに全員で集まるのは止めよう」って伝えてたんです。それが結果的に裏目に出てしまったというか。

――KENTA選手はダウンした内藤選手の上にあぐらをかくと、2本のベルトを手にアピール。あわててBUSHI選手が駆けつけると、KENTA選手は場内のブーイングを煽りながら退場して。

一夜にして大ヒールが誕生したみたいなもんですよね。あの広い東京ドームで、あんなタイミングで襲いかかってくるのも並みの芸当じゃないというか。とはいえ、一世一代のハッピーエンドを台ナシにされたわけで、あのときは怒りよりも、まず悔しさと悲しさが先に来ましたね。

――絵に描いたようなバッドエンドというか、場内も騒然とした雰囲気になりました。

16年の3月に「デ・ハ・ポン！」をやるようになってから、それで東京ドームの最後を締めくくるっていうのは大きな目標でしたから。その舞台に立つのは選ばれた人間だけで、なおかつ勝たなければいけない。ようやくつかんだその大事な舞台を潰されてしまった。しかも、それを楽しみにしていたお客さまが日本中、世界中から集まっていたわけで「本当に申しわけないな」って思いました。たとえ、1年後の東京ドームで「デ・ハ・ポン！」ができたとしても、今回会場に足を運んでくれたお客さまが、そのときにまた来られる保証はないわけで。2020年1月5日っていう時間は二度と戻ってこないですから。

――ファンのことが気にかかった、と。

俺は目をケガして以降、〝いま〟っていう言葉をよく使うようになったんですけど、〝いま〟っていうのは本当にいまこの瞬間しかないんですよ。だからこそ、BUSHIの肩を借りて退場しているときに、お客さまの「これで終わりなの？」っていう言葉が胸に突き刺さって。でも、KENTA選手にとっては〝いま〟があのときだったんでしょうし、プロレスはそのレスラーの〝いま〟と〝いま〟のぶつけ合いでもあるのかなって。史上初の偉業に大きく水を差されて、複雑な感情とともに、いろんなことを考えさせられました。（EPISODIO3　完）

EPÍLOGO

史上初の二冠王——。それは、もはや過去のものとなりました。この「あとがき」を書いている現在、俺の手に2本のベルトはなく、あらためて内藤哲也のプロレス人生は波乱万丈だと実感しています。

2020年1月の東京ドーム2連戦以降を振り返ると、俺は2・9大阪城ホールでKENTA選手を迎え撃ち、二冠王座を防衛。そして、3月3日の『旗揚げ記念日』(大田区)では高橋ヒロムとの〝IWGP王者対決〟が実現するはずでした。

しかし、新型コロナウィルスの影響で大会が中止となり、その後の興行スケジュールも白紙に。4月に非常事態宣言が出てからは、街のジムへトレーニングに行くこともできず、あたりまえだった日常が一変しました。

「またプロレスができる日は、いつになるんだろう?」

不安な日々が続きましたが、新日本プロレスは6月15日から無観客で大会を再開し、俺は11

0日ぶりにリングに立ちました。あの日、試合のゴングが鳴り、最初にオカダ・カズチカとロックアップで組み合った瞬間の興奮は忘れられません。

「そうだよ、これだよ、これ！」

そして、7月11、12日の大阪城ホール2連戦は有観客で開催。レスラーの誰もがお客さまの前で戦えることの喜びを、あらためて噛み締めたと思います。12日は、初日に『NEW JAPAN CUP』を初制覇したEVILとの二冠王座の防衛戦。初のL・I・J同士によるタイトルマッチ実現に期待で胸が高鳴りましたが、EVILの答えはまさかのBULLET CLUB入り――。俺はEVILに敗れ、2本のベルトを奪われてしまいました。最初のパレハとして、俺ともっとも長い時間をすごした男の選択に、正直寂しい気持ちになりました。しかし、それと同時に彼の思いを理解できる部分もあります。プロレスラーとして頂点を目指すには、自分で道を切り拓くしかないからです。

半年前の二冠達成から一転、またイチからのスタートになりました。でも、プロレスは紆余曲折、浮き沈みがあるからこそおもしろい。自分のいままでの歩みを踏まえて、そう感じています。

2015年5月にメキシコ遠征に向かう前の俺は、お客さまから支持されず「プロレス、もうやりたくないな」と思うほど落ち込むこともありました。しかし、その遠征中にロス・インゴベルナブレスに出会い、あらためて自分がプロレスを好きなことに気づくと、覚悟を持って一歩踏み出しました。そして、16年4月にIWGPヘビー級王座を初戴冠。まさにドン底から頂点に駆け上がったこの1年は、自分のキャリアの中でも強く胸に焼きついています。

たとえつまずいても、俺は何度だって這い上がり、新日本プロレスの主役をつかみとってみせる——。

足掛け3年にわたり振り返ってきた俺の歴史も、このEPISODIO3でひとまずピリオドです。でも、俺とL・I・Jの戦いの続きを、みなさまにまたお届けする日がくるかもしれません。それはいったいいつなのか？　その答えはもちろん、トランキーロ！　あっせんなよ!!

内藤哲也

TETSUYA NAITO HISTORIA
2015-2020
内藤哲也 年表

2015	7月20日●北海道立総合体育センター 北海きたえーるで開幕した『G1 CLIMAX』に6度目の出場。Aブロック5勝4敗（勝利＝バッドラック・ファレ、棚橋弘至、AJスタイルズ、飯伏幸太、矢野通。敗北＝柴田勝頼、真壁刀義、ドク・ギャローズ、天山広吉）で10人中3位タイ。
	7月●『Number』誌の「新日本プロレス総選挙 2015」で12位。
	9月27日●神戸ワールド記念ホールで柴田に勝利。
	10月12日●両国国技館で棚橋との東京ドーム・IWGPヘビー級王座挑戦権利証争奪戦に"パレハ"ことEVILを帯同。試合終盤にEVILが乱入するも、棚橋に敗北。
	11月7日●大阪府立体育会館のEVILvs後藤洋央紀に乱入。
	11月21日●後楽園ホールで開幕した『WORLD TAG LEAGUE』にEVILとのタッグで出場。開幕戦で新たなパレハとしてBUSHIが合流。翌日、豊橋市総合体育館・第2競技場でユニット名を「ロス・インゴベルナブレス・デ・ハポン（L・I・J）」と発表。リーグ戦はBブロック5勝1敗（勝利＝カール・アンダーソン&ギャローズ組、マイケル・ベネット&マット・ターバン組、天山&小島聡組。後藤&柴田組。敗北＝中邑真輔&石井智宏組）で7チーム中1位。しかし、優勝決定戦でAブロック1位の真壁&本間朋晃組に敗北。
2016	1月4日●東京ドームで後藤に敗北。
	2月20日●『HONOR RISING:JAPAN』（後楽園）でジェイ・リーサルが本間を下しROH世界王座を防衛した直後に、L・I・Jが登場。本間を襲撃し、リーサルと結託。
	3月3日●大田区総合体育館の『NEW JAPAN CUP』一回戦でYOSHI-HASHIに勝利。
	3月4日●後楽園の『NJC』二回戦で石井に勝利。
	3月12日●新青森県総合運動公園マエダアリーナの『NJC』準決勝で矢野、決勝戦で後藤に勝利。初優勝を果たすと、オカダのIWGPヘビー級王座への挑戦を宣言。
	4月10日●両国でオカダのIWGPヘビーに挑戦。終盤、新たなパレハのSANADAのアシストを受け、オカダを下しIWGPヘビー初戴冠。
	5月3日●福岡国際センターで石井を下しIWGPヘビー初防衛。
	5月9日～14日（現地時間）●アメリカROH&新日本の北米ツアーに参戦。

6月19日●大阪城ホールでIWGPヘビー二度目の防衛戦として、オカダを迎え撃つも王座陥落。

7月17日●北海きたえーるで開幕した『G1 CLIMAX』に7度目の出場。Bブロック6勝3敗（勝利＝マイケル・エルガン、矢野、本間、中嶋勝彦、EVIL、YOSHI-HASHI。敗北＝永田裕志、柴田、ケニー・オメガ）で10人中首位タイ。しかし、ケニーに直接対決で敗れたため優勝進出決定戦進出ならず。

8月19日（現地時間）●ROHのラスベガス大会で、ROH世界タッグ王座3WAY戦にEVILとのタッグで出場。王者組のジ・アディクション（クリストファー・ダニエルズ&カザリアン）に棚橋&エルガン組と共に挑むも、ダニエルズがEVILに勝利。

8月20日（現地時間）●ROHのラスベガス大会での6人タッグでリーサルと仲間割れ。

8月27日（現地時間）●ROHのニューヨーク大会でROH世界王座4WAY戦に出場し、王者アダム・コールに棚橋、リーサルと共に挑む。終盤、内藤がベルトで殴打したリーサルに、コールが勝利。

9月25日●神戸ワールドでエルガンを下しIWGPインターコンチネンタル初戴冠。

10月15日（現地時間）●新日本の台湾大会に参戦。

11月5日●大阪府立で、負傷欠場となったエルガンの代役であるリーサルを下し、IWGPインターコンチ初防衛。試合後、棚橋の挑戦表明を受け、迎撃を宣言。

11月18日●後楽園で開幕した『WORLD TAG LEAGUE』にルーシュとのタッグで出場。Aブロック4勝3敗（勝利＝棚橋&ジュース・ロビンソン組、リーランド・レイス&ブライアン・ブレイカー組、レイモンド・ロウ&ハンソン組、中西学&ヘナーレ組。敗北＝天山&小島組、高橋裕二郎&ハングマン・ペイジ組、タマ・トンガ&タンガ・ロア組）で8チーム中2位タイ。最終戦（12月10日・宮城セキスイハイムスーパーアリーナ）では内藤&EVILvs棚橋&KUSHIDAに高橋ヒロムが乱入し、L・I・Jに加入。

12月16日●後楽園でヒロムとのタッグで棚橋&KUSHIDA組に勝利。

12月●東京スポーツ新聞社制定『プロレス大賞』でMVP（最優秀選手賞）を受賞。

12月●「週刊プロレス」の『プロレスグランプリ 2016』のグランプリ部門、ベストバウト部門（vsケニー・オメガ／8月14日・両国）で1位。

2017

1月4日●東京ドームで棚橋を下しIWGPインターコンチ2度目の防衛。

1月5日●後楽園でのタッグマッチでエルガンにフォール負け。

2月11日●大阪府立でエルガンを下しIWGPインターコンチ3度目の防衛。

4月9日●両国での8人タッグでジュースにフォール負け。

4月29日●別府ビーコンプラザでジュースを下しIWGPインターコンチ4度目の防衛。試合後、棚橋がエアレターで挑戦を表明。

5月12日（現地時間）●ROHのニューヨーク大会でBUSHIと共にヤングバックス（マット・ジャクソン&ニック・ジャクソン）のROH世界タッグに挑むも敗北。

6月11日●大阪城で棚橋に敗れIWGPインターコンチ陥落。

7月1日（現地時間）●『G1 SPECIAL in USA』（アメリカ・ロングビーチ コンベンション アンド エンターテイメント センター）で開催された初代IWGP USヘビー級王座決定トーナメントに出場するも、一回戦で石井に敗退。

7月17日●北海きたえーるで開幕した『G1 CLIMAX』に8度目の出場。Bブロック7勝2敗（勝利＝飯伏、YOSHI-HASHI、永田、後藤、ザック・セイバーJr.、真壁、棚橋。敗北＝ファレ、石井）で10人中首位に。優勝決定戦でケニーを下し4年ぶり2度目の優勝。

7月●『Number』誌の「プロレス総選挙 2017」で1位。

8月18〜20日（現地時間）●ROHのUKツアーに参戦。

10月9日●両国で石井を下し東京ドーム・IWGPヘビー級王座挑戦権利証を防衛。

11月9日（現地時間）●イギリスRPWのロンドン大会でマーティー・スカルに勝利。

11月12日（現地時間）●メキシコCMLLのアレナメヒコ定期戦にヒロムと参戦。ルーシュとのトリオでボラドール・ジュニア&マルコ・コルレオーネ&ディアマンテ・アスール組に敗北。

12月17日●後楽園でのタッグマッチ後、オカダにレインメーカーでKOされる。

12月18日●後楽園での6人タッグ後、オカダをデスティーノでKO。

12月●東京スポーツ新聞社制定『プロレス大賞』でMVP（最優秀選手賞）を受賞。

12月●「週刊プロレス」の『プロレスグランプリ 2017』のグランプリ部門で1位、ベストバウト部門（vsケニー・オメガ／8月13日・両国）で2位。

2018

1月4日●東京ドームでオカダの保持するIWGPヘビーに挑戦するも敗北。

1月5日●後楽園でCHAOSとの10人タッグに勝利後、クリス・ジェリコの襲撃に遭う。

1月23日●『タカタイチマニア』（後楽園）でタイチに勝利。

2月10日●大阪府立でYOSHI-HASHIに勝利。

2月16日（現地時間）●アメリカPWRのオハイオ大会でエルガンに勝利。

2月17日（現地時間）●アメリカAAWのイリノイ大会でサミ・キャラハンに勝利。

2月18日（現地時間）●アメリカGPWのイリノイ大会でARフォックスに勝利。

3月6日●大田区総合でタイチに勝利。

3月11日●ベイコム総合体育館の『NJC』一回戦でザックに敗退。

3月25日（現地時間）●『STRONG STYLE EVOLVED』（アメリカ・WALTER PYRAMID）で、SANADA&BUSHI&ヒロムと組んで棚橋&KUSHIDA&田口隆祐&ドラゴン・リー（現リュウ・リー）組に勝利。

4月1日●両国での6人タッグの試合後に鈴木みのるを挑発。

4月29日●グランメッセ熊本で鈴木を下しIWGPインターコンチ2度目の戴冠。

5月4日●福岡国際で鈴木軍との10人タッグに勝利した退場時、ジェリコが客席から急襲。血祭りに遭う。

5月12日(現地時間)●ROHのバージニア大会でBUSHIと共にブリスコブラザーズ(ジェイ・ブリスコ&マーク・ブリスコ)のROH世界タッグに挑むも敗北。

6月9日●大阪城でジェリコに敗れてIWGPインターコンチ陥落。

6月19日●後楽園で「スーパー・ストロング・マシン引退記念試合」にEVIL&&SANADA&BUSHI&ヒロムと組んで出場。新たに結成されたマシン軍団に敗北。

6月29日(現地時間)●CEO × NJPWのフロリダ大会にヒロムと共に参戦。ケニー&飯伏組に敗北。

7月7日(現地時間)●『G1 SPECIAL IN SAN FRANCISCO』(アメリカ・COW PALACE)で、BUSHIとのタッグでオカダ&ウィル・オスプレイ組に敗北。

7月14日●大田区総合で開幕した『G1 CLIMAX』に9度目の出場。Bブロック6勝3敗(勝利=石井、ジュース、タマ、後藤、矢野、SANADA。敗北=ケニー、飯伏、ザック)で10人中首位タイ。しかし、直接対決でケニー、飯伏、ザックに敗れたため優勝進出決定戦進出ならず。

7月●『Number』誌の「プロレス総選挙 2018」で1位。

8月12日●日本武道館の鈴木軍との8人タッグの試合後、鈴木と遺恨勃発。

8月18日(現地時間)●オーストラリアMCWのメルボルン大会でジョナ・ロックに勝利。

8月31日(現地時間)●CMLLのアレナメヒコ定期戦にBUSHI&EVILと参戦。BUSHI&ルーシュと組むもL.A.パーク&ボラドールJr.&ディアマンテ・アスール組に敗北(EVILはセコンド)。

9月17日●別府で鈴木に勝利。

10月8日●両国で新たなパレハとして鷹木信悟が加入し、CHAOSとの8人タッグに勝利。

10月13日(現地時間)●アイルランドOTTのダブリン大会に参戦。EVIL&SANADAと組んでストリックランド&フラミータ&バンディード組に勝利。

10月14日(現地時間)●RPWのダブリン大会でクリス・ブルックスに勝利。

11月3日●大阪府立でザックに勝利。同大会のメインでEVILを下し、IWGPインターコンチを防衛したジェリコに宣戦布告。

11月7〜11日(現地時間)●ROHの北米ツアーに参戦。

12月15日●後楽園の鈴木軍との6人タッグで勝利した直後、ジェリコが乱入。コードブレイカーでKOされる。

	12月●東京スポーツ新聞社制定『プロレス大賞』で技能賞を受賞。
	12月●『週刊プロレス』の『プロレスグランプリ 2018』のグランプリ部門で2位。
2019	1月4日●東京ドームでジェリコを下しIWGPインターコンチ3度目の戴冠。
	1月5日●後楽園で鈴木軍との10人タッグでタイチにフォール負け。
	2月3日●北海道立でタイチを下してIWGPインターコンチ初防衛。
	2月23日●『HONOR RISING:JAPAN』(後楽園)で鷹木と共にマット・テイヴェン&ヴィニー・マーセグリア組に勝利。
	3月10日●ベイコムの『NJC』一回戦で飯伏に敗北。
	3月29日(現地時間)●CMLLのアレナメヒコ定期戦に参戦。ルーシュ&テリブレとのトリオでカリスティコ&ボラドール・ジュニア&バリエンテ組に敗北。
	3月30日(現地時間)●コスタリカCWEのサンホセ大会でエスクアロに勝利。
	4月6日(現地時間)●『G1 SUPERCARD』(アメリカ・Madison Square Garden)で飯伏に敗れIWGPインターコンチ陥落。
	6月9日●大阪城で飯伏を下しIWGPインターコンチ4度目の戴冠。
	6月29日(現地時間)●RPWのマンチェスター大会でMKマッキナンに勝利。
	6月●『Number』誌の「プロレス総選挙　THE FINAL」で2位。
	7月6日(現地時間)●アメリカン・エアラインズ・センターで開幕した『G1 CLIMAX』に10度目の出場。Bブロック5勝4敗(勝利=後藤、石井、ジュース、鷹木、ジェフ・コブ。敗北=矢野、タイチ、ジョン・モクスリー、ジェイ・ホワイト)で10人中2位タイ。
	8月25日(現地時間)●『SUPER J-CUP 2019』(アメリカ・Walter Pyramid)でBUSHIとのタッグでジェイ&石森太二組と対戦。敗北後、ジェイがブレードランナーで内藤をKOし、IWGPインターコンチ挑戦をアピール。
	8月31日(現地時間)●『NJPW Royal Quest』(イギリス・ロンドン・ザ・カッパー ボックス)で、SANADAとのタッグでジェイ&チェーズ・オーエンズ組に勝利。
	9月22日●神戸ワールドでジェイに敗れIWGPインターコンチ陥落。
	10月14日●両国で鷹木と共にタイチ&DOUKI組に反則勝ち。試合後、内藤をKOしたタイチが宣戦布告
	11月3日●大阪府立でタイチに勝利。同大会のメインで後藤を相手に、IWGPインターコンチを防衛したジェイに対して宣戦布告。
	11月9〜11日●アメリカツアー『New Japan Showdown』に出場。
2020	1月4日●東京ドームでジェイを下しIWGPインターコンチ5度目の戴冠。
	1月5日●東京ドームでIWGPヘビー級王者のオカダとのダブルタイトルマッチを制し、史上初の二冠王者に君臨。試合後、KENTAの襲撃に遭う。

本書は、新日本プロレスのスマートフォンサイト（http://sp.njpw.jp）にて
連載中の「内藤哲也自伝」をもとに、加筆・修正をし、構成しました。

新日本プロレスブックス

トランキーロ
内藤哲也自伝《ないとうてつやじでん》
EPISODIO《エピソディオ》 3

2020年8月25日　初版第1刷発行

著者　内藤哲也

装丁　金井久幸（TwoThree）
DTP　松井和彌
写真　著者私物、新日本プロレスリング

取材・構成　鈴木佑
連載担当　真下義之（新日本プロレスリング株式会社）
編集　圓尾公佑

協力　新日本プロレスリング株式会社

発行人　堅田浩二
発行所　株式会社イースト・プレス
東京都千代田区神田神保町2-4-7
久月神田ビル
TEL:03-5213-4700
FAX:03-5213-4701
https://www.eastpress.co.jp/

印刷所　中央精版印刷株式会社

ISBN978-4-7816-1910-1

マンション防災の新常識

逃げずに留まる「在宅避難」

完全ガイド

釜石 徹
災害対策研究会主任研究員兼事務局長
マンション防災士

合同フォレスト

はじめに

マンション防災――ケガをせず、10日以上の在宅避難の備えを

この本を手に取ったあなたは、ご自分が住んでいるマンション、またはご自分に関係するマンションの防災対策を何とかしたいという想いを持っている方であると思います。

そして、書店で見かける防災対策本や役所が作成したマニュアルに書かれてある常識的な防災対策では、何か物足りないと思っているのではないでしょうか。

この数年間に、熊本地震や北海道胆振東部地震、大阪府北部地震など、予想外の場所で大きな地震が起きています。日本全国いつどこで地震が発生するか分かりません。また、台風や大雨による水害、土砂災害、停電などが頻繁に発生し大きな被害を与えています。

本書を執筆中の2020年春頃から新型コロナウイルス感染症が世界中をおそい、私たちは「新しい生活様式」を強いられることになりました。そういった中でも自然災害は起

こります。自然災害が起こった場合は「3密（密集・密接・密閉）」をつくらないようにしなければなりません。マンション防災としてどのような対策をとればよいのでしょうか。

分譲マンションに住む世帯は、2018年末の時点で、東京23区で32%、神戸市・福岡市で29%、大阪市・横浜市・川崎市で28%など都市部を中心に増えており。今後も増加する傾向にあります。さまざまな災害に対して、マンション住民は人命と財産を守るためにしっかりとした備えをしておかなければなりません。

ところが、マンション防災対策といえば、災害が起きた後の対応策ばかりです。災害対策本部を名前だけ並べて組織したり、他のものをまねて防災マニュアルを作成したり、2、3日間の食料と飲料水を共同備蓄するだけの対策がよく見られます。

また、「防災マニュアルを読んでくれない」「防災訓練に人が集まらない」などの相談を多く受けますが、このような課題は、数名の有志が集まって防災マニュアルを作成し、居住者に配布している場合によく起きています。なぜ、マンション住民は防災対策に関心を持ってくれないのでしょうか。答えは簡単です。マンション住民が自分のことと思ってくれていないからです。

2005年頃、私は横浜で開催された震災対策技術展を見に行きました。そこで首都直下地震が発生した際に予想される被害内容にショックを受けると同時に、自分のマンションでは何の対策もしていないことにがく然としました。

それよりも、首都直下地震がどういうもので、どんな被害をもたらすのか、避難所はどこにあって、どんな備蓄があるのかを全く知らなかった自分が恥ずかしくなりました。最初に自分のマンションの防災対策を考えてみようと思い、各地の役所が作成したパンフレットを読みあさりました。ところが、いくら読んでもなかなか納得できる対策がないのです。それどころか、分からないことが積み重なり、自分のマンションの防災対策さえどのようにすればよいのか整理がつかなくなってしまったのです。

そこで、あらためてマンション防災におけるさまざまな課題を洗い出し、一つずつ解決していく作業を10年以上にわたり続けました。その結果、それまで防災の常識といわれていた対策では、目的を果たすことができるものばかりではないことに気が付きました。

そして、避難所には頼らずに自宅に留まること、自宅で死傷しない対策をとること、10日以上の「在宅避難」ができるノウハウを身につけることなど、これまでの防災の常識といわれていることから一歩進んだ実践的なマンション防災の新常識が出来上がりました。また、これまで行われてきた防災対策はお金がかかったり、面倒なことが多かったりしていましたので、できるだけお金をかけずに簡単にできて、なおかつ継続できる方法を対策として選びました。

この検討の過程で、1枚の防災マニュアル「マンション防災スマートシート」が生まれました。この1枚のマニュアルの最大の特徴は、災害が発生した時に何をすればよいのか、という疑問への答えをあらかじめ記載しておくことができる点です。

1枚の防災マニュアルに書いてある項目の中から、災害発生時にその場にいる人たちでできることを選んで行えばよいのです。このマンション防災スマートシートの使い方は本書で詳しく解説します。ダウンロードできるようにしましたのでご活用ください。

さらにマンション住民は避難所に行かないほうがよい理由を、避難所の収容予定人数にスポットをあてて解説します。避難所の収容予定人数の計算方法を解説するのはこの本が初めてではないでしょうか。避難所に行くことよりも在宅避難のほうがメリットは大きいことを説明する材料にしていただきたいと思います。

このほか、新しい生活様式でも通用するマンション防災対策について、たくさんのヒントをまとめ上げました。さらに、前述したスマートシートを含め、二つの特典をご用意いたしました。

(1) 1枚マニュアル「マンション防災スマートシート」のダウンロード
(2) 家庭の防災ビデオ『あなたを守る身近な防災対策』の無料視聴

本書を参考にして、防災対策の立案や見直しを行ってください。きっとより実践的なマンション防災対策が出来上がるはずです。

マンション防災士　釜石　徹

目次

第1章

マンション防災を始めるために

第2章

マンション防災の考え方と備え方

第3章

自宅で備える　災害時の食料・水・トイレ・連絡方法

第4章

家庭の防災　災害が発生したときに行うこと

第5章

災害発生時に行うこととやってはいけないこと　マンション防災の初動

第6章

避難所とはどんなところ？

第1章

マンション防災を始めるために

01 マンションを襲う自然災害

災害の多い国日本

日本では毎年さまざまな自然災害が発生し、私たちはその被害を受けています。台風や集中豪雨による河川の氾濫、内水氾濫、そして停電など。また、首都直下地震や南海トラフ地震は、いつ起きるか分かりませんが、起きたときには多くの犠牲者を出し、日本全体をマヒさせてしまい、私たちの生活だけでなく人生をも変えてしまいます。また、新型コロナウイルスのような感染症も災害の一つに挙げなければなりません。自然災害が発生したところに感染症のまん延が重なるようなことがあれば、複合災害として大きな被害が出てしまいます。

都心南部直下地震について説明します。この地震は首都圏で大きな被害を受けるといわれています。阪神・淡路大震災と同じマグニチュードが7・3と想定されており、震源地近くの震度が7、または6強、その周辺が6弱となります。

図1－1　都心南部直下地震で予想される震度分布

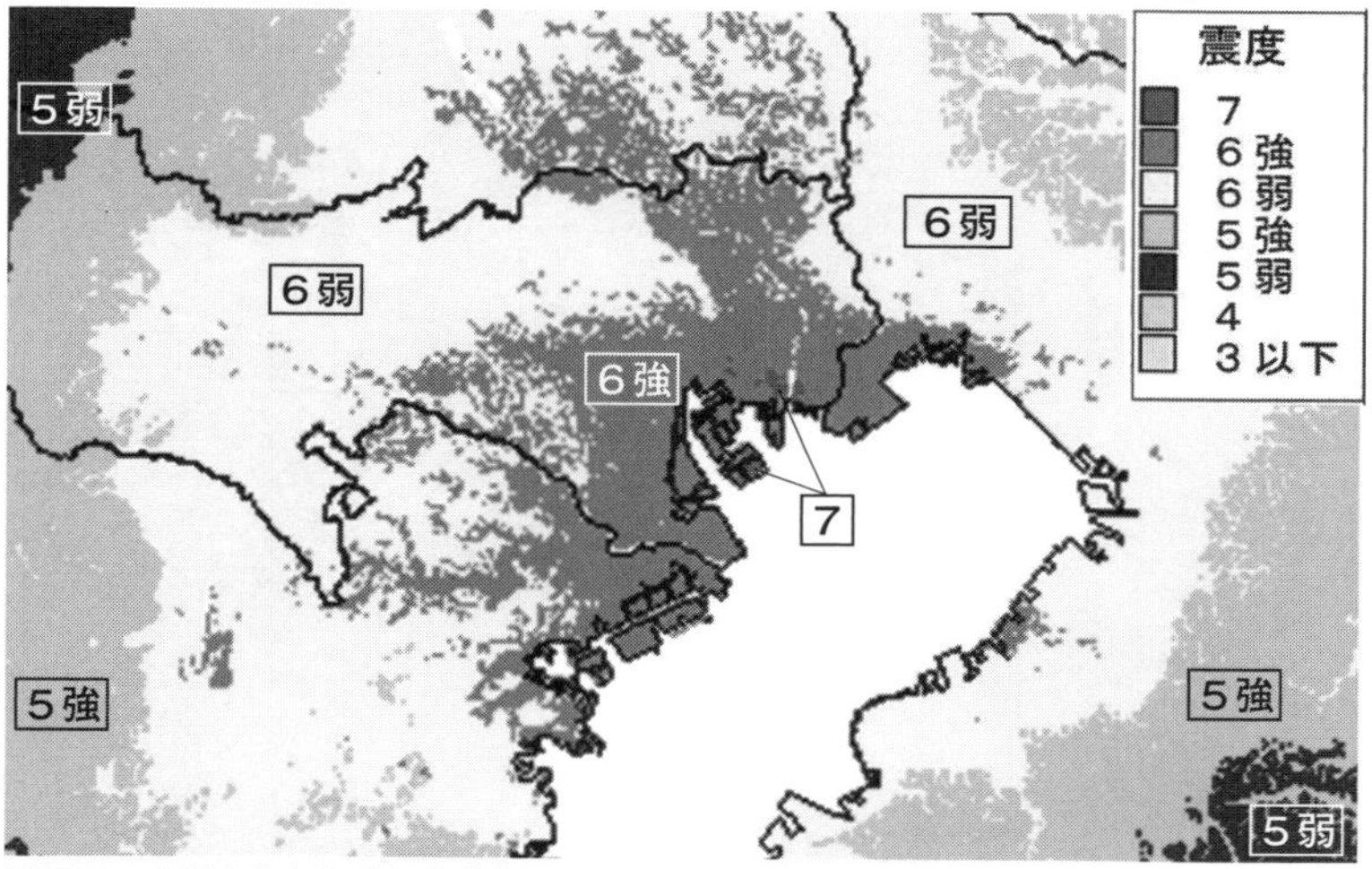

引用元：内閣府中央防災会議『首都直下地震の被害想定と対策について（最終報告）』

震源地は都心南部としていますが、首都直下地震は震源地がどこになるか分からないという特徴があります。そのため、どこでも震度6強の揺れが来ると思って対策をとる必要があります。

1995年1月17日に起きた阪神・淡路大震災で大きな被害を受けた神戸・尼崎・西宮・芦屋などの人口を単純に合わせると約320万人。そこで6434名の方が亡くなりました。大田区・世田谷区・目黒区・川崎市の人口を合わせると約330万人なので、この地域で阪神・淡路大震災と同じくらいの人的被害が出ると予測されます。

都心南部直下地震の震度分布図を見

図1－2　日本周辺の海洋プレート

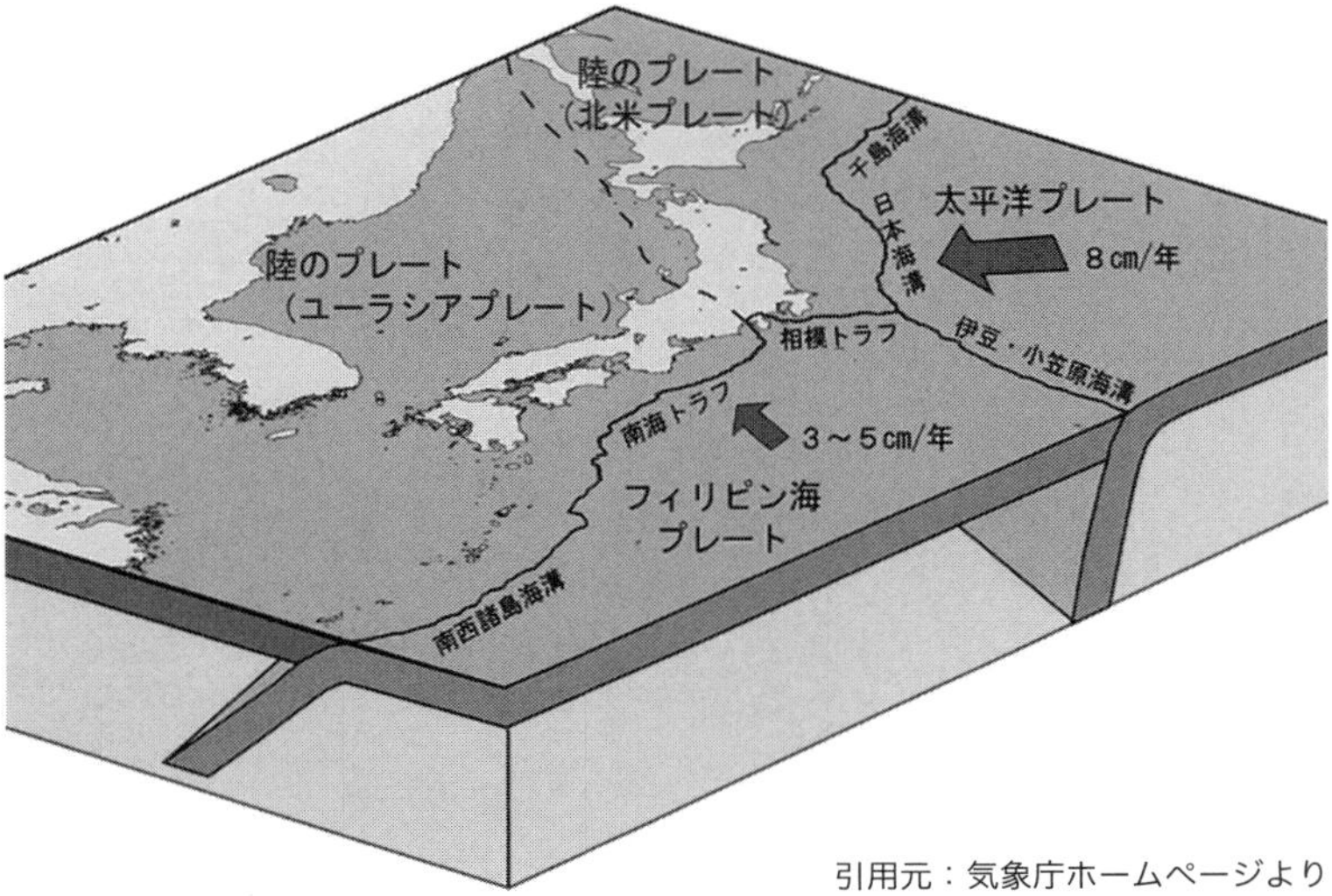

引用元：気象庁ホームページより

ると、神奈川県、東京都、埼玉県、千葉県にわたって震度6弱以上の地域が広がっていることが分かります（図1－1）。

また、阪神・淡路大震災の発生時間は午前5時46分で、まだ交通機関があまり活発には動いてない時でした。もし、首都直下地震が日中に起きたならば、交通機関での被害もこれに加わることになります。そうすると、都心南部直下地震の被害規模は阪神・淡路大震災の10倍から20倍になる可能性があります。

次に、南海トラフといわれる地域で起こる海溝型地震と津波の災害について説明します。

日本列島の東側から太平洋プレートが、南側からフィリピン海プレートが日本列島の下に潜り込んでいます（図1-2）。その速さはひと月で約5ミリ、1年間で約6センチ、100年間で約6メートルといわれています。海側のプレートが陸側のプレートの下に沈み込むとひずみができ、耐えきれなくなると跳ね返って地震になり、同時に海面を押し上げて津波を発生させます。プレートが潜り込む際のひずみが大きくなればなるほど、地震や津波は大きなものになります。

2019年9月に台風15号によって東京電力の鉄塔が2基倒れ、千葉県の南半分で広域停電被害が起きました。多くの地域で2週間以上の停電が起きました。

その1カ月後の10月12日に台風19号が大雨を降らし、多摩川の水位を氾濫寸前まで上げて街中に内水氾濫を起こし、川崎市武蔵小杉のマンションでは地下室にあった電気設備が水没して、照明やエレベーターが使えなくなりました（図1-3）。

当時のニュース映像では内水氾濫で道路に水が上がっていましたので、その水が駐車場の入口から入り込んで地下の電気設備が駄目になったかと思っていましたが、実際には、

図1－3　台風19号による内水氾濫

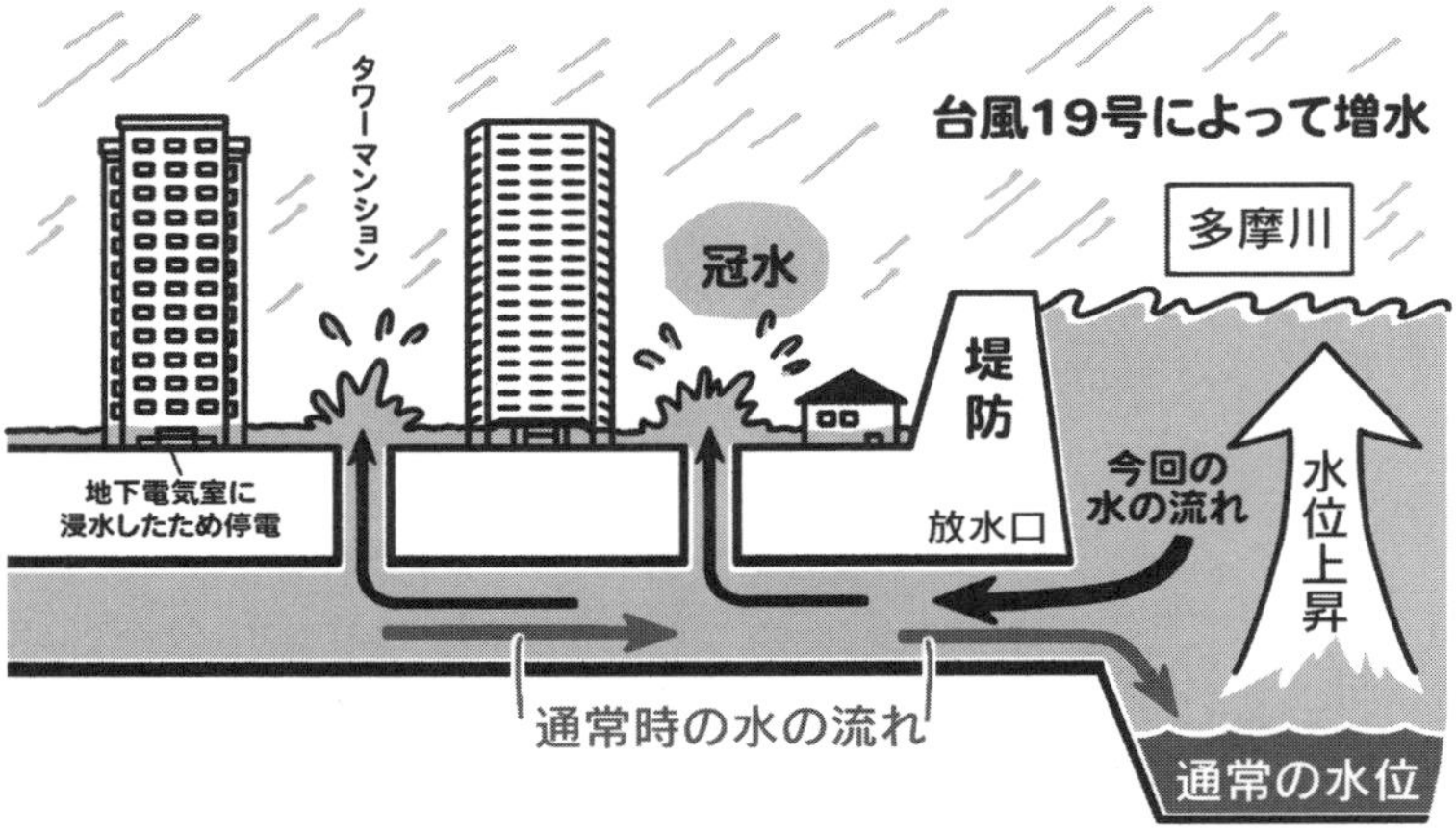

マンション住民は駐車場入口からの水は防いでいたそうです。それにもかかわらず、地下室の排水溝から下水が逆流して入り込み、電気設備が水没してしまったとのことです。

マンションは戸建ての住宅に比べて災害に強いといわれています。建物に耐震性があれば大地震でも簡単に倒壊・全壊はしません。暴風雨にも耐えられます。津波や水害の場合でも、上層階に逃げれば命を落とすことはありません。

しかしながら、ひとたび停電になってしまうと、エレベーターが止まってしまい、階段の昇り降りが大変なために自宅から外に出ることが難しくなります。外見上、建物が被害を受けていなければ、たとえ室内で事故が起きていたとしても、消防や自衛隊が助けに来てくれることはありません。

したがって、マンションに住んでいる人は、地震でも室内でケガをしないように、また、長期停電となっても自宅で生活ができる備えをしておかなければなりません。さらに、「新しい生活様式」では3密にならないことが求められます。自宅ほど安全な場所はありません。そのような備えをしておけば、どんな自然災害であってもあわてないで落ち着いた行動がとれるようになります。

02 1週間以上の停電を覚悟する

東京湾岸に集中する火力発電所

大地震時の停電期間は1週間以上を覚悟することです。役所が作成した防災関連のパンフレットでは「3日の備蓄、できれば7日」と記載されている場合が多く見受けられます。そのために、停電は7日以内に回復すると思っている人が多いでしょう。

過去の大震災を振り返ってみると、確かに電気の供給は3日以内に始まっていました。

これらに共通することは、発電所に被害がなかったか、あっても代替手段がすぐにとられていたことです。

1995年1月の阪神・淡路大震災と2017年4月の熊本地震では火力発電所の被害はありませんでしたので、街中の電柱や電線などの修復が終わると電気を使うことができました。

2011年3月の東日本大震災では、太平洋側の原子力発電所や火力発電所が被害を受けましたが、日本海側の火力発電所は無傷であったため、すぐに再稼働することができました。電力の不足分は、北海道、北陸、中部などから融通してもらったようです。

2018年9月の北海道胆振東部《いぶりとうぶ》地震では、苫東厚真《とまとうあつま》火力発電所が震度6弱で損傷しましたが、水力発電の再稼働や、本州からの融通電力により、2日目には地震前とほぼ同等の電力供給ができるようになりました。

ところが、東京湾沿岸が震源地となる直下地震が起きた場合には、東京電力の火力発電所が東京湾沿岸に集中しているため、停電期間が1週間以上になる可能性が高いのです。

東京湾沿岸は震度6弱以上となり、火力発電所のほとんどが稼働停止します。稼働が停止すると、東京電力管内でブラックアウト、すなわち全戸停電が起きます。

そして停電が何日で復旧するかは、火力発電所の損傷状態や復旧状況によって変わります。どのくらいの期間、停電するかとの質問には、東電の発電所の被害状況による、としかいえません。火力発電所がいつ復旧できるかの情報から判断していくしかありません。ということは、備蓄する期間は3日ではとても足りないということです。したがって、10日以上の備蓄を目指さなければなりません。

1週間以上の停電は、東京電力管内に限ったことではありません。関西電力管内や中部電力管内でも、火力発電所が集中している付近で大きな地震が発生すれば、長期の停電が起きてしまいます。

災害時に自宅で避難することを「在宅避難」といいますが、10日以上の在宅避難に備えて、食事の仕方や飲料水の確保方法を身に付ける必要があります。自宅で長期間のキャンプができるようになれば、地震や台風による水害や停電のときにも役に立って心の余裕ができます。3密対策をとるにしても、最もとりやすい場所であるはずです。長期間の停電を想定して、自宅の備えをしっかり行ってみましょう。

03 マンション防災対策の3つの目的

被害に遭わない、被害を少なく

防災対策は何のために行うのでしょうか。災害が起きたときに被害を受けた人を助ける訓練ばかりが目立っていますが、それだけでよいのでしょうか。被害に遭わないようにすること、災害に遭っても被害を少なくすることのほうが重要です。

次の3つの目的をしっかり果たす対策を検討することが大事です。

(1) 自分が住むマンションから死傷者を出さない
(2) 災害が起きた時に人命救助と初期消火ができるように備える
(3) 長期の在宅避難に備えてノウハウを広めておく

(1)の目的は、「自分が住んでいるマンションから死傷者を出さない」ですが、現実はなかなか準備されていないようです。家の中でケガをしない対策といえば、家具転倒防止などを行うことです。私はセミナーの参加者によく尋ねます。

「ご自宅で家具転倒防止対策をしている方は手を挙げてください」

防災セミナーに参加している人なので防災意識が高い人が多く、少なくても5割以上、多い時では8割以上の方が手を挙げます。100%ではありませんが、多くの方が家具転倒防止対策をしています。

もう一つ、「ご自宅の食器棚にガラス飛散防止フィルムを貼付している方は手を挙げてください」と尋ねると、手を挙げる人は1割~2割しかいません。ガラス飛散防止フィルムの貼付は、上手く貼れないために、取り付けようとしても途中であきらめてしまう人が多いようです。

ガラス飛散防止フィルムを貼付していなければ、地震が発生した時に戸棚の中の食器類があばれて、前面のガラスを割ってガラスと食器の破片が部屋中に飛散してしまいます。

セミナーの参加者であっても、ガラス飛散防止フィルム貼付の対策をしている人は少ないので、セミナーに参加していない一般の人が対策を行っているとは考えられず、私は大地震のときには多くのケガ人が出ると予想しています。ケガ人を出さない対策をマンション全体で行うことが大切です。

⑵の目的は、災害が起きたときに人命救助と初期消火ができる備えです。例えば、安否確認訓練の際に、安否の情報を本部に報告することを優先させている訓練をよく見かけます。救助が必要な状況を発見したら、本部に連絡をする前に救助活動を始めるべきです。本部に報告してから救助に向かうのでは救出までに時間がかかってしまいます。救助を必要としている人を発見したら、すぐに救助を開始する体制にしておくことが大切です。

初期消火についても、火災が発生してから「火事だ！」と叫んで、周りの人を呼んでいては延焼が広がってしまいます。火災が発生したら自宅内ですぐに火を消せるように、室内に消火器を備えておくことが重要です。

⑶の目的は、長期の在宅避難に備えて住民の間でノウハウを共有しておくということです。これも一般にはまだまだ行われていないといわざるを得ません。食料や飲料水の備蓄をしている人も、ほとんどが３日以内です。１週間の備蓄をしている人は非常に少ないのが現実です。長期の停電が続いても自宅で食事ができる備えをすることが重要です。

私は、食料の備蓄をしているマンションの管理組合からの相談を多く受けます。東日本大震災後に多くのマンションで共同備蓄が始まりました。最近になって、備蓄品の賞味期限が近づいたので引き取ってくれるところがないか、あるいは、食料備蓄品を買うにしても経費を少なくしたい、という相談が非常に多くあります。

備蓄品を買い替えるのに数十万円～数百万円もかかるようです。私は、共同備蓄はしないで、個人で備えてもらうことをお勧めしています。それにより個人の防災意識を高め、同様に管理費の無駄をなくすことができます。

04 マンション防災対策の方針を決める

災害対策本部に頼らない対策

マンション防災対策を検討していくためには、方針を決めておくことも肝要です。前項の目的を達成させるために必要な事項は次のとおりです。

(1) 被害に遭ってから助け合うより、被害に遭う前に助け合う
(2) 防災委員会では自助の推進を徹底する
(3) 災害対策本部に頼らない対策を心がける

(4)二次災害に遭わないための心がまえ

(5)災害時こそ3密対策を徹底する

(1)の方針は、被害に遭ってから助け合うより被害に遭う前に助け合う、ということです。日本に住んでいる以上、災害を避けることはできません。いつか何らかのかたちで被害を受けます。

大地震が起きた時にケガ人を発見したら手当てをし、重傷であれば病院まで担架搬送するという訓練をよく見かけます。被害に遭った人を助けることは当然ですが、たくさんのケガ人が出てしまったら助けることもできません。

したがって、ケガ人を出さない対策をみんなで協力し合いながら実行し、家具転倒防止などの対策を進めていくことのほうが重要です。災害が起きた後のことよりも起きる前の助け合いが大事なのです。

(2)の方針は、防災委員会（第2章-03を参照）を立ち上げた場合は自助の推進を徹底することです。

住んでいるマンションは耐震補強がなされていますか。家具の転倒防止をしていますか。

ガラス飛散防止フィルムが貼られていますか。備蓄をしっかりとしていますか。奥さんが帰ってこられなくても、家族の誰かが食事を作ることができますか。このようなことも含めて、防災委員会は自助の推進を進めていくことが大事です。

(3)の方針は、災害対策本部に頼らない対策を心がけることです。災害が起きた時に災害対策本部を立ち上げて、ここで対処しようと考えていることが多くあります。

しかしながら、中心となって動く人が帰ってこられない場合やケガをしてしまうこともあります。十分な人が集まる保証はありません。また、本部要員の人に勤務先の会社から呼び出しがかかるかもしれません。

災害対策本部には決まった人が常時いるとは限らないということになりますので、あてにしない対策を心がけることが大事です。災害対策本部に頼ろうとしてはいけません。

(4)の方針は、二次災害に遭わないための心がまえを持つことです。大災害発生後には街中が大混乱します。行きたいところへ簡単に行けない状況になります。そんな中、もし自分の子供が帰宅していないとしたら気が気ではありません。思わず飛び出して迎えに行きたくなるかもしれません。テレビやラジオでは、自宅の近辺のことを詳しく報道してくれるとは限りません。

災害の状況は自分の目で確認することになります。周辺の木造家屋は倒壊しているのか、電柱は傾いていないか、電線は垂れ下がっていないか、下水管は破裂していないか、電車は脱線していないか、駅舎は倒壊していないか、など。これらのいずれかが起きていれば震度6弱以上の地震が起きたと判断できます。

そのような場合には、子供を引き取るために無理をして出かけてはいけません。無理に出かけて二次災害に巻き込まれて、万が一、命を落とすことになったら、子供さんがいちばんに悲しみます。子供を悲しませてはいけません。二次災害に遭わないよう慎重に行動すべきです。

(5)の方針は、災害時こそ3密対策を徹底することです。新型コロナウイルスの影響で、新しい生活様式を強いられることとなり、密集、密接、密閉を避けなければなりません。ところが、これまでの防災対策では、すぐに集まって災害対策本部を立ち上げて、そこに多くの人が密集することになり、停電のために換気ができない集会室で……という3密の状況を作り出してしまいます。

新しい生活様式では、次のようなことを心がけなければなりません。

①避難所は3密対策が難しいので、絶対に避難所には行かないようにする。
②集会室に集まることも最小限として、集まらなくてもできる対策に変える。
③災害対策本部に詰めることは3密を形成するので、災害対策本部の役割や仕事を最小限に減らすように見直す。
④大人数の「炊き出し」は3密を形成するので行わずに、食事は自宅でとるよう備える。

05 役に立つマニュアルとは

自分たちで作る防災マニュアル

分譲マンションを対象としたマンション総合調査（平成30年度）によると、災害に備えてマニュアルを作成しているマンションは全体の19・2％となっています。最近は、マンション管理会社が立派な防災マニュアルを用意してくれたり、地方自治体がマンションアドバイザーを派遣して、防災マニュアルを作成したりするケースが増えましたが、マニュアルを備えているマンションはまだまだ少ないようです。

すでに作成していたとしても、マンションの防災マニュアルにはいくつかの問題点があります。管理会社が用意してくれると住民は安心してしまい、内容を見ることもなくどこかにしまってしまいます。内容を見ないようではいけませんが、誰かが作成した既製品の場合、なかなか見ないものです。やはり住民たちが自ら防災意識を持つためにも自分たちで作らないといけません。

また、キーマンとなっている防災委員や理事会役員の人たちが、災害発生時にいない場合の対応をはっきりさせていない点も問題です。キーマンとなる人たちがいなくても、マンションに残っている人たちでできる対策が書かれていなければなりません。

それから、災害弱者の方は災害時には助けてほしいと思っていますが、マンション内の誰が何をしてくれるのかが分かりません。

マンション防災マニュアルが住民に浸透しない、住民がマニュアルを読んでくれない、どうすればよいか？　という相談をよく受けます。防災マニュアルがいかに立派でも、内容がどれほど詳しく書いてあっても、住民に理解されていなければ何の役にも立ちません。勉強会を開催し、マニュアルを開いて読み合わせをしようとしても、そんな集まりに参加する人は少ないでしょう。

そもそも、防災マニュアルは何のために作られるものでしょうか。防災マニュアルは、防災対策を検討して出された答えを忘れないようにするためのメモとして、また、他の人にも知らせるための文書として残すものです。

したがって、マニュアルに記載される防災対策は、想定される被害に対しての対策を、言い換えれば、住民一人ひとりが思っている心配事に対しての回答を記載しておかなければなりません。

しかしながら、被害想定についての住民の共通認識がないままに防災マニュアルが作成されていることが多いため、住民から見ると自分のこととは思えないのです。防災マニュアルを読んでも自分とは関係がない内容と思われてしまったら浸透はしません。

役に立つ防災マニュアルにするには、全住民の意見を聞くことから始めて、それをまとめた被害想定を住民の共通認識にしなければなりません。マンション住民の共通認識のうえで出来上がったマンション防災マニュアルは、マンション住民の心配事を解決してくれる、役に立つものになるはずです。

06 マンション防災対策の盲点

全居住者が行う自助

多くのマンションで防災マニュアルを見せていただいていますが、どこでも自助を個人に任せきりにしています。食料や飲料水の備蓄、災害時トイレの準備などは自助で準備をしてください、となっているのです。

マンション防災対策を検討して、訓練を何度も行ったとしても、自助を個人に任せきりにしておけば、実践的なマンション防災は実現しません。対策における情報やノウハウの共有が必須です。

ある保険会社の防災意識アンケートでは、食料の備蓄を行っている家庭は全回答者の20％未満という結果が出ています（※スミセイ「わが家の防災」アンケート２０２０：全国の男女各５００名、合計１０００名）。また、私の講演やセミナーに参加してくれた方に聞いてみると、防災意識が高い方が参加しているだけに、３日分の食料備蓄は70％程度になりますが、７日以上の食料備蓄となると15％程度になってしまいます。

マンション住民が食料や飲料水の備蓄をどの程度しているのか、災害時トイレの準備として何をしているかなど、各家庭の備えの状況が分からない状態では、しっかりとしたマンション防災対策を行うことはできません。

マンション全体が備蓄倉庫となり、マンション住民全員が在宅避難をできる状態をつくってこそ、マンション防災対策は機能します。

したがって、マンション防災対策では全居住者が自助を行うよう、防災委員会が率先して自助の推進を行うことが必要になります。

もう一つ、カセットコンロの所有について。

私はいつもセミナーの参加者にカセットコンロを持っているかを聞きます。どこの会場でも参加者の1割〜2割程度はカセットコンロを持っていない人がいるのです。理由を聞いてみると、電気製品ばかり使っていたのでカセットコンロを使う機会がなかった、昔はカセットコンロの事故が多かったため使うのが怖い、などという理由です。ですが、災害発生時に電気やガスが止まったら、カセットコンロがないとお湯を沸かすこともできません。カップ麺を食べることもできません。

私のセミナーでは、カセットコンロの着火訓練を行います。操作は簡単なのですぐに全員が使えるようになります。そして、カセットコンロを買い揃えるようにお願いします。もし買い揃えていただければ、その家庭およびマンションの防災力はアップすることになります。

また、カセットコンロを持っていない人に、どうやってお湯を沸かすのですか？　という私の問いに次のような答えが返ってきました。

①備蓄食料はすべて、発熱剤付のご飯や副食にしているので火は必要ない。

【筆者感想】コストがかかって大変なことです。コストを減らすことができそうですね。

②ご飯類は用意していないが、缶詰等だけで頑張るつもり。

【筆者感想】主食に米や小麦を取らないと力が出ないし体力が落ちる。ぜひご飯類をとるようにしてください。

③カップ麺やラーメンを大量に買い込んでいるが、お湯のことまで考えていなかった。

【筆者感想】ビックリの一言。ぜひカセットコンロを買いましょう。

一言で「自助」といっても、人それぞれにいろいろなことを勝手に行っていることが分かります。笑いごとではなく、これが世の中の防災対策の実態なのかもしれません。防災対策を検討するためには、自助の見える化が重要であるように思います。

本当に10日以上の停電が発生する？

東日本大震災の時の東京電力の発電所被害を確認しました。まず福島県の原子力発電所が大きな被害を受けました。そして東京電力全体で15ある火力発電所のうち、広野、常陸那珂、鹿島、千葉、五井、大井、東扇島、横浜の8つの発電所が止まりました（図1－4）。震度5強以上になると火力発電所は稼働停止するようです。

そのうち、福島県の広野火力発電所は、揺れと津波の被害を受けたために復旧まで3カ月かかりました。注目したいのは茨城県の2つの火力発電所です。ここは津波の被害は大きくはありませんでしたが、震度6弱の揺れと液状化で設備が損傷して止まりました。そして、復旧までに1カ月以上かかりました。

東京湾沿岸の火力発電所も5カ所止まりましたが、ほとんど損傷を受けなかったので、すぐに再稼働できました。水力発電、風力発電などの自然エネルギー発電のほか、中部や北陸の電力会社から電力を融通したので、長期の停電はなく計画停電で済みました。

図１－４　東京電力の火力発電所所在地

△東日本大震災時に稼働停止した

もう一つ参考となるのは、２０１８年９月に起きた北海道胆振東部地震です。苫小牧の近くで震度７を記録した地震ですが、苫東厚真火力発電所が震度６弱で稼働停止しました。この火力発電所が停止したことが原因で、北海道電力管内全域が停電となりました。

すなわち、ブラックアウトが起こりました。このときに苫東厚真火力発電所は設備が損傷しました。ただし、最大出力が１６５万kwなので、休んでいた水力発電を稼働させ、本州からの電力を融通することで電力の供給量をカバーできたため、２日目には北海道電力管内に電気の供給ができるようになりました。

さて、首都直下地震が起きたら東京電力の被害はどうなるでしょうか。震源地が東京湾に近い場合は、東京湾沿岸は震度６強か６弱になります。そうすると、ほとんどの火力発電所が止まることは確実です。そうなると、東京電力管内のブラックアウトは確実に起きるでしょう。そして、停電が何日も続くことになります。

停電期間は、火力発電所が何カ所損傷しているのか、どのぐらいで復旧するかによって決まります。多くの火力発電所が損傷し、それらの復旧までに１カ月かかるとしたら、１カ月間の停電さえありうるわけです。中部電力からの東京電力への融通電力は現在120万kwです。東北電力や北陸電力からの融通電力を合わせても200万kw程度しかありません。

内閣府中央防災会議のレポートがあります（中央防災会議首都直下地震対策検討ワーキンググループ「首都直下地震の被害想定と対策について最終報告」〔平成25年12月〕）。

そこには、東京電力の見解として、首都直下地震が起きた場合は、1都3県の停電率は1週間で5割、1カ月でほぼ復旧させると記載されていますので、1週間以上の停電の可能性は相当高い確率であると思っておいて間違いないでしょう。

第1章のまとめ

01 マンションを襲う自然災害

(1) 直下型地震
(2) 海溝型地震
(3) 台風による洪水や停電
(4) 長期在宅避難の備えをしておけばどんな自然災害であっても対応できる

02 1週間以上の停電を覚悟する

(1) 過去の災害で長期停電がなかったのは発電所被害が少なかったから
(2) 震源地が東京湾付近の場合は多くの発電所が損傷する可能性が大
(3) 東京電力管内ブラックアウトの可能性もある
(4) 多数の火力発電所が損傷した場合は1週間以上停電する可能性は高い

03 マンション防災対策の3つの目的

(1) 自分が住むマンションから死傷者を出さない
(2) 災害が起きた時は人命救助と初期消火の備え
(3) 長期の在宅避難に備えてノウハウを広めておく

04 マンション防災対策の方針を決める

(1) 被害に遭ってから助け合うより、被害に遭う前に助け合う
(2) 防災委員会では自助の推進を徹底する
(3) 災害対策本部に頼らない対策を心がける
(4) 二次災害に遭わないための心がまえ
(5) 災害時こそ3密対策を徹底する

05 役に立つ防災マニュアルとは

(1) キーマンがいなくても動けて、災害弱者をサポートできるマニュアル
(2) 住民一人ひとりの心配事をもとにして自分たちで作成することに意義がある

06 マンション防災対策の盲点

(1) 自助を個人任せにしておいては進まない

(2) カセットコンロを持っていない人が予想以上に多い

(3) 防災委員会は自助を推進することが最大の役目

第2章

マンション防災の考え方と備え方

01

「マンション防災スマートシート」がいざというとき役に立つ

住民の心配を織り込む

マンションの防災対策の検討を始める場合、最初に防災マニュアルを作成しなければならないと考え、間違ったことをしているマンションをたくさん見てきました。他のマンションで作成されたマニュアルを基にして、自分たちのマンションに適合させて形式的なマニュアルを作成しているのです。

このようにして作られたマニュアルでは、住民の皆さんになかなか受け入れられません。なぜなら、住民一人ひとりを向いていないため、住民が心配していることを解決する対策が含まれているかどうかが分からないからです。

マンションの防災対策は、最初にマンション住民の意見を聞きながら想定される被害（以下、被害想定）を洗い出し、防災委員会がどのように対策するのかを検討した上で文書化してマニュアルとするものです。そのマニュアルは必要なことが書かれてあればよいので、分厚い大冊を求める必要はありません。1枚の「マンション防災スマートシート」で

図２－１　マンション防災スマートシートの構成

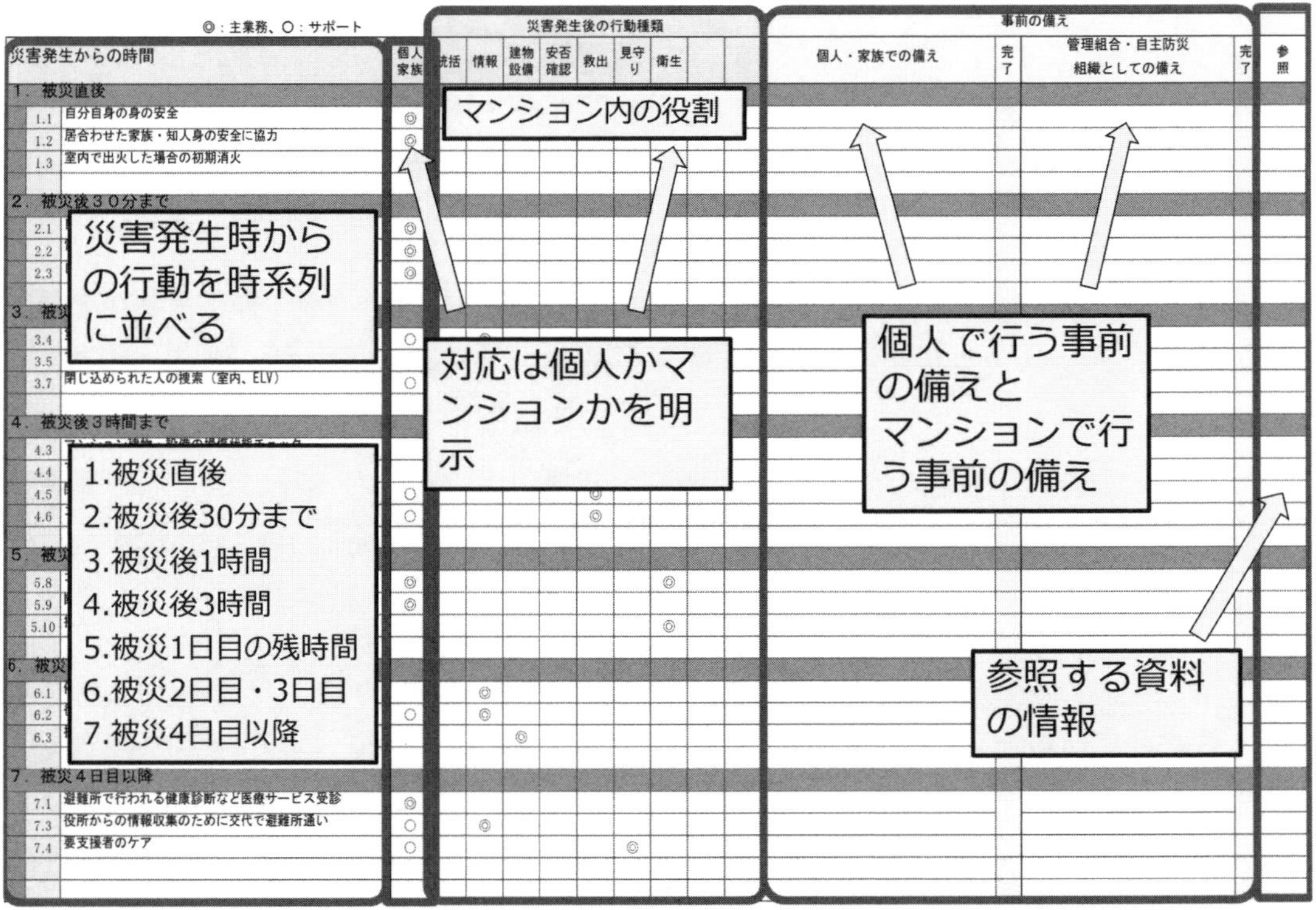

もマニュアルとして役に立ちます（図2－1）。

マンション防災スマートシートは、災害が発生した時に、あらかじめ書かれてある行動の中からできることだけを選べるシートです。したがって、災害が発生した時に、何をやればよいのか分からない、ということがなくなります。

このシートは、マンションの防災対策を1枚の紙で表現します（図2－2）。個人で行う自助なのか、マンション全体で行う共助なのかの区別をはっきりつけます。そして、被災直後から2、3日までの間はこれ1枚で対応できます。災害が発生した時、マンションにいる人たちだけで取り組むことが可能になるのです。

そして、住民が実際に行動できるようになるために、このシートに書かれている課題をテーマにして、防災訓練を行います。分厚いマニュアルでなくても、被災直後の初動対応ができるようになります。

あらかじめ書かれている全ての行動ができるとは限りませんが、少なくとも、その時にマンションにいる人たちでできる行動を全て実行することができるようになります。そのためにも、このシートを1枚の大きな紙に印刷して、マンション内の目立つ場所に張り出しておいて、いつでも誰でもが見ることができるようにします。

図２-２「マンション防災スマートシート」のサンプル

◎：主業務、〇：サポート

災害発生からの時間	災害発生後の行動種類					事前の備え				
	個人家族	統括	情報	建物設備	….	個人・家族での備え	完了	管理組合・自主防災隊の備え	完了	参照
1．被災直後										
1.1 自分自身の身の安全	◎					家具の転倒防止、・・・		ケガをしない対策セミナー開催		
1.2 居合わせた家族・知人身の安全に協力	◎					家具の転倒防止、・・・				
1.3 室内で出火した場合の初期消火	◎					エアゾール式簡易消火器		消火器の使用法の訓練		
2．被災後３０分まで										
2.1 自宅内ガス漏れの確認・元栓を閉める	◎					元栓のきり方を覚えておく		元栓の再開を教えるセミナー		
2.2 軽症の手当て	◎					救急医薬品、AED講習会参加		日赤救急法救急員講習会参加		
2.3 閉じ込められた場合の救助要請	◎					緊急ホイッスルで助けを求める		閉じ込められた場合のサイン		
3．被災後１時間まで										
3.1 外出家族の安否確認	◎					災害伝言ダイヤル171の体験		災害伝言ダイヤル171の体験		
3.2 災害状況・近隣状況確認	○		◎			電池式ラジオの備え		近隣の様子から被害状況想定		
3.3 住み続けられるかどうかの確認				◎				避難が必要となる状態把握		
4．被災後３時間まで										
4.1 子供の引き取り	◎					すぐに行けないことを子供に話す				
4.2 建物内の水道管破裂箇所確認				◎				建物内の給配水管経路の把握		
4.3 建物・設備の損傷状態チェック				◎				耐震診断と補強、建物計画修繕		
5．被災１日目の残り時間										
5.1 在宅避難生活開始	◎					災害時は10日以上の在宅避難		自宅が住みやすいことの周知		
5.2 ゴミは自宅保管開始	◎					大災害発生時は自宅保管		大災害発生時は自宅保管		
5.3 排水管簡易チェック				◎				色水で排水管簡易チェック		
6．被災2日目										

本書の読者の皆様のためにデータを用意しました。下記 URL よりダウンロードしてご利用ください（本書の巻末に QR コードを掲載）。
URL　https://www.saitaiken.com/11-災害対策研究会 /-/001/

このマンション防災スマートシートは、マンション防災アイデアコンテストと内閣府主催のジャパン・レジリエンスアワード２０１８にて高い評価をいただき、優秀賞を受賞しました。

02 マンション防災スマートシートの作り方
専有部と共用部の被害想定をまとめる

マンション防災スマートシートの作成手順を説明します。

最初は、被害想定の洗い出しです（図２－３の①）。専有部での被害想定では、自宅でどんなことが起こるかを考えてもらいます。例えば、家具が転倒、家電が落下、照明器具が破損、冷蔵庫が転倒、本棚が倒れる、閉じ込められるなど、いろいろな心配事を思い浮かべてもらいます。

また、共用部では、給水管が損傷、外壁が損傷して壁の一部が落下、外階段が損傷、エレベーター内に閉じ込められる、立体式駐車場の損傷などが考えられます。

次に、集められた専有部と共用部の被害想定から全体概要図を作成します（図２－３の

②）。全体概要図は3段構成になっていますが、上の段は、人的被害と設備被害とに大きく2つに分けて、それぞれの中で同じような被害をグループ分けします。

中段には、上段の被害想定に対してどのように対応するのか、その対応は個人でやるのか、マンションでやるのかを決めていきます。下段には、中段の中からマンションでやると決めたことを対象にします。この対応を実現するためにどのような備えをすればよいのかを決めていきます。

このシートを見ることでマンションで想定される被害の全体と、その対応策が分かるようになります。①と②を作成するにあたっては、防災委員会が中心となって、模造紙の上にポストイットを貼りながら検討します。これを何度も繰り返すことで、マンション独自の防災対策が出来上がることになります。

最後にマンション防災スマートシートを作成します（図2-3の③）。いちばん左側に、災害が発生してからの行動を上から順番に、発生直後から30分まで、1時間まで、3時間まで、1日目残り時間、2日目・3日目、4日目以降と並べていきます。それを個人なのか、マンションの誰が行うのかが分かるようにします。

図２－３　「マンション防災スマートシート」の作成手順

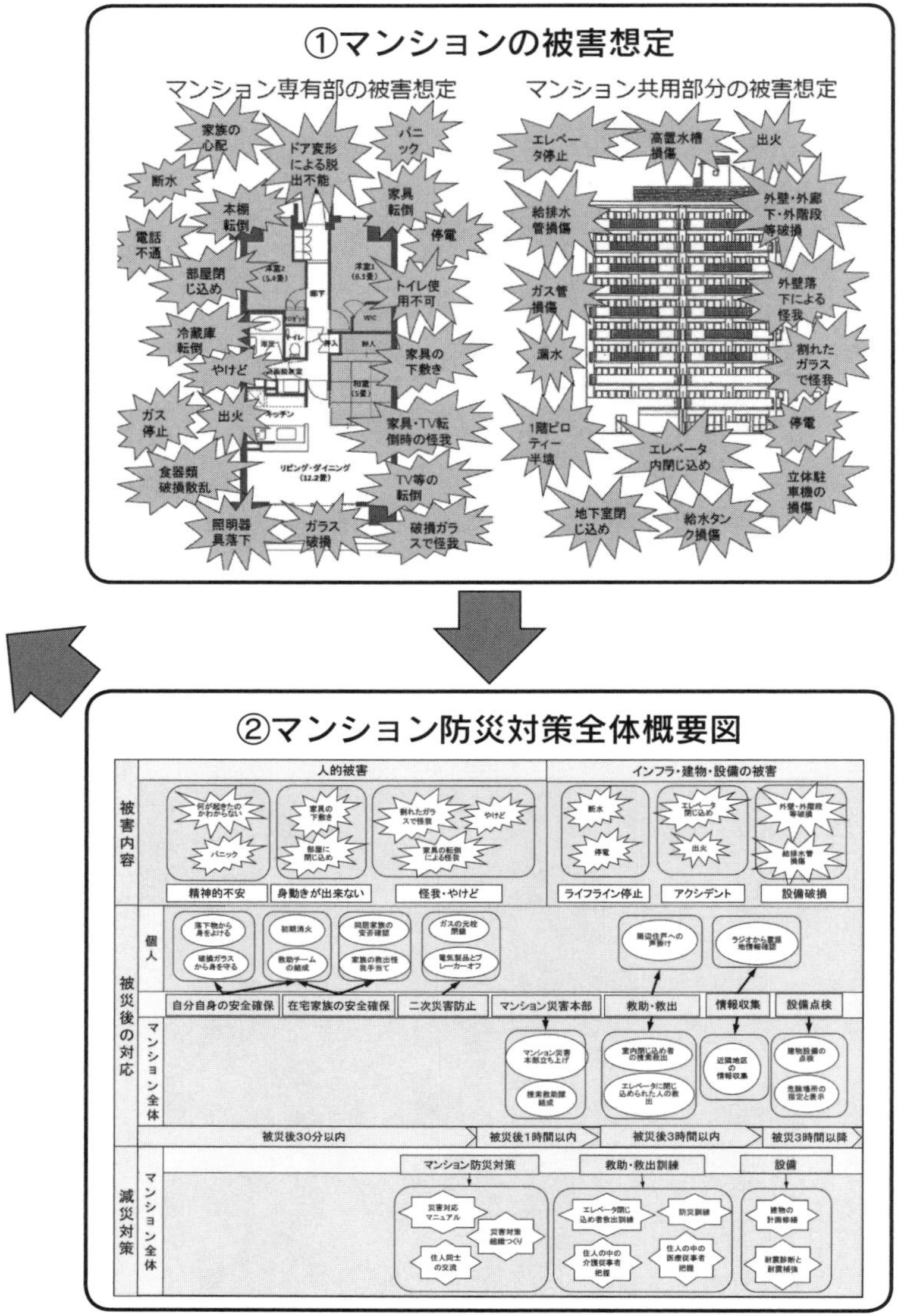

③１枚のマンション防災マニュアル

マンション防災スマートシート（概略）												
	◎：主業務、○：サポート		災害発生後の行動種類					事前の備え				
	災害発生からの時間	個人家族	統括	情報	建物設備	・・・・		個人・家族での備え	完了	管理組合・自主防災隊の備え	完了	参照
1．	被災直後											
1.1	自分自身の身の安全	◎						家具の転倒防止、・・・		ケガをしない対策セミナー開催		
1.2	居合わせた家族・知人身の安全に協力	◎						家具の転倒防止、・・・				
1.3	室内で出火した場合の初期消火	◎						エアゾール式簡易消火器		消火器の使用法の訓練		
2．	被災後３０分まで											
2.1	自宅内ガス漏れの確認・元栓を閉める	◎						元栓のきり方を覚えておく		元栓の再開を教えるセミナー		
2.2	軽症の手当て	◎						救急医薬品、AED講習会参加		日赤救急法救急員講習会参加		
2.3	閉じ込められた場合の救助要請	◎						緊急ホイッスルで助けを求める		閉じ込められた場合のサイン		
3．	被災後１時間まで											
3.1	外出家族の安否確認	◎						災害伝言ダイヤル171の体験		災害伝言ダイヤル171の体験		
3.2	災害状況・近隣状況確認	○		◎				電池式ラジオの備え		近隣の様子から被害状況想定		
3.3	住み続けられるかどうかの確認				◎					避難が必要となる状態把握		
4．	被災後３時間まで											
4.1	子供の引き取り	◎						すぐに行けないことを子供に話す				
4.2	建物内の水道管破裂箇所確認				◎					建物内の給配水管経路の把握		
4.3	建物・設備の損傷状態チェック				◎					耐震診断と補強、建物計画修繕		
5．	被災１日目の残り時間											
5.1	在宅避難生活開始	◎						災害時は10日以上の在宅避難		自宅が住みやすいことの周知		
5.2	ゴミは自宅保管開始	◎						大災害発生時は自宅保管		大災害発生時は自宅保管		
5.3	排水管簡易チェック				◎					色水で排水管簡易チェック		
6．	被災2日目											

大きな紙（A1）に印刷してマンション内に常時掲示

シートの右半分には、その行動をとるために、事前に準備しておくべきことを書いていきます。例えば、自分の身の安全を守るために、個人の欄には、家具の転倒防止とガラス飛散防止、と記します。管理組合の欄には、家具転倒防止やガラス飛散防止フィルムの貼り方の講習会を行う、と記します。あるいは、ご自身ではできないお宅のために取り付け隊を組織する。そのような目標を書いていきます。

すべて書き終えたらマンション防災スマートシートの完成です。これを大きな紙に印刷して、マンション内の目立つところに張り出しておきます。こうしておけば、マンションの防災対策がいつでも誰でも一目で分かるようになります。また、災害が起きた時には、このシートを見て必要な対策がとれるようにもなります。

03 防災委員会と災害対策本部

災害対策本部はあてにしない

「防災委員会」を組織する

防災委員会は、マンション防災対策を検討するためにマンション内に組織します。分譲マンションには管理規約がありますが、防災対策に関する規定はありません。したがって、防災対策に関するルールをマンションごとに独自に決めていかなければなりません。

それを決める組織が防災委員会であり、この委員会を総会承認で設立することをお勧めしています。同時に、委員会に権限と予算を与える規約を作ります。

防災委員会を総会承認とすると、賃借人の方を含んだ居住者全員に効力が及びます。それから、防災対策のための管理費の使い方や、防災対策に関係する規約の変更を検討するなどの意見交換が理事会とできるようになります。

また、理事会の役員任期は通常1年または2年になっていますが、防災委員の任期は特に定めないことや、区分所有者以外の方でも委員になれるようにする、などを規約で定めます。

予算も定めます。金額は年間10万円もあれば十分です。その使い方は防災委員会に一任し、使用実績を理事会に報告させるようにします。例えば、外部講師を招いて防災講演会を企画する場合に、講師の選定、日時、講演内容、講師への謝礼金額などについて逐一理事会の承認を得るのではなかなか進みません。このようなことは防災委員会に任せたほうがよいです。また、有料の講習会に出かける場合の参加費や交通費、防災関係の書籍購入なども防災委員会に一任します。防災委員会の判断に任せてもよいことを規約に定めます。

災害対策本部に頼りすぎない

災害が発生したあとに災害対策本部を立ち上げるとしているマニュアルが非常に多いです。マンションの場合、災害対策本部に確実に参加できる人は少ないので、災害対策本部が有事に機能するかどうかは疑問があります。また、新型コロナウイルスの影響で、災害発生時はより3密に注意をし、災害対策本部に詰めることはできるだけ避けるようにしなければなりません。

したがって、災害対策本部を頼りにしないということです。災害発生時は全ての人が被災者になります。自分や家族の無事を優先することは当然です。そのために他人を救援したりお世話することは難しくなってしまいます。

また、翌日には職場に出勤しなければならない人もいるでしょう。予想外の事故により、出かけなければならない人もいると思います。そのため、災害対策本部にいてほしい人全員が、災害発生時から数日間、マンションにずっといることは難しくなります。

防災対策を検討するときから、災害対策本部に任せるような考えは極力避けることです。

災害対策本部がなくても、できる対策を考えるべきです。言い換えれば、災害が起きた場合は、個人や家族で行う対策を中心に据えることになります。

とはいえ、災害対策本部にも役割はあります。役所からの情報を得るために避難所に行くことや、災害支援物資を避難所に取りに行くことです。災害発生後数日経ってから、その時にいるメンバーで構成し、実行しても遅くないでしょう。

04 これだけは決めておきたい対策のルール

マンション側では食料・飲料水の備蓄をしない

(1) 支援を希望する人が申告できる制度
(2) マンション側では食料・飲料水の備蓄をしない
(3) 断水したらトイレの汚物を無理に流さない
(4) 災害発生時は生活ゴミやトイレゴミを自宅で保管する
(5) 避難所には行かずに在宅避難する

⑹災害発生時はご近所や同じフロア内で簡易レスキュー

マンション防災対策を検討する場合には、具体的なルールとしてこの6つのことから始めます。

⑴は、支援を希望する人が申告できる制度です。「一人住まいの高齢者なので何かあったら声をかけてください」「小さい子供がいるので何かのときは手伝ってください」というような心配事がある人が手を挙げることができる制度です。手を挙げた方には、住民の中からその方の見守りができる人をあらかじめ決めておくことになります。

⑵は、マンションでは食料・飲料水の備蓄をしないということです。備蓄をしているマンションは多いのですが、お勧めはできません。

マンション備蓄は課題が多いです。共同で備蓄をするために個人の防災意識が薄れますし、備蓄量はせいぜい3日分程度なので大規模な災害時には不足します。高齢者や幼児、または病人に合わせた食事を準備することも難しいです。備蓄の内容も体力を維持できるほどのものではありません。

在宅避難は1週間以上を覚悟しなければなりませんので、共同備蓄で全居住者の1週間以上の食料と水を用意することは大変難しいです。したがって、食事と水は各家庭で用意するようにしましょう。

(3)は、断水したらトイレの汚物を無理に流さないということです。風呂場の水を汲んで無理やりに流すことはしないでください。水洗トイレは水の勢いで流すのですが、相当強い水流を起こして流す必要があります。お風呂の残り湯をバケツで汲んで流しても、汚物が流し切れるかどうか分からず、排水管に詰まってしまう恐れもあります。したがって、断水になったら汚物は無理に流さないようにしてください。

(4)は、災害発生時は生活ゴミやトイレゴミを自宅で保管することです。大きな災害が発生した場合は役所のゴミ収集車が来ないこともあります。ゴミ置き場はすぐにいっぱいになりますし、トイレの汚物を入れたゴミ袋が破れてしまうことも考えられます。したがって、生ゴミもトイレゴミも自宅で保管をすることです。

(5)は、避難所には行かずに在宅避難をするということです。避難所のことは第6章で詳しく説明しますが、安心できる生活環境ではありません。ですが、食料や飲料水があるから避難所に行くという人がいます。ところが、避難所にある備蓄品はわずかなものなので、必ずもらえるとは限りません。

また、避難所に行けばたくさんの人がいるから安心できるという人がいますが、とんでもありません。中は騒々しく、土足で歩く者もいて清潔ではありません。夜は落ち着いて寝ることもできません。盗難や性犯罪などの恐れもあります。また、3密対策が十分にとれている環境にあるとは限りません。自宅で寝泊まりができるならば、決して避難所に行ってはいけません。

また、役所からの情報が避難所に届きますが、早くても2日目以降です。マンションから交代で誰か一人が情報を取りに行けばよいことです。情報取得のために避難所に寝泊まりする必要はありません。

(6)は、災害発生時は近所の方々や同じフロア同士で簡易レスキューをするということです。まずは、室内にいた自分や家族の無事を周囲に知らせるために、玄関ドアを開けて表に出ましょう。

そして、玄関ドアから出てきていないお宅のドアをドンドン叩いて安否確認をします。助けてほしい旨の返事があった場合は、ドアや窓ガラスを壊して救出活動を行います。

ドアを叩いても返事がない場合は、ベランダ側に回って、仕切り板を蹴破って、ベランダ側のガラス戸から内部の確認を行います。

同じフロアでのグループや同じ階段を使うグループなど、10戸くらいで一つのグループを決めて、お互いに声を掛け合うことができる体制が事前にできているとよいです。

05 防災委員会の最大の目的は自助の推進

マンションの建物・設備の仕様や性能を把握

平時における防災委員会の役割をまとめました。

> (1) 自助を推進する
> (2) マンションの建物・設備の仕様や性能を把握する
> (3) 建物や設備の点検に必要な図面、鍵、点検手順が分かるようにしておく
> (4) 被害想定の集約を行う場合には、住民一人ひとりの意見を聞く

(1)は、何といっても自助の推進です。自助といえば、ケガをしない対策、食料や飲料水の備蓄、災害時トイレ対策になります。これらを全世帯で準備してくれることを目標に

第2章

して自助の推進を行うことです。

自助を行ってください、と何度言っても、掲示や通知文だけではなかなか対策をとってくれません。防災委員会が中心となって、外部から講師を招いての防災セミナーや講習会を実施する、アンケートをとって全体の状況を把握する、取り付けができなければできる方が出向いて取り付けてあげるなど、そのようにして自助の推進を行います。

⑵は、自分のマンションの建物や設備の仕様や性能を知ることです。建物が新耐震基準を満たしていれば、震度6強の揺れが何度来ても住めなくなることはありませんが、大きな地震があった際に、地震で壁に亀裂が入ったときなどでも住めるかどうかを知っておくことです。仕様や性能の確認が管理会社で難しければ、施工会社に問い合わせれば教えてくれます。

以前にマスコミで話題となりました、構造スリットやエキスパンション・ジョイントの目的は建物のダメージを少なくすることです。揺れのダメージを吸収するものであることが分かれば、構造スリットの箇所で壁に亀裂が入っても大丈夫であると判断できます。エキスパンション・ジョイントの部分でダメージを吸収するので、多少の損傷があっても想定内であることが分かります。

その他の部分も、どういう状態になったら住み続けることが危ないのかを知っておいたほうがよいです。例えば、給水装置が大きく損傷してしまったら、断水が復旧しても住むことは難しくなります。損傷状態を把握することによって、電力や水道が復旧してからも住めるかどうかの判断ができます。そのために、施工会社や一級建築士を巻き込んで建物や設備の仕様と性能の把握、そして被害想定と対応策を検討してください。

(3)は、建物や設備の点検に必要な図面や鍵、そして点検手順が分かるようにすることです。私のマンションでは、毎年1回、理事会のときに建物の見学会を行っています。普段は入ることができない屋上や地下に入って、建物内の設備を見て回ります。

(4)では、防災対策に関するアンケートは家族といえどもそれぞれが違う意見を持っているので、丁寧に吸い上げることが大事です。被害想定の意見を求める場合には、住民の一人ひとりから意見を聞くようにしてください。理事会からのアンケートは、区分所有者の意見を求めるので一家に1枚でよいのですが、防災対策に関しては家族全員からアンケートをとるようにしてください。

男性と女性の違い、年齢の違い、あるいは子供さんの意見、小学生・中学生・高校生・大学生は、大人が気づかない視点で意見を書いてくれますので、ハッとさせられることがあります。それらの意見を集約してフィードバックしてあげると、子供さんは自分の意見が取り上げられたことで大変喜びます。そして、その親たちも関心度が高まります。防災への関心度を高めるためにはこのような地道な努力が求められます。

06 火災が発生しない場合の防災訓練

「ポリ袋調理法」の講習会

火災が発生しない場合の防災訓練を実施してください。

マンションの防災訓練というと、地震が起きて高層階で火災が発生する訓練が多く行われます。エレベーターを使わないで非常階段を降りてください、との館内放送があります。非常階段を使って地上に降りると、煙体験テント、消火器操作訓練、AED訓練、三角巾応急救護などを行います。最後に非常食のお土産をもらって終了、となるケースが非常に多いです。

この訓練は火災対応訓練として重要な訓練ですので、毎年行ってください。ただし、地震が起きても火災が発生しないこともあります。その場合にはどんな訓練をすればよいの

でしょうか。
地震が起きても火事が出なかったときの防災訓練には次のようなものがあります。

(1) 閉じ込め者救出のために部屋に立ち入る方法と道具の確認
(2) 自宅でケガをしないための講習会
(3) 「ポリ袋調理法」の講習会（着火訓練を含む）
(4) 災害時トイレ処理の講習会

(1)は、閉じ込められた人を救出するために、どこかを壊して家の中に立ち入るシミュレーションや、そのための道具を揃えること。ドアから入るのか、ベランダ側から入るのか。ベランダのガラス戸に防犯フィルムが貼ってあったらどうやってガラス戸を壊すのか。部屋に立ち入る方法はマンションによって違いますので、その方法を確認しておいてください。

災害時に支援をお願いしている方が事前に登録されていて、万が一の時にはドアを壊してもかまわない、という誓約書を作っておけば、ドアを壊す決断も早くできます。

(2)は、自宅でケガをしないための講習会。家具転倒防止のポールと滑り止めストッパーを取り付けること。さらに、ガラス飛散防止フィルムの貼り付け方、そして、観音扉を開かなくするストッパーの取り付け。これらを講習会を開いて広めてください。自分で取り付けができないお宅にはできる方が取り付けてあげることができたら、素晴らしい共助になります。

(3)は、長期在宅避難に備えて、カセットコンロを使った「ポリ袋調理法」を広めるためのセミナーの開催。ポリ袋調理法については、次章で詳しく説明します。

カセットコンロを所有していないお宅が意外にあります。カセットコンロを持っていないお宅は、在宅でお湯を沸かすこともできなくなります。したがって、在宅避難のためには、カセットコンロが必要になることも伝えてください。そして、講習会や防災訓練の際に、カセットコンロの着火体験ができるようにして、カセットコンロの所有者を増やしていくことが大事です。

最後の(4)は、災害時トイレの対処方法についてです。携帯トイレは市販されていますが、1回分が150円以上となり高いので、1人100個も用意すると1人分だけでも大変なのに、さらに家族分となると購入金額は高額になります。そのため、小便は捨てることを目指します。そうすれば、携帯トイレの数は相当減らすことができます。

臭い対策に「BOS防臭袋」を使います。BOS防臭袋があれば、携帯トイレがなくても災害時のトイレ処理は可能です。トイレ処理は自宅のほうがやりやすいので、在宅避難を勧める口実にもなります。災害時のトイレの対処方法は、次章（第3章-07を参照）で詳しく説明します。

07 エレベーター閉じ込め時の救出訓練

地震時管制運転装置付きでも発生する

地震が起きると、エレベーターに閉じ込められる危険性があります（図2-4）。閉じ込められた人は外部に連絡をするしかありません。しかし、連絡を取ろうとしても相手が出ない場合があります。また、相手が出た場合でもすぐに救出に来てくれるとは限りません。

エレベーター内部に防災用品として水、トイレ、照明などが用意されている場合には、短時間であれば役に立つこともあるでしょうが、首都直下地震のように救出されるまでに時間がかかるような場合には焼け石に水です。

エレベーターに閉じ込められたらどうすればよいでしょうか。その場合は、マンション住民同士で訓練を重ねて、救出する方法を身に付けておくしかありません。

エレベーターが途中で止まったとき、カゴが床から少しだけ下がっているような状態であれば、ドアを開けてすぐに救出ができます。もし、カゴが床から相当上がっていて、カゴの下部から奈落の底が見えている場合は、大変危険なので、この階での救出作業は行わずに、上の階に移動して行います。

上の階での救出作業は、止まっているエレベーターのドアを開いて中の人を引き上げます。人が脱出するスペースがない場合は、開いたところから食べ物や飲み物、毛布を差し入れます。また、汚物を受け取ったりします。声をかけて、明かりを照らします。そのようなことで最悪の事態を防ぐことができるはずです。

マンション管理組合が閉じ込め者を救出する条件としては、エレベーターの保守会社と連絡が取れない場合、または、連絡が取れても保守要員がいつ来るか分からない場合で、閉じ込められた人に命の危険が迫っているときに行うことを徹底します。

直下地震の場合、エレベーターの閉じ込め事故は起こります。緊急時の救出訓練をぜひエレベーターの保守会社に要請してみてください。ただし、エレベーターの保守会社は事

図２－４　地震発生時のエレベーター閉じ込め事故

No.	地震名称	発生日	時刻	マグニチュード	最大震度	閉じ込め台数	備考
1	北海道胆振東部地震	2018/9/6	3時07分	6.7	7	23台	約9000台が停止
2	大阪府北部地震	2018/6/18	7時58分	6.1	6弱	346台	2府3県、約6万3000台が停止。閉じ込め台数のうち地震管制装置付き139台
3	熊本地震	2017/4/14	21時26分	6.5	7	27台	
		2017/4/16	1時25分	7.3	7	25台	
4	東日本大震災	2011/3/11	14時46分	9.0	7	210件	12都道府県

引用元：国土交通省の『災害・防災情報』より

故発生時の救出活動時に起きる二次災害を怖れて簡単に受けてはくれません。マンション側で必要性を訴えて相手を説得させるくらいの気持ちで要請してください。筆者のマンションでは十数年前から実施し、今でも年に1回訓練を行っています（第5章－01を参照）。

Information

エレベーター閉じ込めはこうして発生する

エレベーターの閉じ込めがどうして発生するかの話をします。

まず、「P波センサー付地震時管制装置」のことはご存知でしょうか。

P波センサー付地震時管制装置は、どこかで地震が起きた時、震度2くらいの初期微動を感じるとエレベーターに取り付けられているP波センサーが感知して働き始めます。

管制装置は、エレベーターのカゴを最寄りの階に着床させてドアを開こうとします。大きな揺れの本震が来なければ中に人が乗っていても脱出できます。ただし、直下地震の場合には、最寄り階に着床してドアが開く前にエレベーターが緊急停止して、閉じ込められる可能性があります（図2-5）。

初期微動のP波は秒速約7kmといわれています。震源地から45kmぐらいのところでは地震が起きた時に初期微動を感じるまで6秒から7秒かかります。

図２－５　エレベーターの地震時管制運転の流れ

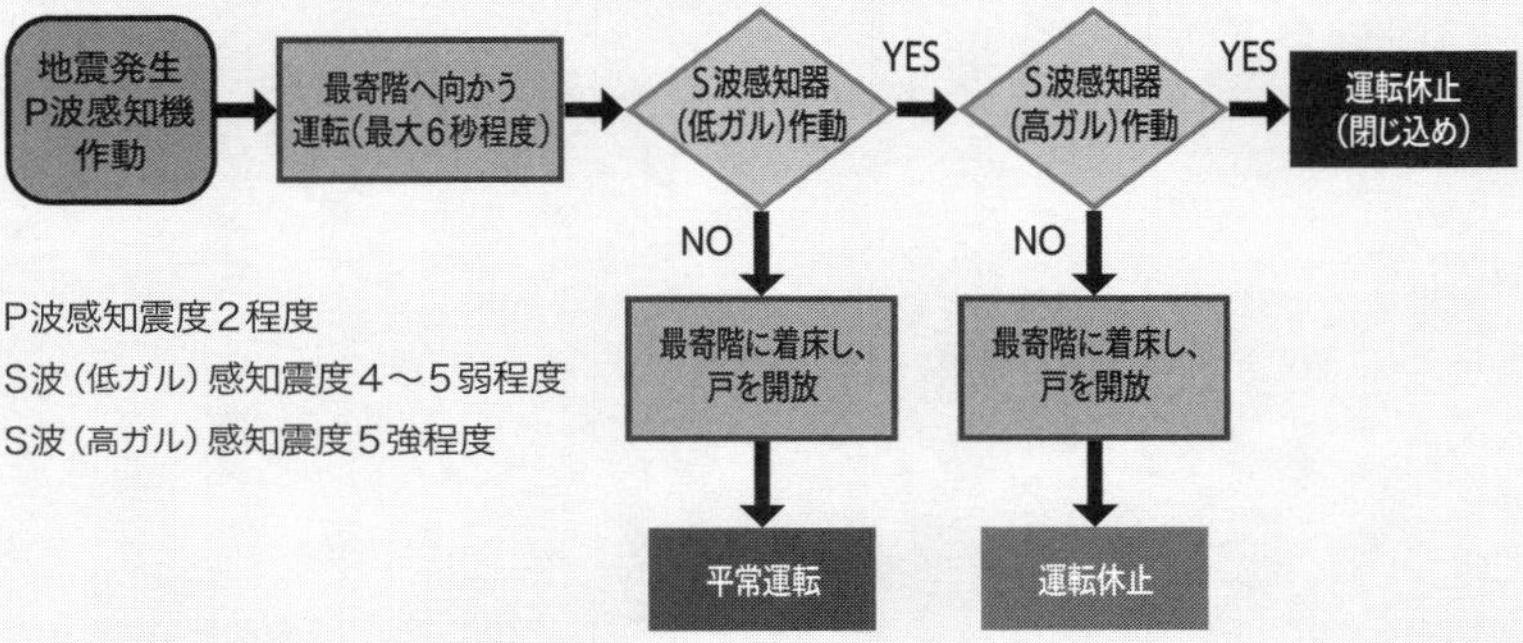

図２－６　エレベーターの閉じ込めが発生する震源地の範囲

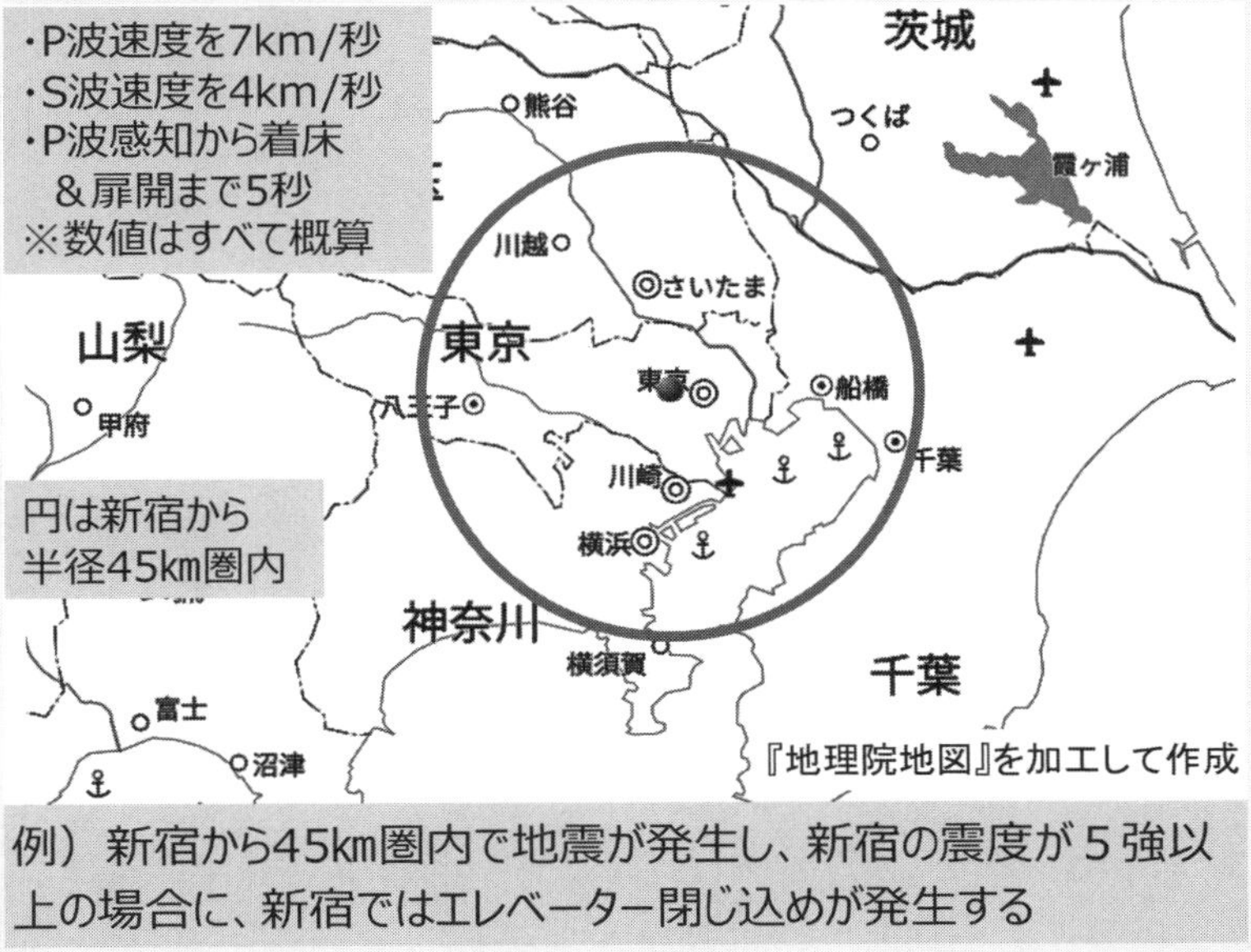

例）新宿から45km圏内で地震が発生し、新宿の震度が５強以上の場合に、新宿ではエレベーター閉じ込めが発生する

次に初期微動を感じてから最寄り階に着床してドアが開くまでは、P波を感知した時のエレベーターのカゴの位置によりますが、3秒から5秒かかります。最寄り階に着床してドアが開くまでに、本震が来なければ閉じ込められることはありません。本震は秒速4㎞といわれています。震源地から45㎞以内だと閉じ込められる可能性が高まります。これを地図で表してみます（図2‐6）。円の中心にマークがついている場所にある建物のエレベーターにあなたが乗っているとします。そこから45㎞圏内で地震が起きた時、あなたがいる場所の震度が5強以上だと、エレベーターの安全装置が働いて緊急停止します。その時までにエレベーターが着床して扉が開いていなければ、あなたはエレベーターの中に閉じ込められます。地震のマグニチュードは関係がありません。

第2章のまとめ

01 「マンション防災スマートシート」がいざというとき役に立つ

(1) 住民の心配を織り込んでいるから役に立つ
(2) 災害発生時に行うことが分かるから役に立つ
(3) いつも張ってあるからマンションの防災対策が分かる
(4) 防災訓練で行う課題が分かるから役に立つ

02 マンション防災スマートシートの作り方

(1) 専有部と共用部の被害想定をまとめる
(2) 被害想定から全体概要図を作成する
(3) 災害発生後の行動を順に並べて防災スマートシートを作る

03 防災委員会と災害対策本部

(1) 防災委員会は総会の承認で作ると、理事会と一緒に検討ができる

(2) 権限と予算を規約で定めれば、理事会の承認を待たずに進められる
(3) 規約で定めれば、区分所有者でなくても防災委員にすることができる
(4) 災害対策本部は機能しない可能性があるのであてにしない

04 これだけは決めておきたい対策のルール

(1) 支援を希望する人が申告できる制度
(2) マンション側では食料・飲料水の備蓄をしない
(3) 断水したらトイレの汚物を無理に流さない
(4) 災害発生時は生活ゴミやトイレゴミを自宅で保管する
(5) 避難所には行かずに在宅避難する
(6) 災害発生時はご近所や同じフロア内で簡易レスキュー

05 防災委員会の最大の目的は自助の推進

(1) 自助を推進する
(2) マンションの建物・設備の仕様や性能を把握する

(3) 建物や設備の点検に必要な図面、鍵、点検手順が分かるようにしておく
(4) 被害想定の集約を行う場合には、住民一人ひとりの意見を聞く

06 火災が発生しない場合の防災訓練

(1) 閉じ込められた人を救出するために部屋に立ち入る方法と道具の確認
(2) 自宅でケガをしないための講習会
(3) 「ポリ袋調理法」の講習会（着火訓練を含む）
(4) 災害時トイレ処理の講習会

07 エレベーター閉じ込め時の救出訓練

(1) エレベーター閉じ込めは地震時管制運転装置付きでも発生する
(2) 大規模災害の時は保守会社はすぐには救助に来られない
(3) 普段からエレベーターを使っている人たちで救助ができるように訓練を行う

第3章

自宅で備える
災害時の
食料・水・トイレ・連絡方法

01 家庭の防災力

マンションの防災対策に欠かせない自宅の備え

マンションの防災対策を実践的なものにするためには、家庭の防災力が欠かせません。家庭の防災力とは次のようなことをいいます。

(1) 災害が発生した時に、自宅で死んだりケガをしたりしないような備えをする
(2) どんな災害でも自宅に留まれる備えをする
(3) 長期在宅避難に備えて必要な食料や飲料水を自宅内に確保しておく
(4) 家族の誰もが食事を作れるようにする

(1)の代表的な対策として家具の転倒防止があります。

その他にも、現在室内の照明に蛍光灯を使っている場合は、蛍光灯を非ガラスのLED照明に変えることです。豪華なシャンデリア照明は大きく揺れて天井にぶつかると、照明

器具そのものが破損してガラスの破片を部屋中にまき散らしてしまいます。卓上やリビング、寝室などに置いてある電気スタンドも飛びはねて人に当たると危険ですので、壁に固定するといった対策が必要です。

(2)は、住んでいるマンションの耐震化が施されていることと、立地的に水害や土砂災害に遭いそうな場所は避けるということです。

(3)は、在宅避難が長期になることを考えて、1週間以上の食料や飲料水、トイレの備えをしておくことです。

(4)は、私自身の経験から必要性を感じました。災害時に妻が帰って来ない場合や大ケガをした場合には、食事をどうすればよいのか不安になりました。自分でも料理ができるようにならなければいけないと思い、「ポリ袋調理法」を身に付けました。

以上のことを「家庭の防災力」と呼んでいます。

02

家の中でケガをしない対策

在宅避難時の生活空間も確保

家の中でケガをしない対策としては、前述した家具の転倒防止があります。この対策は、在宅避難時の生活空間を確保するためという目的も兼ねています。

地震が来ることを直前に知らせてくれるのが緊急地震速報ですが、直下地震の場合は、緊急地震速報が鳴る前に大きな揺れが来てしまいます。したがって、いつ大きな地震が来ても家の中でケガをしない対策が必要になります。壁に据え付けていない家具は、大きく揺れると動いたり倒れたりしますので、家具が倒れない対策をしなければいけません。

家具の転倒防止で一般的な対策は、家具の上にポールを取り付け、家具の下にストッパーを差し込むという方法です（図3－1）。この方法では震度6強の揺れでも倒れないという実験結果が出ています。また、この方法は家具の固定方法の中で最も強いとされているL字金具を取り付けた場合と同じくらいの強度があるといわれています。

地震の際、食器戸棚の中の食器は、戸棚が倒れる前に中から飛び出そうとします。その

図３－１　震度６強に耐える、家具の転倒防止対策

図３－２　食器戸棚が倒れる前に食器が飛び出す

とき、前面のガラスを割って飛び出し、ガラスの破片や割れた食器が家の中に散乱することになります（図3－2）。そのため、ガラス飛散防止フィルムをガラス戸に貼って、食器を戸棚から飛び出さないようにします。

また、棚の戸が観音開きであれば、開き戸ストッパーが有効です。普段利用する時は支障なく開け閉めができますが、大きな揺れがあるとロックがかかり、戸が開かなくなって中の物が飛び出ないようになります。

家具の転倒防止、ガラス飛散防止フィルムの貼付、開き戸ストッパーを組み合わせて取り付けることによって、家の中に割れた食器やガラスを散乱させなければ、ケガをしないと同時に、生活空間を確保することができるようになります。

03 災害時の食事法

在宅避難時に向けた食事の備えのポイント

災害時の食事としては、ほとんどの方が災害時非常食を購入していると思います。

しかしながら、この方法にはいろいろな問題があります。値段の高い災害時非常食を大量に購入すればお金もかかるし、保管する場所も確保しなければなりません。また、賞味期限の管理も必要になります。賞味期限が近づけば、それらを食べるか捨てるかすることになります。さらに、非常食が必ずしも口に合うとは限りません。定期的に買い替えもしなければなりません。

在宅避難時の食事の備えのポイントは次の4つです。

(1) ポリ袋調理で毎日温かい食事をとる
(2) 主食のローリングストックを行う
(3) 災害時しか食べない食料は備蓄しない
(4) 備蓄日数は10日以上を目指す

災害時の食事を作る方法としては、ポリ袋調理法を身に付けることです。カセットコンロを使って1日に3回、温かい食事をとることを目指します。

主婦の方は、カセットコンロがあればお鍋やフライパンを使って普通の調理ができますが、カセットガスの節約と洗い物が出ない点からポリ袋調理のほうが優れています。

また、私のように調理をしない人にとってはお鍋でご飯を炊くことはとても難しい仕事です。しかしポリ袋調理で行うと、失敗せずにご飯だけでなくいろいろな料理を作ることができます。ポリ袋調理は、カセットコンロを使い、食材を入れたポリ袋を大きな鍋に入れて湯煎することで行います。人数分の複数のメニューを一度に作ることもできます。

あるセミナーで行ったときのメニューですが、ご飯、スパゲティ、蒸しパン、卵焼きの4種類を同時に作りました。実際に試食をすると、とても美味しいので皆さんに驚かれました。災害時非常食は賞味期限が切れると無駄になってしまうので、賞味期限が切れたときに新しいものを買うことをためらってしまいます。

マンションの管理組合から食料備蓄についての相談を多く受けます。東日本大震災以降、多くのマンションで共同備蓄が行われています。賞味期限切れが近づいたので、アルファ化米やペットボトル飲料水を引き取ってくれるところがないかという相談です。残念ながら、国内では受け入れてくれるところはありませんし、海外へ送るには高額な送料がかかります。したがって、引き取ってくれるところはないとお答えしています。

マンションにおいてまとまった数量の買い替えをすると、数十万円～数百万円もかかるようです。私は、共同備蓄はしないことと、各家庭で好みに合った食料や飲料水を備蓄することをお勧めしています。

04 主食のローリングストック

無駄な備蓄はしない

「主食のローリングストック」について説明します。

一般にローリングストックとは、備蓄している食料を使うごとに使った分だけ買い足していく方法ですが、「主食のローリングストック」は、10日分の必要量を調べておいて、保存量がその必要量に近づいたら、買い足す方法です。この方法をとればいつでも10日以上の主食が確保されていることになります。

朝食にホットケーキミックス粉を使って蒸しパンを作って食べます。ホットケーキミックスは粉と牛乳と卵を混ぜてフライパンで焼くわけですが、粉に水だけを加えて湯煎すると蒸しパンができます。とても美味しい朝食になります。お昼にはパスタを茹でます。夜にはご飯を炊きます。

一人分の主食の量は、ホットケーキミックス粉が50g、パスタとお米が100gですか

図３－３　主食のローリングストック

		朝食	昼食	夕食
1日目	主食	ホットケーキミックス粉（50g）	パスタ（100g）	ご飯（米100g）
	副食		1人1日分の必要量	
	飲み物	野菜ジュース（1本）		
2日目〜10日目	主食	同上	同上	同上
	副食			
	飲み物	同上		
10日分合計	主食	ホットケーキミックス粉（500g）	パスタ（1kg）	ご飯（米1kg）
	副食		1人10日分の必要量が分かる	
	飲み物	野菜ジュース（10本）		
家族合計	主食	ホットケーキミックス粉（500g）×人数	パスタ（1kg）×人数	ご飯（米1kg）×人数
	副食		家族10日分の必要量が分かる	
	飲み物	野菜ジュース（10本）×人数		

家族10日分の必要量を常に残して先買いすることが主食のローリングストック

ら、10日分であれば一人分の食材はホットケーキミックス粉は500g、パスタとお米は1kgになります。これに家族の人数分をかければその家の必要な主食の最低必要量が分かります。

もし、3人家族であれば、お米の残りが3kgになったら新しく次の10kgを早めに買うようにすれば、夕食の主食となるお米が常に10日以上の量で備蓄されていることになります。昼食のパスタも、3人家族だったら3kg。1袋500gの袋入りが残り6個になったら新しいものを買うようにします。

この方法にすれば、在庫場所をそれほどとらなくても主食の確保ができることになります。これを主食のローリングストックと呼んでいます（図3－3）。

ではは主食のローリングストックを行ったとして、おかずはどうすればよいでしょうか。私はセミナーでこんな質問をします。

「今日から買い物をしないとします。現在、ご自宅の冷蔵庫や台所にある食材を使って、生きていくためのメニューを何日分か作ってみてください」

そうすると、主婦の方はほとんどが3～5日分のメニューを作成してくれます。言い換えれば、どこの家庭にもある程度の食材は備蓄されており、主食のローリングストックを始めれば、3～5日分の食料備蓄が常にできていることになります。したがって、災害時非常食をわざわざ買わなくても、長期の在宅避難時の準備ができていることになります。

3～5日分の食材が確保できていれば、缶詰やレトルト食品を追加することでさらに日数を伸ばすことができます。10日間の食事メニューも無理なく組むことができます。スーパーに買い物に行ったときに缶詰やレトルト食品のコーナーにも立ち寄って、今まで知らなかった、気が付かなかったなどで、食べたことがない缶詰やレトルト食品を試しに買ってみて、気に入ったら、普段の食生活で取り入れるようにしてください。

そして、災害時しか食べない食料は極力備蓄しないようにします。何年か経つと何を備蓄しているのかを忘れてしまいます。また、賞味期限を管理するのも面倒で、気がついたら賞味期限切れになっていることが多いのです。無駄になるようなものは備蓄しないほうが賢明です。

次に、ご飯の作り方を説明します。非常に簡単なやり方で美味しいご飯ができます。ポリ袋に入れたお米に水を加えて湯煎するだけです。無洗米ではないお米を研がずに、そして洗わずに、水を入れて湯煎をします（水の量の目安は1合のお米に200㎖です）。セミナーでこの実演を行うと、最初は皆さん不安がっていますが、食べてみると美味しいのでびっくりしてくれます。

ですから、非常時のために無洗米を買って保存しておく必要はありません。普段使っているお米でよいのです。また、貴重な水を節約して食事が作れるということを知っておいてほしいのです。

05

湯煎用ポリ袋とカセットコンロ

お勧めの2つの調理ツール

在宅避難時の食事を作るために必要なものは、湯煎用ポリ袋とカセットコンロです。

湯煎用ポリ袋

この袋は「高密度ポリエチレン」という材質でできており、融点が110度以上あるので湯煎に適しています。半透明でカサカサしているのが特徴です（図3－4）。

図3－4　湯煎用ポリ袋

画像提供：ワタナベ工業㈱

ジップロックのような厚めの袋でも、透明な袋は高密度ポリエチレンではないため融点が100度以下です。お湯の温度が100度くらいになれば袋の成分が溶け出しますが、人体に害はないといわれています。セミナーでは、高密度ポリエチレンの袋を使うようにしています。ただし、非常時には厚めの透明のポリ袋を使用することも可能だということを知っておけばよろしいかと思います。

カセットコンロ

前述したとおり、どこのマンションでも1割から2割の住民はカセットコンロを持っていません（図3－5）。

図3－5　カセットコンロとガス

持っていない理由としては、ホットプレートや電気グリル鍋、最近ではＩＨヒーターなどを使っているので、カセットコンロを使う機会がなかったためです。また、昔はカセットコンロの事故が多かったようで、年配の方の中には使うのが怖いという人もいました。

そこで、セミナーではカセットコンロの着火訓練も行います。カセットガスをセット後に、コンロに点火してから火を調節、そして火を止める。最後にカセットガスを抜き取るという手順です。希望者全員に行ってもらいますが、皆さん簡単にできます。

使い方が分かったところで、「ぜひ買ってください」とお願いすると、「はい。すぐ買います」と言ってくれる方が多いです。もし、カセットコンロを備えてくれれば、これだけでも家庭の防災力が高まることになります。

カセットコンロは1998年にJIS規格が制定されました。1995年1月に起きた阪神・淡路大震災の時に、全国からカセットコンロとガスが現地に送られましたが、コンロとカセットガスのメーカーが異なるものを使うと事故が起きることがありました。そのことがきっかけで、カセットコンロの業界は1998年に規格を統一しました。

以来、現在日本で販売されているカセットガスは、どこのメーカーのコンロでも使用できます。海外製で輸入され、100円ショップで売られているカセットガスでも大丈夫です。

カセットガス1本は、強火で65分から70分ぐらい使用できます。湯煎調理は中火・弱火で行いますが、その場合は120分くらい使うことができます。1回の湯煎調理を40分ぐらいで行えば、カセットガス1本で3回の湯煎調理が可能ですので、カセットガス1本で1日3食分のポリ袋調理ができることになります。

災害で電気やガスが使えないときに、カセットコンロがなければお湯を沸かすこともできません。言い換えれば、在宅避難を行うためにはカセットコンロは必需品です。ぜひ、カセットコンロを備えて、誰でもカセットコンロを使った調理ができるようにしてください。

06 お風呂の残り湯も飲料水になる「携帯浄水器」を使う

次に、飲料水の確保について説明します。

1日に必要となる水の量は1人3ℓといわれていますが、これは平均の量であって、正確には体重の5％の水が必要になるそうです。体重60kgの方であれば3ℓですが、体重が80kgの方であれば4ℓ必要になります。逆に体重が40kg未満の方でも最低2ℓは必要になるとのことです。

飲料水の確保の方法として、やはり保存水はある程度は購入しておき、普段から使うようにしましょう。それから、水道水をペットボトルに汲み置きします。私の家では2ℓのペットボトルを7本並べておいて、毎日植木に1本分の水をやりながら差し替えていきます。これだけでも14ℓの備蓄になります。

水道水は、冬場では1週間、夏場でも3日は飲み水として使えますが、冷蔵庫に入れておけば1週間はそのまま飲み水として使えます。それらの日数を超えても沸かせば飲めるそうです。汲み置く水は浄水器を通さないようにしてください。浄水器を通すと塩素を除去してしまい、早く水が傷みます。

エコキュートやオール電化の場合で、自宅専用の温水タンクを持っている場合は、この中の温水を利用できるかどうかを確認してください。タンクには400ℓ前後の十分な量の温水が溜まっています。これが利用できれば、次に紹介するお風呂の残り湯を使う必要はありません。温水タンクのお湯がさめてから利用しますが、水道水の汲み置きと同様に、冬場では1週間、夏場でも3日は大丈夫です。しかし、それを過ぎると水は傷み始めますので、カセットコンロなどで沸かしてから飲むようにしてください。

そのような温水タンクがなく、他にも水源となるものがなければ、お風呂の残り湯を水源として利用することになります。お風呂の残り湯を利用することについては賛否両論がありますが、他に水源がなければお風呂の残り湯に頼ることも手段の一つです。

図3-6
スーパーデリオス
携帯用簡易浄水ボトル

図3-7
逆さにしたペットボトルに
浄水器を取り付けた状態

その場合は、市販の携帯浄水器を使用してお風呂の水を飲料水に変えます。国産や海外製品など高価なものから廉価なものまで、いろいろな携帯浄水器がありますが、国産で廉価で、水質検査の実験結果も開示している「スーパーデリオス」という携帯浄水器をお勧めします（図3-6）。

この浄水器のフィルター部はペットボトルの口に取り付けられます（図3-7）。大きなペットボトルに取り付けて、逆さに吊り下げます。ペットボトルの底を切り取って、お風呂の水を入れて吊り下げておくと、1時間で2～3ℓの浄水ができます。吊り下げた場合には約1000ℓの浄水ができるとのことです。

ただし、注意しなければならないことが一つあります。入浴剤が入っているお風呂の残り湯をそのまま浄水するとフィルターがすぐ詰まってしまいます。入浴剤を使っている場合は、最初にコーヒーフィルターで一度ろ過してから、改めて浄水するようにしてください。

07 災害時のトイレ対策

防臭袋と小便の処理がポイント

次に、災害時のトイレ対策です。これは非常に難しい対策の一つです。

一般的なのは携帯トイレを購入することです。しかし、これでは対策は不十分です。また、この携帯トイレを実際に使ってテストしている方はほとんどいません。

私はいろいろなメーカーの携帯トイレを購入し、実際に自分の排泄物を入れて実験を繰り返しています。最初は臭いが大変でした。ほとんどの携帯トイレに付いている凝固剤は、小便であれば短時間で固めて消臭してくれますが、大便のほうはなかなか臭いが消えません。袋自体から臭いがもれてきます。家族の人数分を数日間溜めておくことを考えると、とても家の中に置いておけるようなものではありません。

　しかし、大便や紙は便袋に入れて自宅保管するしかありません。臭いがもれる場合は、「BOS防臭袋」に入れて保管します（図3-8）。このBOS防臭袋は、人工肛門から排泄された便や医療検査機関で検査された便を収納して廃棄するときに使うために開発された袋です。大腸菌や臭いをもらしません。それを、災害時のトイレ用（図3-9）、生ゴミ用、赤ちゃんのオムツ用、介護のオシメ用、ペットのウンチ用としても販売している商品です。

図3-8　臭いのもれないBOS防臭袋

画像提供：クリロン化成㈱

　これがあると災害時のトイレ処理は簡単に済みます。我が家では、BOS防臭袋の箱入り（90枚）を台所に常備しています。夏場の生ゴミ処理に使っていますが、災害が発生したら、携帯トイレに用を足して、この袋に入れてしまえばトイレ対策が完了します。携帯トイレがなくなったら、レジ袋やゴミ袋を三重くらいに重ねてから用を足し、最後にBOS防臭袋に入れればよいのです。

　小便は自宅のトイレに捨てられるようにします。捨てられるようにするためには、建物の耐震化と、大地震後に建物の

図3－9　BOS 非常用トイレセットの内容

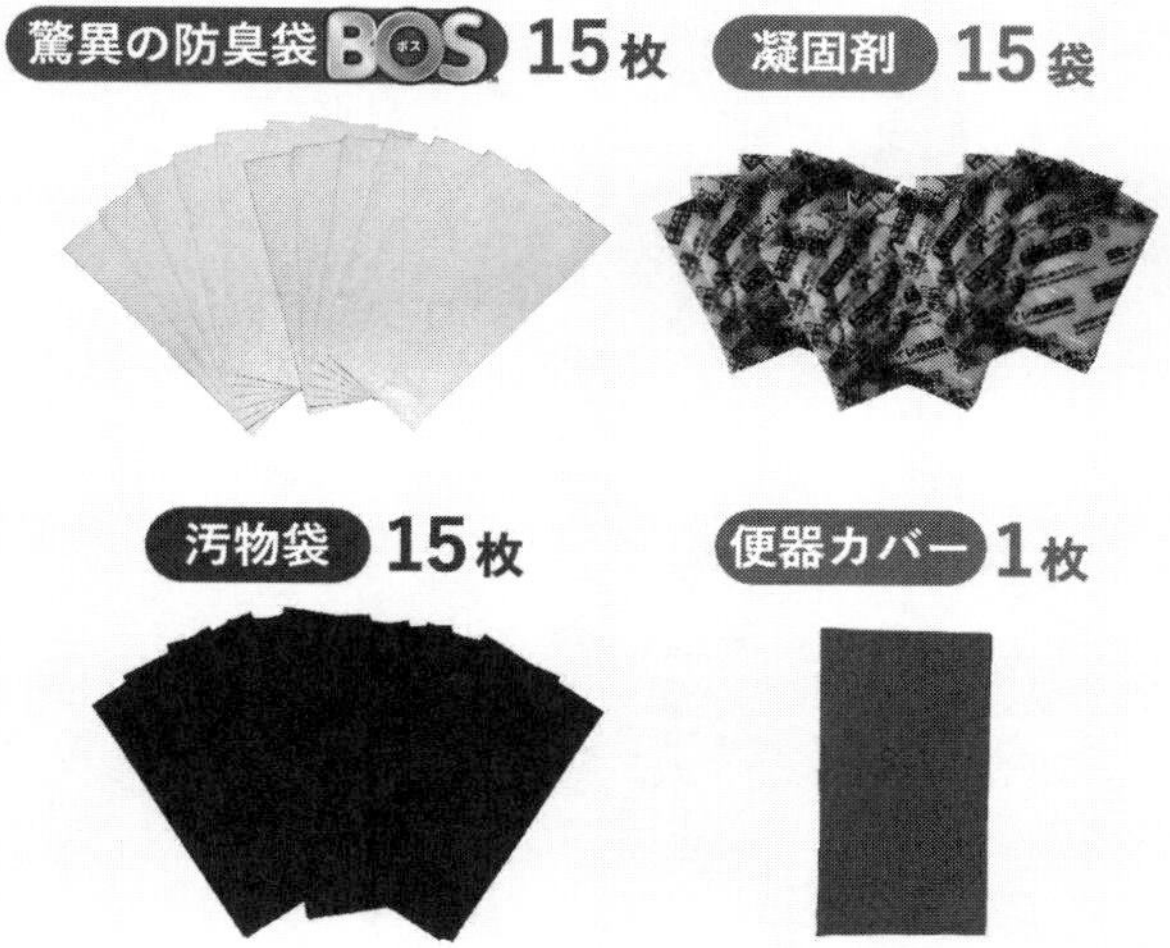

画像提供：クリロン化成㈱

損傷状態を確認する必要があります。建物に異常が見られない場合は、トイレの便器に小便を捨てることができます。

小便を捨てることができれば、大便を採取する携帯トイレは一人一日一個で間に合います。家族3人でも携帯トイレが30個あれば10日分の備えになります。そうすると、BOS防臭袋をうまく使えば、高い携帯トイレをたくさん買わなくてもいいことにもなります。

BOS防臭袋の効果が分かる方法を示しておきます。鳥の唐揚げを買って、BOS防臭袋に入れて、輪ゴムでしっかり口を結んでから電車に乗ってみてください。電車の中で全く臭いがもれません。

BOS防臭袋はネットの通信販売で手に入れることができます。

排水管のチェックについて説明します。

建物に耐震性があって、大きな地震が来た時に外見上何も損傷が見られなかった場合に、建物内部の排水管だけが大きな損傷を受ける可能性はほとんどないといわれています。可能性が少ないといっても安心はできませんので、簡単に確認する方法を第5章で説明しますが、もしこの確認ができれば、小便をトイレから捨てることができます。このとき、水は流しません。断水時でも捨てることができるのです。この方法ができると保管するのは大便だけになるため、トイレ処理は容易になります。

08 習慣化しておくと役に立つこと

「災害用伝言ダイヤル」を利用する

災害用伝言ダイヤル171

大災害が発生した時は、広域停電や通信施設の損傷により、携帯電話や固定電話を使用できなくなります。このような場合には、「災害用伝言ダイヤル171」を利用して家族間、親族間や親しい友人同士で連絡を取り合うことができます。災害時に利用できるように一度はテスト利用しておくことをお勧めします。

この仕組みは、被災地域の電話番号に、誰かが伝言を入れて、他の誰かがそれを聞きますので、両者が同じ番号にかけなければなりません。家族間で連絡を取り合う場合は、電話番号を一つに決めておく必要があります。

図3-10
災害用伝言ダイヤル171の使い方

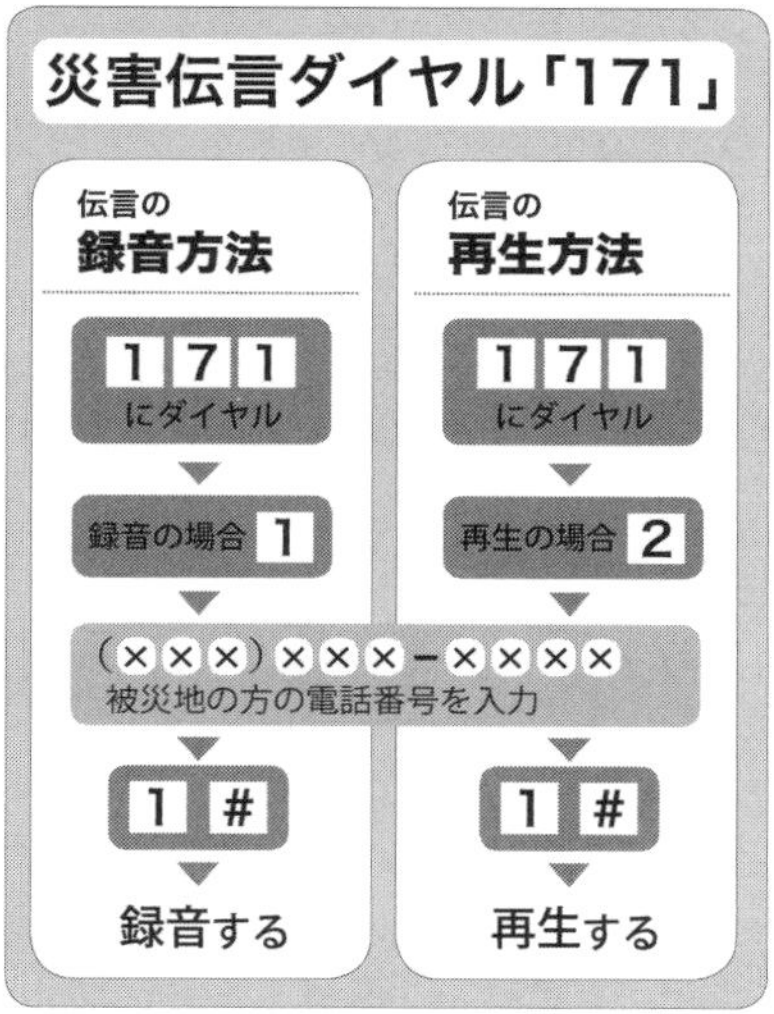

使い方は、図3-10のとおりです。

災害時伝言ダイヤル171は、毎月1日と15日にテスト利用ができます。他にも正月三が日や9月の防災週間のときにもテストができます。家族間、親戚同士、親しい友人同士などでテスト利用してみてください。

バッテリーは使った後に充電する

日常の生活で使用しているものの中で、災害時もあると便利なものがたくさんあります。例えば、携帯電話、デジタルカメラ、モバイルバッテリー、ワイヤレスヘッドホン、充電式携帯ラジオなど。

ただし、これらの機器については、バッテリーがなくなったときや、使用する直前にバッテリー充電をしていないでしょうか。それでは、災害時に利用したくても、すぐにバッテリーが切れてしまうかもしれません。したがって、普段から利用した後にすぐバッテリーを充電する習慣をつけるようにしましょう。

停電時の明かり対策

大地震が起きると停電になる可能性が高いので、「停電時自動点灯ライト」をコンセントに差し込んでおくことをお勧めしています。停電時自動点灯ライトは普段は点灯しません。停電になると自動的に点灯してくれます。

停電になったとき、家の中の数カ所でライトが点灯するようにしておきます。そこまで慎重に近づいていき、コンセントから抜くと停電時自動点灯ライトは懐中電灯代わりになります。あまり明るくはないのですが、足元を照らして大きな懐中電灯を取りに行くことができます。

皆さん、もしトイレに入っている時に停電になったらどうしますか？

我が家ではトイレの扉を開けるようにしています。扉を開けると、廊下にある停電時自動点灯ライトが点いているからです。

取り付け場所としては、寝室とリビング、廊下のコンセントに設置することをお勧めします。また、階段があればそこにもあるといいでしょう。余裕があれば、トイレや脱衣所にもあるといいでしょう。

停電時にあわてないために、ぜひ停電時自動点灯ライトを設置するようにしてください。

Information

「ポリ袋調理法」のたくさんのメリット

ポリ袋調理法は、真空調理法（フォアグラのテリーヌ調理のためにフランスの料理人によって開発された調理法。現在は世界中に広まっており、日本でもホテルレストラン、割烹店、病院給食、ファミレスなどで活用されている）を家庭でもできるようにとプロの料理人が考案したものです。食材を袋に閉じ込めて調理するために、水分や栄養素が逃げずに、逆に食材にしみ込んで食材本来のうまみが増します。調味料は少なくてもよく、また油もほとんど使いませんので、ヘルシー料理の代表的な調理法にもなっています（「ポリ袋調理レシピ」川平秀一著、アース・スターエンターテイメント：泰文堂）。

このポリ袋調理法を災害時に行うと、多くのメリットがあります。温かい料理が湯煎でできること、簡単に誰でも調理ができること、煮物、鍋物、蒸し物、汁物の調理ができること、カセットガスの消費が節約できること、洗い物を出さないため水の節約ができること、などです。

前述したように、私のセミナーでは講演しながらポリ袋調理を行い、ご飯や蒸し

図３－11　ご飯と蒸しパンのレシピ

ポリ袋でご飯と蒸しパンを作る

袋Ａにお米と水

袋Ｂにホットケーキミックス粉と水

カセットコンロで30分以上湯煎

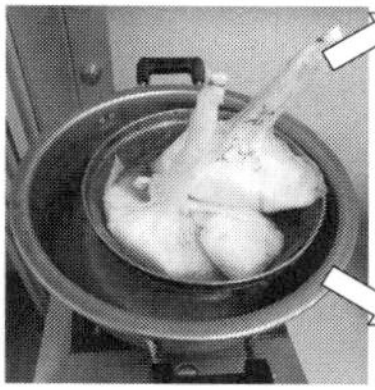

ご飯

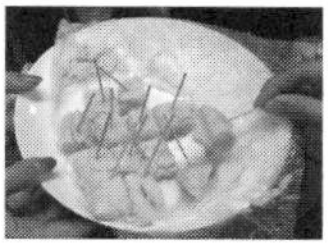
蒸しパン

材料（２人分）

袋Ａ……湯煎30分

お米（１合）	150g
水	200cc

袋Ｂ……湯煎30分

ホットケーキミックス粉	100g
水	100cc

作り方

1. ポリ袋ＡとＢにそれぞれの材料を入れる
2. ポリ袋Ｂは、ホットケーキミックス粉を袋の上から揉んで水と混ぜ合わせる
3. ポリ袋Ａ、Ｂとも袋の中の空気を抜いて袋の上の方を輪ゴムで縛る
4. 鍋が沸騰したら、ポリ袋Ａ、Ｂを入れて中火にする
5. 湯がポコポコの状態になるよう火加減を中火・弱火で調整しながら30分以上湯煎する
6. ポリ袋Ａ（ご飯）は湯煎後に、シャモジでよくほぐすとご飯がふっくらする
7. お皿に盛り付けて出来上がり

※ ご飯は通常使用しているお米を研がずに洗わなくても十分に美味しいことを確認する
※ ホットケーキミックス粉は水だけでも美味しい蒸しパンができる
お好みで、レーズン、カレー粉、味噌、粉チーズ、ツナなどを加える

ポリ袋調理法の特徴

・ポリ袋調理法は数人分の料理を一度に作ることができる
・ポリ袋調理法は煮物、鍋物、蒸し物、汁物を作ることができる
・ポリ袋をゆでる水は、飲めない水でも可能で再利用も可能

パン作りを実演します（図3－11）。できたものを試食してもらいますが、その美味しさに皆さんが驚いてくれます。

このポリ袋調理法を利用して蒸しパン・パーティーを行っているマンションがあります。10個の袋にホットケーキミックス粉と水を入れ、10種類のトッピングを1袋に1種類入れて、湯煎して蒸しパンを作ります。集まっている子供たちに試食をしてもらい、どれが美味しいか投票してもらいます。大変盛り上がるのと同時に、防災セミナーに参加していなかったお母さんたちが興味を持って、作り方を覚えようとします。このように、「防災らしくない集まり」を利用して各家庭の防災力を高めることができます。

普段調理をしない人にもポリ袋調理をお勧めします。調理の経験がない人でも、食材や水の分量さえ間違えなければ美味しい料理ができるからです。いつも料理を作ってくれる人が、災害時にいつものようにいるとは限りません。誰でも料理を作れるようにすることが、家庭の防災力アップにつながります。家族全員がポリ袋調理をできることを目指しましょう。

第3章のまとめ

01 家庭の防災力が欠かせない

(1) 災害が発生した時に、自宅で死んだりケガをしたりしないような備えをする
(2) どんな災害でも自宅に留まれる備えをする
(3) 長期在宅避難に備えて必要な食料や飲料水を自宅内に確保しておく
(4) 家族の誰もが食事を作れるようにする

02 家の中でケガをしない対策

(1) ケガをしない対策は、家具の転倒防止と同時に生活空間の確保につながる
(2) 緊急地震速報が鳴る前に大きな揺れが来ることに備える
(3) 家具転倒防止は、家具の上にポールを取り付け、下にストッパーを差し込む
(4) ガラス飛散防止フィルム貼付と開き戸ストッパーを組み合わせて取り付ける

06 お風呂の残り湯を浄水器で飲料水にする

(1) 水道水をペットボトルに汲み置きする

(2) 市販の「浄水器」を使う

07 災害時のトイレ対策は携帯トイレを買うだけでは不十分

(1) 携帯トイレの臭いのもれは防臭袋で防ぐ

(2) 小便は固めるとトイレゴミ量が増大するので、トイレに捨てる

08 災害時に役に立つことを普段から心がける

(1) 災害用伝言ダイヤル171を使えるようにしておく

(2) バッテリー機器は使った後すぐに充電する習慣をつける

(3) 停電時に困らないように停電時自動点灯ライトを家の数カ所に設置する

第4章

家庭の防災

災害が発生したときに行うこと

01 災害への心がまえ

震度6弱以上の被害を想定

地震の場合

さまざまな災害の中で、地震は突然やって来るので非常に困ります。「P波」という初期微動が最初に来ますが、すぐに「S波」の本震がやって来て大きく揺れます。このP波がやって来た時にこれを感知して警報を鳴らすのが「緊急地震速報」です。

ですから緊急地震速報が出たら、机の下などの安全な場所に移動すればいいと思っている人が実に多いです。震源地が遠くであればいいのですが、直下型地震のように震源地が近い場合には、緊急地震速報が出る前に本震がやって来てしまうのです。言い換えれば、緊急地震速報が鳴らないで急に大きく揺れることがあります。

安全な場所に移動する時間も、机の下にもぐる時間も、ヘルメットをかぶる時間もありません。その場で身構えて、落ちてくる物や飛んでくる物から身を守らなければなりません。

ですから、いつ大きな地震が起きてもいいように、家の中や身の回りから危険と思われるものを取り除いておくことが必要になります。そして、家の中に安全な場所を確保しておくことです。余震が続く場合でも、その安全な場所で揺れがおさまるのを待つようにします。

多くの人は震度6弱や6強の揺れを経験したことがありません。東日本大震災の時、首都圏は震度5弱と5強でした。震度6弱や6強の場合は、あの時とは比べものにならないくらいの揺れが起きるのです。

都心南部直下地震（M7・3）が起きると、死者約2万3000人、家屋の倒壊・焼失が約61万棟、経済被害約95兆円といわれています。死者が2万3000人としても、東京都の人口のわずか約0・2％にすぎません。自分はこの中には入らないと、ほとんどの方が思っているでしょうが、死なないための対策をしておいてください。

街の中が廃墟のように変わり、多くの死者が出たとして、それでも助かったらその廃墟の中で生き続けなければなりません。おそらく、電気・ガス・水道はしばらくの間止まります。そのほか、通信や交通など、普段何気なく受けているインフラの恩恵が全てなくなります。誰もが経験したことがない甚大な被害が出るといわれています。

第4章

3日分の備蓄があれば4日目からは公助の支援が受けられる、といった甘いことを考えていたら、すぐにその考えを改めましょう。

その昔、電気・ガス・水道がない時代でも人間は生きてきたのです。災害に備えるために知恵を出しあって乗り切ることはできるはずです。今一度、震度6弱以上の被害状況を想定して備えを見直してみてください。

台風の場合

自然災害の中で毎年決まった時期にやってくる台風でも、ときに大きな被害をもたらします。台風の備えとしては、毎日天気予報を見る習慣をつけることです。大きな台風が近づいてくると、気象庁は、大雨、洪水、高潮などの注意報、警報、特別警報を順次出してきます。これを受けて、地元の自治体が警戒レベル1~5の避難勧告、避難指示、災害発生を発表します。出された警戒レベルに応じた避難行動をとるようにしましょう。

02 あわてて家を飛び出さない

ドア開放と避難ハッチにこだわらない

ドアはあわてて開けなくてもいい

地震が発生した時にはすぐに玄関ドアを開けろといわれていますが、その必要はありません。揺れがおさまったら家を出るために開けますが、在宅避難のための準備をしてあるのであれば、他所へ行く必要もありません。発生直後、いったいどこへ行くというのでしょうか。

むしろ、玄関ドアを開けるために、揺れている中で室内を移動することのほうが危険です。わざわざドアを開けに行く必要はありません。地震が起きた場合は、室内でケガをしないように自分を守ること、もし出火したらすぐに消火することに集中すべきです。

仮に、玄関のドア枠がゆがんでドアが開かなくなってしまっても、自宅で助けを待てばよいだけのことです。焦りながら行動してケガをすることがないように慎重に行動するべきです。

新耐震基準の建物であれば、玄関のドア枠がゆがんでドアが開かなくなることはまずありません。耐震性不十分の建物の場合は、ドア枠がゆがんでドアが開かなくなることが起きるかもしれませんが、救助を待てばよいだけです。

避難はしごはケガのもと

マンションのベランダやバルコニーには避難ハッチがあります。玄関から出られなくなった場合に、ここから下の階に降りるというもので、非常時に脱出する際に使用するものとして設置されています（図4-1）。

図4-1　避難はしご降下訓練

火災が発生して、玄関から逃げることができなくなったら、避難ハッチから逃げればよいという人がいますが、簡単に降りることができるものではありません。

この避難ハッチからの脱出訓練を普段から行っていればいいのですが、このような訓練を行っているマンションを聞いたことがありません。実際に体験をしていないのに非常時に行うことは、二次災害となり大ケガをしますので使用してはいけません。ベランダに隣との仕切り板があるならば、蹴破ってお隣りへ逃げましょう。

避難ハッチから脱出するときの危険性は次のとおりです。

> ⑴ ハッチのフタが重く、開けてからしっかり固定しないとフタが閉まって手足を挟まれてしまう
> ⑵ 開いた脱出口から真下を見ると怖いので、足を下ろすタイミングが難しい
> ⑶ はしごが揺れるために足を踏み外す恐れがある
> ⑷ はしごが着地したい床面まで届かないため、着地しようとして転んでしまう

訓練をした上で降りる自信があれば使うことは構いませんが、もし訓練をしていない、または降りる自信がなければ、大ケガをする可能性が高いので使わないほうがいいでしょう。

03 在宅避難を開始する

初期消火とトイレ、ゴミの処理

大きな災害になると停電期間が長くなることもあるので、少なくとも7日以上の在宅避難を覚悟しておきます。自宅でキャンプ生活をする気持ちで在宅避難を行うのが最も賢明な対策です。揺れがおさまった後、在宅避難を開始するにあたり、いろいろと対応をしておかなければならないことがあります。

初期消火

家の中で出火した場合、すぐに消火できるようにしておきます。火事が発生したら大声で「火事だ！」と叫んで自衛消防隊や周りの人を呼んで消火するようにいわれていますが、人が集まるまでの間に炎は広がって、素人では消火できなくなってしまいます。

火災が発生したら家庭内ですぐに消火できるようにしておくことです。そのためには、「エアゾール式簡易消火具」が便利です（図4－2）。この消火具は油火災にも対応してい

図４－２　エアゾール式簡易消火具

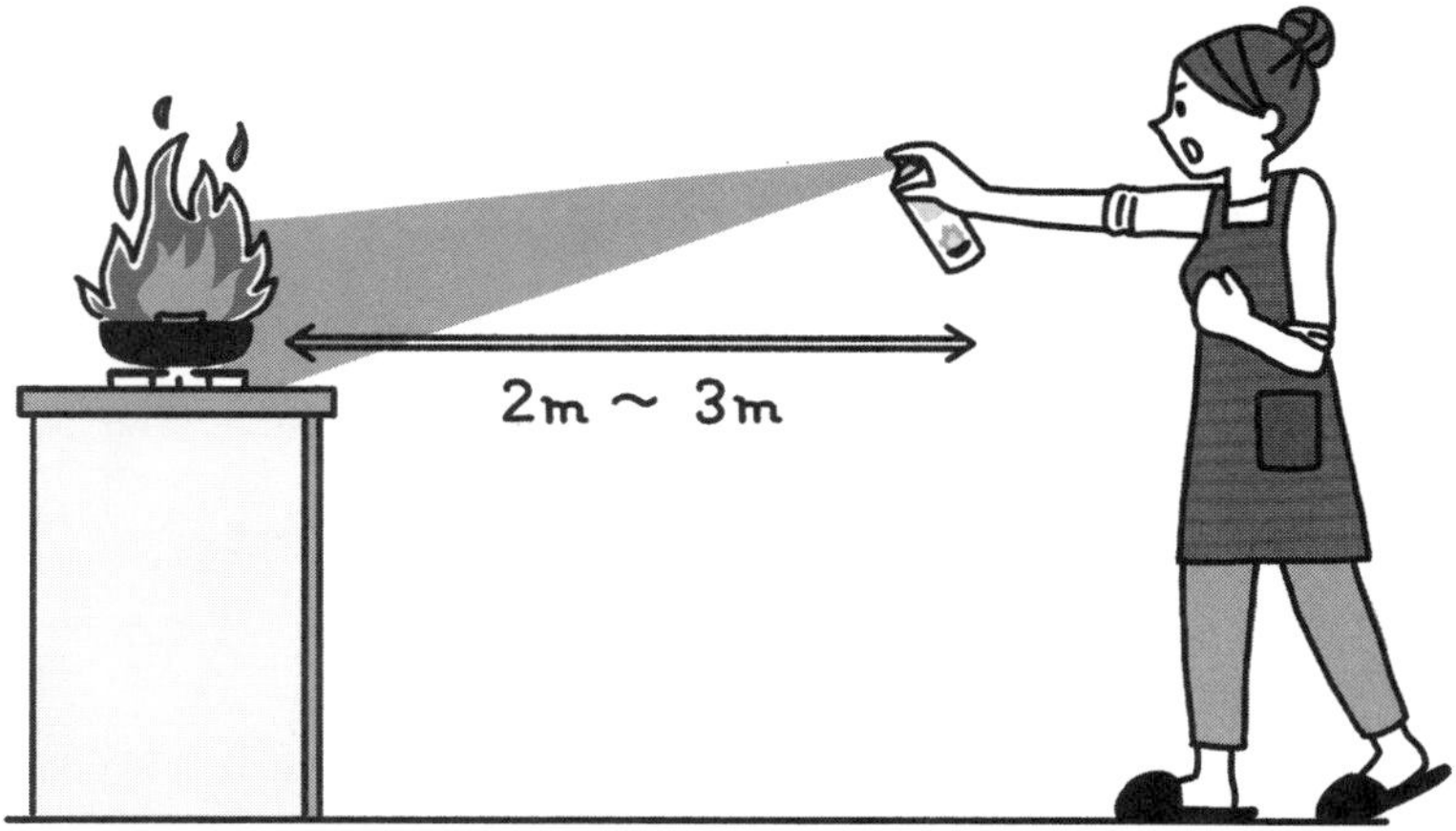

ますので、台所で発生するほとんどの火災に対処することができます。

また、小学校高学年から使えること、さらに1本1000円台と価格が安いことも利点です。1軒で3本ぐらいは備えておいてほしい消火具です。この消火具の有効使用期限はだいたい3年程度なので、期限が切れるころに防災訓練で実際に使用することをお勧めします。これにより、家庭の防災力だけでなくマンションの防災力も向上するように思います。何事も経験しながらできることを一つずつ増やしていってください。

断水したらトイレから汚物は流さない

大きな地震が起きて断水になったらトイレ

から汚物は流さないことです。お風呂の残り湯を使って流すことはしないでください。勢いのある水を流さなければ、汚物は流れていかずに固まって排水管が詰まってしまうことがあります。

ゴミは自宅保管

生活ゴミとトイレゴミは自宅で保管します。大災害時は行政のゴミ回収車が来なくなりますので、ゴミ置き場はすぐにいっぱいになります。そこにトイレ汚物があって、何かの拍子に袋が破れたりしたら大変なことになります。トイレゴミは絶対に自宅保管するようにしてください。

長期在宅避難に必要なもの

長期の在宅避難に必要なものは何かと質問されることがよくあります。そんなときは、長期間の旅行に出かけるときに備えるものを考えてみてください。在宅避難ですから屋根付きで泊る場所はあります。着る物や食器などもそろっています。しかし、電気・ガス・水道が使えません。そんな場所へ旅行してキャンプをすることを想像して、必要と思われるものを備えてみてください。

在宅避難開始の準備

停電しているなかで在宅避難を始めます。

最初に携帯ラジオのスイッチを入れます。大地震であれば、震源地とマグニチュードが分かります。その情報から、自分のいる地域が現在どのような状況にあるのかを想像します。

家族の安否が気になります。携帯電話の通話はつながりにくくなりますので、ショートメールなどで安否確認を行います。返信がすぐに来るとは限りませんが返事を待ちます。

次に、玄関から外に出て周囲の住人たちの安否を確認します。同時に、自分が無事であることを知らせます。救出が必要な人を発見した場合は、皆で協力して助けましょう。

次に、家の中を片付けます。大地震が起きたら家の中は相当グシャグシャになると思います。ここで生活していくために必要な場所を確保します。

地震発生が夜であれば、照明の準備も必要ですが、家の中を片付けることができそうもない場合は、翌日に備えて休むことです。その場合には、電源ブレーカーを落としておきましょう。夜中に電気が復旧した時に「通電火災」が起きる可能性があります（通電火災については後述します）。

食事やトイレ対策として備えておいたものを順次用意して、在宅避難生活を始めます。

04 情報が届かない

携帯が使えるのは基本的に6時間以内

大災害発生時、特に大地震発生時は情報が入らなくなります。停電になると、携帯ラジオやワンセグＴＶなどでしか情報は入手できなくなりますが、実際には震源地とマグニチュードの情報しか分かりません。甚大な被害を受けている地域のことがニュースになるまでには時間がかかります。

阪神・淡路大震災は午前5時46分に発生しましたが、東京でテレビを見ていた限りでは、午前中に報道されたのは大阪や京都のことばかりで、被害が深刻だった神戸の震度が分かったのはお昼頃でした。

したがって、被害状況は自分自身で確かめるしかありません。マンションの屋上に上って周辺を見渡すことで状況が分かります。倒壊している木造家屋はないか、電柱が傾いたり電線が切れていたりしているところはないか。また、鉄道が近くを通っていれば、電車が脱線していないか、駅舎が倒壊していないか、などを自分で確かめて、地震の被害を推測することになります。

そんな時でも、家族の安否を確認しなければなりません。２０１１年3月の東日本大震災の際には、すぐに電話がつながらなくなりました。通話量が回線の許容量をオーバーしたためにかからなくなってしまったようです。

とはいえ、現在はだいぶ改善されています。携帯電話会社各社が設置している中継機器のバッテリーが長時間使用できるようになり、少なくとも災害発生から6時間は使えます。ただし、音声通話はかかりにくくなります。ショートメールやＳＮＳであればしばらくの間は通信ができます。どこの携帯電話会社のサービスであっても、災害発生から6時間は使用できるようになっています。

自分が使用している携帯電話のバッテリー量が充足している必要がありますが、モバイルバッテリーを一つ用意しておけば災害時でも携帯電話を使用することができます。

ただし、6時間で中継機器のバッテリーが切れるので、その後はサービスが利用できなくなります。その一方で、大都市圏ではＮＴＴドコモ、ａｕ、ソフトバンクの携帯電話は24時間使えるようになっています。

中継局のバッテリーが切れてしまって、携帯電話が使えなくなったら、次は前述した災害伝言ダイヤル１７１を利用することです。これは公衆電話や固定電話で利用できます。携帯電話でも圏外になっていなければ利用できます。普段から災害伝言ダイヤル１７１を家族全員が使えるようにしておきましょう。

子供を引き取りに行くためにどうしても外出しなければならないことがあると思いますが、その場合は注意が必要です。大きな地震の直後は二次災害に遭う可能性があります。むやみに外出しないほうがよいのです。学校や幼稚園では、必ず子供たちを守っていてくれますので、引き取りに行かないことを決断する勇気も必要です。

子供を引き取るために出かけて、途中で二次災害に遭って命を落とすようなことになったら、子供がいちばん悲しみます。一生その悲しみを抱えて生きていかなければなりません。そんなことにならないようにしてください。子供の引き取りは慎重に判断してください。学校や幼稚園の防災対応を事前に確認しておきましょう。

役所からの情報を期待しても、求める情報はなかなか届きません。大災害時は役所も混乱し、状況を把握しようとしても情報が集められません。したがって、当日から翌日は行政からの情報はほとんどありません。行政からの情報は数日経ってから避難所に届くことになります。

05 感震ブレーカーで通電火災が防げるとは限らない
オンする前に行うこと

数年前から「感震ブレーカー」の設置を推進する動きが加速しています。内閣府や消防庁、経済産業省、地方自治体が歩調を合わせて推進のためのホームページやチラシを作っています（図4-3）。

このチラシには次のようなことが書かれています。「地震による電気火災対策には、感震ブレーカーが効果的です！」「感震ブレーカーを設置して、電気火災から『家』『地域』を守ろう」。国が作成したチラシにこのようなことが書いてあれば、ほとんどの人が疑うこともなく、感震ブレーカーを設置する気持ちになるでしょう。

また、2019年12月にNHKで放映された首都直下地震をテーマとしたドラマ「パラ

図４－３　感震ブレーカー設置推奨のチラシ

引用元：産業構造審議会 保安分科会 電力安全小委員会 電気設備自然災害等対策WG 資料より

レル東京」では、感震ブレーカーを取り付ければ通電火災は防げる、と言っていました。

通電火災とは、地震の揺れで電気器具や電気設備が損傷してしまい、停電しているためにそれに気がつかないままでいると、電気が復旧したときに損傷した電気器具や設備から出火することです。

確かに、感震ブレーカーは地震の揺れでブレーカーをオフにしてくれます。感震ブレーカーには感震装置が入っており、揺れを感じるとバネの力でスイッチを押し出してブレーカーを切る仕掛けです。

しかしながら、地震でグシャグシャとなった家の中を片付ける前に、ブレーカーをオンにしてはいけません。復旧の手順を間違うと通電火災が起きてしまいます。オンにする前に電気製品の電源を切っておきます。

もし、夜に大地震があって、家の中がグシャグシャになり、さらに停電となってしまったら、室内が暗いために片付けができなくなります。こんな場合には、ブレーカーを落として朝を待つことになります。仮にブレーカーをオンにした状態で夜中に電気が復旧してしまったら、破損している電気製品から出火してしまう可能性があるからです。

そして、翌朝になって電気が復旧していたとしても、家の中が暗いからといってブレーカーをオンにしてはいけません。ブレーカーをオンにしたら、その時点で通電火災が発生するかもしれません。ですから、明るくなったら、最初に家の中を片付けて電気製品や設備を確認しましょう。家の中が片付いたらブレーカーをオンにする、という手順を知っておくことが大切です。

感震ブレーカーに寄せる期待？

内閣府中央防災会議が想定している都心南部直下地震が発生すると、火災延焼で約1万6000人が死亡すると推定されています。その減災のために最も効果がある対策として感震ブレーカーの設置が挙げられています。火災延焼が予測されている木造家屋密集地域には積極的に感震ブレーカーを設置すべきという方針らしいのです。

一般的に、木造家屋密集地域には旧耐震木造家屋が多く、都心南部直下地震では、多くの家屋が全壊・倒壊し火災も発生すると想定されています。

そんな地域の旧耐震木造家屋に感震ブレーカーが設置されていたとしても、家屋が倒壊してしまったら通電火災が起こらないとは限りません。そのような家屋においては、分電盤までの電線が損傷する可能性や、そこから出火する危険性は高くなります。したがって、木造密集地域の旧耐震家屋に感震ブレーカーを設置しても、通電火災を防ぐことはできません。

また、マンションの高層階では特に揺れが大きいために、部屋の中だけでなく天井裏や壁の中などの配線が切れることを心配して感震ブレーカーを設置したいという人もいます。この場合は、「漏電ブレーカー」が働いて電気を遮断しますので、感震ブレーカーの設置とは関係がありません。

それでは、感震ブレーカーを設置しておいたほうがよいのはどのようなケースでしょうか。室内の熱源機器が大地震によって損傷しやすく、かつ家を空けることが多い場合には感震ブレーカーがあったほうがよいと思います。

熱源機器とは、熱帯魚観賞水槽、天井吊式蛍光灯照明、白熱灯電気スタンドなど、大地震で損壊し、熱源が露出する可能性が高い製品です。室内の電気を復旧させる場合、室内を片付ける前にブレーカーをオンにしてはいけないことをマンション住人の間で共有しておきましょう。

また、ブレーカーのことが分からない人、ブレーカーのスイッチに手が届かない人、ブレーカーのオンとオフの意味が理解できない人は、感震ブレーカーを設置したほうがいいでしょう。

06 在宅避難でも救援物資は受け取れる

早くても3日目以降

大災害が発生して長期の停電や断水が起きた場合には、マンション住民は避難所に行かずに在宅避難生活を行うほうがよいのですが、食料や情報を入手するために避難所に行かなければならないと思っている人が多くいます。情報については、当日や翌日は何の情報も届かないことはすでに述べました。食料や水の備蓄品も予定収容人数分しかありませんので、希望どおりの食料や水を手に入れることはできません。

数日経てば、救援物資は避難所に届けられ、在宅避難でも救援物資を受け取ることができます。救援物資が届くのはどんなに早くても3日目以降、大災害であれば1週間以上

経ってからのことです。それまでは、避難所に行ってももらえるものは何もありません。

1週間を経過するころから、避難所に救援物資が届けられますので、マンション住民でも在宅の住民数を把握して避難所に行けば、救援物資を受け取ることはできます。ただし、救援物資が希望にかなうものとは限りません。消費期限の切れたおにぎりやパンなどを渡されることもあります。希望した数量よりも相当少ない数を渡されることもあるでしょう。

したがって、自宅で7日以上の在宅避難ができる備え、すなわち「自助」をしておけば、救援物資を頼りとしない在宅避難生活ができるはずです。

また、首都直下地震や南海トラフ地震、台風による洪水・鉄塔倒壊などによる被害は、長期間にわたる停電や断水を引き起こすかもしれません。そうなると7日以上の在宅避難の備えをしていたとしても、生活を続けることができなくなる可能性もあります。

そんなときは「疎開」することになります。（著者注記：「疎開」とは、被害のない地域に移動してそこで生活をすること）

そのためには、年賀状から拾い出したり、昔の友達を思い出しながら日ごろからSNSで旧交を温めたり、帰省時に親戚や友人に手土産を持って行ったり、旅行先で新しい友人を作ったりすることも立派な災害対策になります。

ただし、面倒を見てくださいとは言いにくいため、先方に何かあったときは我が家に来てくださいと言っておきながら、もし我が身に万が一のことが起きた場合には、これらの知人・友人を頼って被災地を脱出するのがよいでしょう。

Information

携帯電話会社各社の災害対策

ＮＴＴドコモは、東日本大震災において全国で６７２０の基地局が、特に東北地方では４９００の基地局でサービス提供ができなくなりました。その原因は、長時間の停電によるバッテリーの枯渇、地震による伝送路の断絶、地震や津波による損壊や水没などが挙げられます。

これらの教訓から、東日本大震災後に、基地局の無停電化、バッテリー供給の24時間化、無線伝送路などを実現してきました。現在では都道府県庁や市区町村役場があるエリアの基地局は無停電化および24時間化対策が実施されています。大都市のような人口密集地域には、大ゾーン基地局を設置し、たとえ中間基地局や中継機器が損壊したとしても無線伝送路による通信が実現できるようになりました。

ａｕとソフトバンクも、官公庁や役所がある地域を対象に基地局電源の24時間化をほぼ完了しています。

今後の動向にも注目していきたい災害対策です。

第4章のまとめ

01 災害への心がまえ

(1) 地震は突然やってくる
(2) 直下地震は緊急地震速報が出る前にやって来る
(3) 3日分の備蓄では足りない
(4) 台風情報は天気予報を毎日見る習慣をつける
(5) 台風の場合、地元自治体の避難勧告、避難指示、災害発生情報の指示に従う

02 あわてて家を飛び出さない

(1) ドアはあわてて開けなくてもいい
(2) 避難はしごを使うのはケガのもと

03 在宅避難を開始するまで

(1) 初期消火

(2) 断水したらトイレから汚物は流さない
(3) ゴミは自宅保管
(4) 長期在宅避難に必要なものはキャンプを想定して決める
(5) 在宅避難開始の準備

04 大災害発生直後は情報が来ない

(1) 大災害発生後はラジオでは震源地とマグニチュードの情報しか分からない
(2) 大地震で広域停電しても、携帯電話は都市部では24時間、そのほかの地域でも6時間は使える可能性がある
(3) 大きな地震の直後は二次災害に遭わないようにむやみに外出しない
(4) 役所も混乱しているため、行政からの情報はすぐには届かない

05 感震ブレーカーで通電火災が防げるとは限らない

(1) 国を挙げて感震ブレーカー設置を推進している
(2) 感震ブレーカーを設置すれば通電火災が減るとは限らない

(3) 感震ブレーカーは自分でオンとオフをすればよい
(4) ブレーカーをオンにする前に室内の片付けと電気製品のオフ
(5) 感震ブレーカーを設置したほうがよい場合もある

06 在宅避難でも救援物資は受け取れる

(1) 避難所の備蓄食料は少ないので避難者しかもらえない可能性が高い
(2) 救援物資は避難所に行けば受け取ることができる
(3) 在宅避難が長期になり、備蓄食料が不足する場合に備えて「疎開」先を探しておく

第5章

災害発生時に行うこととやってはいけないこと

マンション防災の初動

01 被災直後の人命救助と初期消火

救助の手順

大災害が発生した場合、自分の身の安全と同居している家族の無事が確認できたら、次はマンション内の人命救助活動と初期消火活動です。マンションでは、家具の転倒・落下による大ケガや、室内やエレベーターなどで閉じ込めが発生します。

(1) 近隣住民の安全確認

同じフロアの住民で構成するフロア会、階段の左右同士で構成するエリア会など10戸程度のグループを作っておき、そのグループ内の住民が安全であることの確認ができればそれで終了となります。異常を発見した場合は、大声で人を呼ぶなどして救命救助活動を行います。

図５－１　無事ですカード

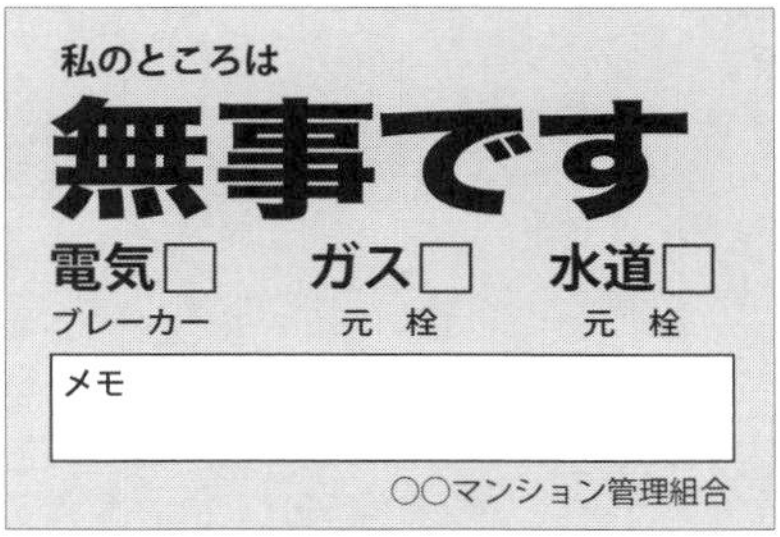

(2)「無事ですカード」を張り出す

災害発生後に無事であれば、そのことを示す方法の一つとしてマグネットシートの「無事ですカード」をドアの前面に張り出す方法があります（図５－１）。このカードを使うと安否確認を早く行うことができます。

時々、「○○に行っています」と書かれた表示が見受けられますが、これは防犯対策上よくありません。不在を示す内容の表示は絶対にしてはいけません。文言を修正してください。不在表示を掲示したら泥棒に狙われます。

(3) 救助されるためのシグナル発信

家具の転倒などでケガをした場合や、家具や家電の下敷きになって動けなくなった場合に助けを呼ぶには、固いもので固いものを叩くか、または、「緊急ホイッスル」を鳴らして、救助の意思表示を行わなければなりません。固いものや緊急ホイッスルがない場合は、指の骨を使って固いものを叩くことで救助を求めます。

(4) 玄関扉や窓枠を壊して立ち入るための手順

室内から固いものを叩く音やホイッスルの音が聞こえた場合は、玄関扉を壊してでも室内に立ち入って救助することになります。玄関扉はその構造を知っておけば壊し方が理解できます。また、窓枠を壊したり、ドアそのものをバールでこじ開けたりします。そのマンションの建具の構造によって最適な方法を事前に調べておきます。

(5) 仕切り板を壊してベランダ側から立ち入る手順

ベランダの仕切り板は5㎜程度のアクリル板なので、ヒジやかかとで強く叩けば壊すことができます。仕切り板を壊して、要救助者を探し、室内で倒れている人を発見したら窓ガラスを壊して部屋に立ち入ることになります。窓ガラスの壊し方や部屋への立ち入りに必要な道具の使い方を身に付けておきましょう。

(6) エレベーター閉じ込め者の捜索と救助

エレベーターに閉じ込められる可能性は非常に高いので、閉じ込められた人を救出する

図５－２　エレベーターの救出訓練

方法はぜひとも訓練しておくことをお勧めします。筆者のマンションではエレベーター保守会社による非常時救出訓練を毎年実施しています（図５－２）。ぜひ、エレベーター保守会社に相談して訓練を実施してください。

(7) 初期消火は発火後すぐ

室内で発火した火災は、燃え広がる前に消し止めることが大事です。そのためには、「エアゾール式簡易消火具」を使えるようにしておきましょう（第４章－03を参照）。エアゾール式簡易消火具は、油火災も消火できます。

多くのマニュアルでは、火災が発生したら「火事だ」と叫んで周りの人を呼ぶように書かれていますが、マンションでは簡単に人は集まりませんし、火事の消し方が分からない人が多いです。炎が自分の背丈よりも高くなったら逃げるしかありませんが、その前にやけどに注意しつつ全力で消火活動を行いましょう。

(8)「避難はしご」は自信がなければ使わない

マンションのベランダには、全戸ではないがいくつかの家に避難はしごのハッチが備えられています。このハッチを実際に開けてみた経験がある人はどのくらいいるでしょうか。このハッチの扉は意外に重くて、しっかりとロックしないと急に閉まって手足を挟んで大ケガをする可能性があります。また、扉を開けた空間から下を見ると結構恐ろしいものです。下ろした避難はしごは不安定で揺れるので降りるのに苦労します(第4章-02を参照)。避難はしごが下の階の床まで届いていないために、着地で転んでしまい、ケガをすることも多いようです。このようなことを知っておいてください。訓練を行ってみて、自信がなければ避難はしごは使わないほうが賢明です。隣へ逃げるとか、他の方法を優先すべきです。

02 災害弱者の守り方

自宅から離れない準備をする

災害時には、高齢者、病人、視聴覚障がい者、心身障がい者、妊婦、乳幼児、日本語が分からない外国人、ケガ人など、災害弱者といわれる人たちを、周りの人たちが守ることになっていますが、災害が発生した時、実際にどこまでできるものでしょうか。

事前に把握している災害弱者の様子を見に行き、その後は見守りを継続していくことしかできません。災害弱者の方のお世話は素人にはできません。防災マニュアルには、具体的な対策は書かれておらず、「周りの住民が協力して連れ出す」や「安全な場所へ担架で搬送する」など、誰かが協力してくれそうなことが書かれています。

実際、首都直下地震が起きた場合は、マンション高層階では相当に揺れるために大変なことが起きると予想されます。多くの人が家具の転倒やガラスの破損などによりケガをして、重傷者も出てきます。家の中は滅茶苦茶な状態になり、家族とは連絡がとれなくなります。はたして、そんな状態の時に、災害弱者の方を気遣い、移動を補佐し、担架で搬送することを手伝ってくれる人がいるのでしょうか。

それなのに、「被災時はみんなで協力して災害弱者を助けられるコミュニティ作りが大事」といっている人があまりにも多いのです。そのような支援は、震度5強までならばできるかもしれませんが、それでもほとんどの人が無事である場合に限られます。

それならば、災害弱者の人はどうすればよいのでしょうか。次のような対策をして、自宅から離れない準備をするしかありません。

(1) 住んでいる家の耐震化
(2) 普段自分がいる居間や寝室に背の高い家具を置かない
(3) 全ての家具や電気製品を固定する
(4) ガラス製の照明灯や照明器具は、ガラスを使わないLED照明に変える
(5) 10日間の在宅避難ができる食料・水・トイレなどを備える

そして、これらを行うことができない災害弱者の方には、災害が来る前に、周りの人が手伝ってあらかじめ備えをしておくことが災害弱者を支援する共助になります。

別の言い方をすれば、被災後に十分な支援を期待されても、何もできないことをはっきりと災害弱者の方々に伝えておかなければなりません。

阪神・淡路大震災の時、10階以上のマンションの高層階では、25％の人がケガをして、4％の人は重傷を負ったという統計があります。ただし、当時は家具転倒防止、ガラス飛散防止フィルムの貼付などがほとんど施されていなかったため、被害が大きかったそうです。したがって、備え方次第ではケガ人の数をゼロに近づけることができるはずです。

その上で、重傷者が出た場合の対応策を考えてみると、次の条件が必要になります。

①重傷者を捜索する方法が分かっていること
②重傷者の住居に立ち入る方法が分かっていること
③重傷者が、意識なし、大出血しているといった場合に応急処置ができること
④安静状態維持か、搬送ができるかの判断ができること
⑤担架、またはそれに代わる物が用意できること
⑥担架搬送に必要な人数が確保できること

第5章

⑦エレベーターは停電で使えないため、非常階段を使った下降が可能であること
⑧徒歩圏内に重傷者を治療できる病院または災害時医療救護所があること
⑨街中や道路の状態が担架搬送することができるような状態であること
⑩病院・医療救護所に重傷者を診察してもらえる余裕があること
⑪重傷者の家族が到着するまで誰かが付き添えること

前記のすべての作業ができて初めて、重傷者の治療が受けられます。

また、この作業は重傷者一人について行う内容ですので、重傷者が複数人出た場合は、この作業を人数分だけ行うことになります。ですから、重傷者が出てしまったら助けることは非常に難しいのです。重傷者を出さない対策を十分に行うしか方法はありません。

03 住み続けるために行うこと

建物内の破損箇所と危険箇所を調査

大地震が発生した場合、引き続きマンションに住める状態かどうかを確認することと、

住み続けるために地震発生以前の状態に戻す作業や操作が必要になります。自分の住むマンションでありながら建物や設備のことを知らない人が多いので、次のことを知っておいてください。

(1) 建物内の破損箇所と危険箇所を調査する手順
(2) 停止したエレベーターの復旧連絡方法
(3) 都市ガス停止時のガス再開手順
(4) 火力発電所の被害状況から停電期間を予測する
(5) 排水管の確認

(1) 建物内の破損箇所と危険箇所の調査

建物内の破損箇所や危険箇所を調べるためには次の物が必要になります。

①管理人室へ入室する鍵、②建物内の鍵、③建物の図面、④懐中電灯、⑤ヘルメット、⑥手袋、⑦危険箇所標示シール

また、次の４つのことを知っておかなければなりません。

①管理人室の鍵は理事長のほかに誰が持っているのか？

②建物図面は管理人室のどこに保管されているのか？

③図面のどこを見ればいいのか？

④どのような設備があるのか？

建物内の破損箇所・危険箇所の調査は、普段は管理会社や管理人が行ってくれることですが、災害時は住民だけでできるようにしておかなければなりません。防災訓練の際に実際に回ってみることです。一度経験しておけば、災害時でも調査ができるようなります。

(2) 停止したエレベーターの復旧連絡方法

エレベーターが停止した場合に、閉じ込められた人がいない場合の復旧手順です。エレベーターに閉じ込められた人がいる場合のことは第２章で書きました。

エレベーターが止まったら、できるだけ早くエレベーター保守会社に電話をして、保守要員に来てくれるよう依頼することです。電話番号とエレベーター管理番号は、1階のエレベーターの扉付近にあるはずなので確認しておきましょう。ぐずぐずしていると、あっという間に他のビルからの復旧依頼が重なり、保守要員の方は自分たちのマンションになかなか来てくれないことになってしまいます。

(3) 都市ガス停止時のガス再開手順

都市ガスは、震度5弱程度の揺れで自動的に供給が遮断されることになっています。そして、その復旧手順は、ガスのメーターボックス付近に吊り下げられています。その手順書の位置を確認しておきましょう。手順書を見れば簡単に復旧ができます。

(4) 火力発電所の被害状況から停電期間を予測する

地震が起きた時に最も心配なことは停電です。火力発電所は震度5強程度で稼働を停止します。電力会社管内の全域が停電してしまうブラックアウトの可能性もあります。そして、いくつかの火力発電所が損傷してしまうと停電が続くことも考えられます。停電がどのくらいの期間続くのかは、火力発電所がいつ再稼働するかに関わってきます。

火力発電所の損傷状況や再稼働に関する情報に注意してください。それによって、このまま我慢して留まるか、ほかの地域へ疎開するかを判断しなければなりません。

(5) 排水管の確認

多くの防災マニュアルには次のようなことが書いてあります。

「大地震が起きた時、建物内部の排水管が損傷している可能性がある。調査して損傷がないことが分かるまでは漏水の可能性があるので水を流してはいけない」

私は、このように書かれているマニュアルを刊行しているところに連絡して、素人が短期間で損傷の有無が分かる調査方法を教えてほしいと聞きまわりました。答えは、壁を壊して直接見るか、ファイバースコープで調べることになり、素人が短期間で確認できる方法はない、というものでした。これでは断水が解消しても水を流せないことになってしまいます。

いろいろと調べているうちに簡易的な排水管のチェック方法を発見しました。排水管のチェックには食品用着色料を使います。

食品用着色料で作った色水を流すことは、いくつかのマンションで実験していただいています。食品用の着色料は多数の色がありますし、混ぜればいろいろな色が作れます。

具体的なチェックの方法を説明します。

最初に公共施設の下水道にいちばん近い汚水桝を探します。そのフタを開けてビデオカメラをセットします。そして食品用着色料を上階のトイレから流します。断水で水を流せない場合にはバケツにお風呂の水を汲んで流します。そして、汚水桝に色水が流れてくることが確認できれば排水管に致命的な損傷はないということがいえます。

マンションの建物内に排水管の竪管（上下階を縦に貫通する管）が何本あるかは、排水管の経路図で調べます。災害発生時には、トイレの竪管はすべてチェックすることが望ましいです。

この排水管チェックを行えば、小便を自宅のトイレの便器から流す判断もできます。損傷がない場合、断水が復旧したら普通に水を流してもよいことになります。これは、大地震発生後に、マンション住民としてできるだけ早く行いたいチェックの一つです。

04 災害対策本部の役割

人を集めないでできる役割に徹する

新しい生活様式の中では、災害が発生した場合でも、「3密」の状態をつくらないことが求められます。そのためにも災害対策本部は、これまでのように多くの人を集めて行うものではなく、人を集めなくてもマンション住民がそれぞれ必要なことを行えるように、災害対策本部の役割を変えていく必要があります（図5－3）。

「災害発生時には災害対策本部を設置する」としているマニュアルが多いのですが、はたして災害時にマンションの災害対策本部に人は集まってくるでしょうか。高層階では多くのケガ人が出ることが想定されています。また、出勤している人や外出している人は戻ってこられないこともあります。災害対策本部で活動する項目が決まっていたとしても、実施することができないことのほうが多いのではないでしょうか。

災害対策本部に人が集まったとしても、家族の安否が気になったり、勤務先から出勤を求められたりする場合もあるでしょう。決まった人が何日も連続で災害対策本部で仕事を

図５－３　災害発生直後は災害対策本部を立ち上げないのがベスト

行うことはなかなか難しいのです。

災害発生後の行動は、まず、自分の身の安全と家族の安否確認が最優先です。その後は、周辺の家の安否確認や閉じ込め者捜索になります。家に閉じ込められた人やエレベーターに閉じ込められている人を救出します。また、初期消火活動も同時に行います。

このような初動は、災害対策本部から指示が出なくても自然に行われるようにしておくことが大事です。すなわち、災害発生直後は災害対策本部を立ち上げなくても、行うべき初動が分かるようにしておけばよいということになります。

この災害発生後の一連の初動をまとめたものが、マンション防災スマートシート（第2

章－02）になります。このシートが集会室などに張り出されてあれば、災害が起きた時には次に何を行えばよいのかが分かります。その時マンションにいる人たちができることを行えばよいのです。できないことは行えなくても仕方がないと割り切りましょう。

一連の初動対応が終わった後は、在宅避難になります。これも、各世帯ごとに準備したことを在宅避難で実践していくことになります。災害対策本部が特に行うことはありません。

災害発生後3日目くらいになると、行政からの情報が避難所に入ってくるかもしれません。マンションまでは届けてくれないので、マンションの住民が交代で避難所に様子を伺いに出かけることになります。このころから、災害対策本部の役割が必要になります。交代で避難所に出かける人を決めて送り出し、知り得た情報をマンション内の住民に知らせる役割です。

また、4日～1週間も経つと救援物資が届くようになります。救援物資もマンションには届かないために避難所に取りに行かなければなりません。その時に、マンションのどの部屋に何人住んでいるかの情報が必要になりますので、安否確認と同じように全戸の情報を集めます。その情報を持って避難所に出向き、食料や飲料水、日用品などを受け取ってきます。そのために何人かの人を集めて一緒に行くことになります。

地域との連絡も災害対策本部が担う役割の一つになります。

自治会の役員さんと話をすると、「マンション住民は自治会加入率が低く、接点がない。マンションに住んでいる人たちの姿が見えない」と言われます。

災害時にどうしてほしいですか、と自治会役員の方々に聞くと、大災害時にはマンションの住民の皆さんにぜひ協力してほしいことがあると言います。それは次の3つです。

① 周辺の被害状況確認のため、屋上への立ち入り許可がほしい
② 救援物資の倉庫として利用したいので集会室を提供してほしい
③ 助けを必要とする機会が多くなるので、多くの居住者に協力してほしい

これらのことができるように協力をお願いしたいということです。そのためにも日ごろから、マンションと自治会や周辺の戸建ての住民たちとの交流が必要になるので、次のようなことを実施してみてはいかがでしょうか。

①周辺住民や自治会役員をマンション行事に招待
②地区住民でも集会室を利用できるようにする
③周辺の戸建て住民にマンション屋上からの自宅の景色を見せる機会を設ける
④理事役員に自治会担当を設けて自治会の行事に参加
⑤家屋倒壊時の救出道具の置き場所を提供する

これらを平時から実行して周辺住民や自治会の方々との交流を深めてください。

05 こんなことをやってはいけない

安否確認後の集計作業はやってはいけない

(1) 搬送先の状況を確認せずに災害弱者を担架で無条件に運んではいけない

上層階の高齢者の方を、非常階段を使って担架で降ろす訓練を行っているという話をよく聞きますが、降ろした後はどうするのでしょうか。病院または避難所に連れていく？病院は大混乱？避難所の環境は良いか？集会室で宿泊が可能か？滞在の準備はして

図５－４　担架搬送

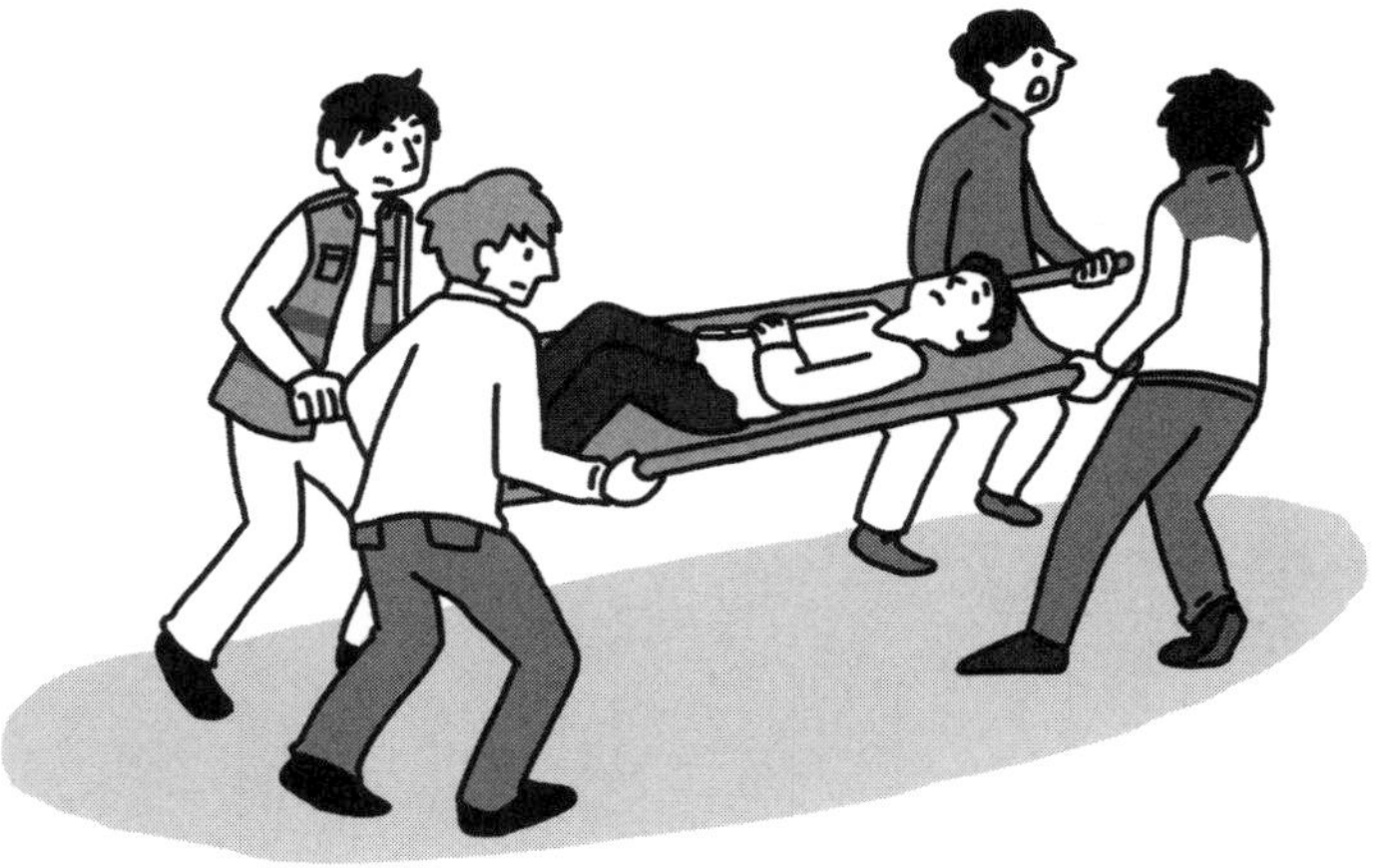

あるか？　など、搬送先の状況を確認しないで移動先を決めてはいけません。
担架搬送は、搬送先がその人の自宅よりも生活環境が良くて安全であることが確認できる場合にのみ行います（図５－４）。災害弱者の自宅よりも環境が良い場所であることを確認すべきです。
大地震発生時に自宅より環境が良い場所があるでしょうか？　ほとんどの場合、自宅のほうが環境は良いはずです。ですから、在宅避難ができるように備えておくことが重要なのです。災害弱者を担架で運んで降ろすことより、災害弱者の家の中を災害に備えてあげることのほうが重要です。
それでも、災害弱者を降ろしたいのならば、降ろした後で自宅へ戻すために上層階まで上げる訓練も行ってみてください。上りの担架搬送は下りに比べて数倍もきつくなりますが、これに慣れておかないと、降ろした人を下階に放置することになりかねません。

(2) 安否確認後の集計作業はやってはいけない

安否確認後の結果を1階の災害対策本部に報告する訓練が多くのマンションで行われています。ですが、災害発生直後には、在宅無事、不在の集計はやってはいけません（図5-5）。防災訓練でよく見かけるパフォーマンスではありますが、集計をしてもその数字を利用することはないのです。各階からたくさんの人を集めておきながら、在宅無事と不在の確認だけするのであれば、その必要はありません。エレベーターが使えないのに、階段を上り下りさせることは無駄な行動になります。

安否確認の目的は、救助を要する人を見つけ出し、できるかぎり早く救出するためのものです。救助を必要とする人を見つけ出したら、救出をするために必要な道具や人を集める行動が求められます。

また、災害弱者の方が事前に見守りを要望しており、その方の様子を見に行くのは当然

図５－５　安否確認後の集計

	A班	B班	C班	……	計
①無事	13	10	10	……	66
②ケガ	2	3	1	……	14
③要救助	0	1	1	……	5
④不明	5	6	8	……	35
計	20	20	20	……	120

行うべきですが、様子を見に行く許可を得たり、報告のために1階の災害対策本部に行く必要はありません。

(3) AED処置を行うかどうかは慎重に判断する

「AED」（自動体外式除細動器）の処置は救急車の救急隊や医師に引き渡すまで継続する、と教えられます（図5－6）。しかし大災害の場合は、救急車が来ることはないので救急隊や医師に引き渡すことができる可能性は低くなります。そして、ずっとAED処置にかかりきりになってしまえば、自分のこともできなくなります。

AEDのバッテリー持続時間は約4時間な

図5-6　AED

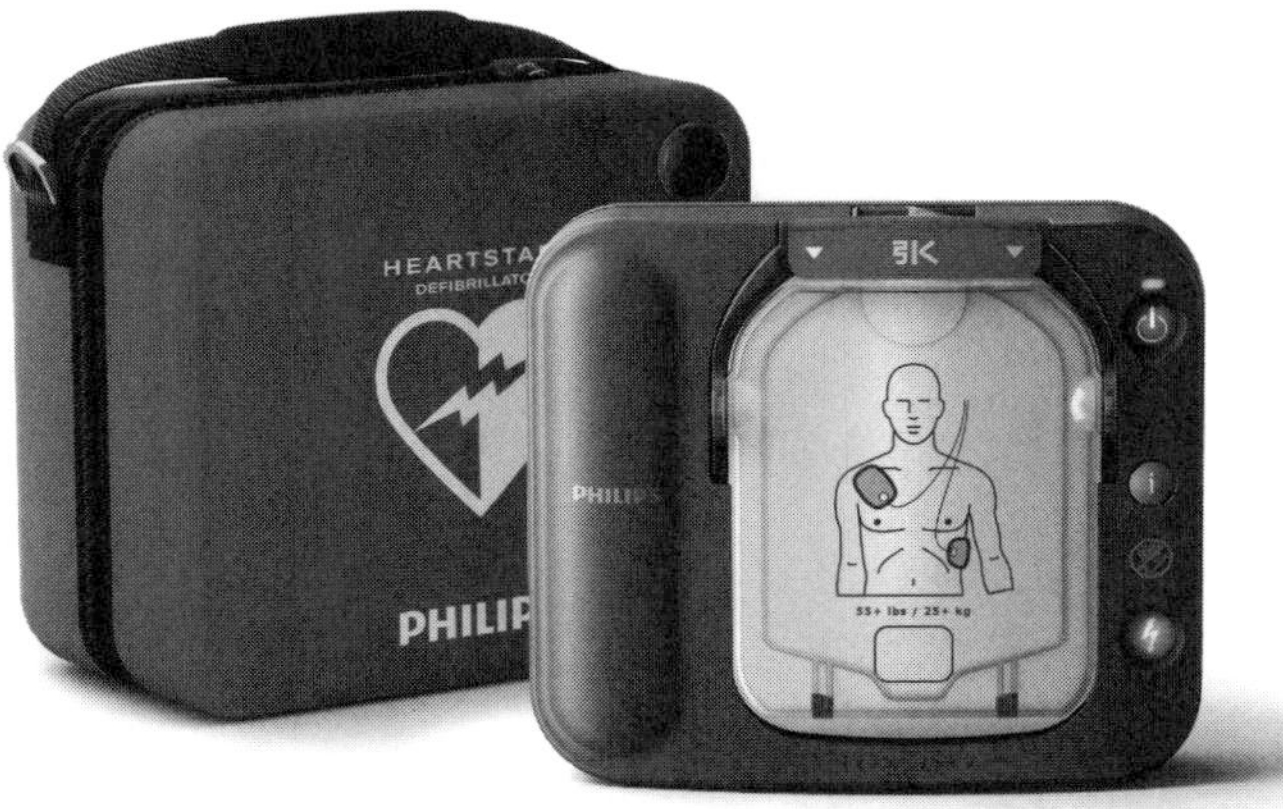

画像提供：（株）フィリップス・ジャパン

ので、その間は他のことができなくなるかもしれません。例えば、自分の家族の安否が分からない場合などは、AED処置を選択するのかどうかを最初に判断しなければなりません。

AED処置を始めたら、AEDの音声にしたがって処置を継続しなければなりません。仮に蘇生をしたからといって、完全に回復したとは限りませんので、そこでAED処置を終了させてはいけません。災害時は、難しい判断を迫られる場面があるでしょう。

ただしAEDは、平常時であれば非常に効果のあるものなので、訓練で操作方法をしっかりと身に付けておいたほうがよいことは言うまでもありません。

(4) マンションでは大人数の炊き出しを行ってはいけない

災害時に炊き出しを行う予定のマンションは多いようです。防災訓練のように1回限りであればそれでもかまいませんが、災害が発生した場合、1日3食×数百人分の食事を作ることになります。それも1日ではなく数日間続くので非常に大変な作業になります。

これを続けていては、食事を作る担当者は自分のことができなくなってしまいます。自分の家族の安否確認や家の中の片付けなどもできません。疲れ果てて倒れてしまうかもしれません。

食事の用意は、被災者自らが行うべきです。大人数の炊き出し訓練などは、「誰かが作ってくれる」という防災意識の欠如を招きかねないので注意してください。マンションでは在宅避難なので、自宅で食事を作ることをしっかりと伝えましょう。

06 あてにしてはいけないこと

電話やSNSをあてにしない

(1) 電話やネットワークの利用をあてにしてはいけない

大災害時には通信ネットワークは遮断される可能性が高くなります。また停電の場合は、中継器のバッテリーが切れると通信ができなくなります。電話やネットワークに頼りすぎないようにしましょう。同様に、スマホもバッテリーが切れれば何の役にも立ちません。

そのために、アナログによる手段を用意しておくことをお勧めします。例えば、地図、紙とペン、自分の携帯電話番号、家族の電話番号、親しい友人や親せきの連絡先を記入した紙など。

あえて言います。大災害時においては、電話やネットワークは使えません。

(2) マンションの「マンホールトイレ」をあてにしてはいけない

首都直下地震に備えて「マンホールトイレ」が学校避難所、公園、マンションなどいた

図５－７　マンホールトイレ

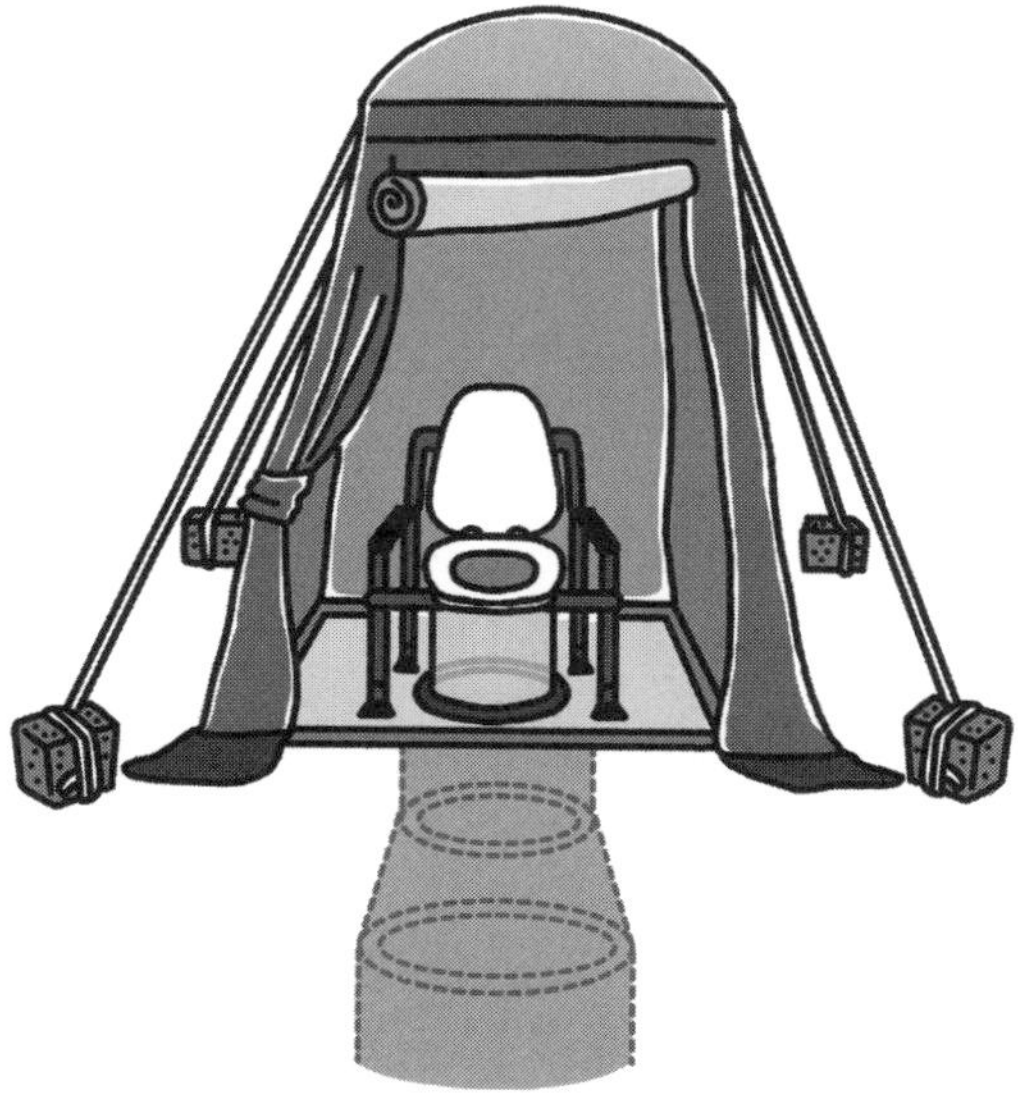

るところに配備されてきています（図５－７）。もし、マンションにマンホールトイレが設置されるとしたら、自宅用の災害時トイレは用意しなくてもいいと思いがちですが、自宅で使う災害時トイレは必ず用意するようにしてください。

その理由は３つあります。

①マンホールトイレの利用人数は多いので、いつでもすぐに使えるとは限らない

②室外に設置されるため、防犯上の不安や悪天候時にも使えるかどうかが心配

③下水道が損傷した場合は使用できない

マンションでの利用時は次のようなこともあるのでお勧めはできません。

①マンション敷地内のマンホールトイレは水で流せなければ「肥溜め」になる
②マンホールのふたが開いたままになるため、排泄物のきつい臭いが常時発生する
③排泄物が溜まったまま何日も放置すると下水管が詰まってしまうことがある
④上層階の住民は利用しにくい

したがって、マンションにマンホールトイレを設置するメリットはありません。

(3) コミュニティをあてにしてはいけない

防災対策を進める上で難しい課題の一つはコミュニティ形成です。災害時にコミュニティは必要なものといわれています。しかし、コミュニティを形成することは非常に難しいことなのです。

現代社会においては、核家族化、共働き、残業・休日出勤の増加により、家族で行動する機会の減少、学習塾や習い事で子供も時間的な余裕がなく、ＩＴ・ゲーム機による非対面趣味の増加など、コミュニティとは真逆な個別化現象が進んでおり、また、普段の生活においてはコミュニティの必要性を感じることも少なくなっています。さらに、隣近所とは付き合いたくない、という誤った理由でマンション暮らしを始める人もいまだにいるようです。したがって、マンションでも地域でも、コミュニティは現状よりも改善される可能性は低いのです。

コミュニティの形成に取り組んでみると、エネルギーを浪費する割に効果が極端に少ないことが分かります。いまだに、災害発生時はコミュニティが最善の策であるので、普段からコミュニティを形成しておくこと、と提言する人がいることが不思議です。

理想的なコミュニティ形成に到達するのは大変難しいので、災害時に役に立つコミュニティには期待しないほうがよいのではないでしょうか。

ただし、コミュニティ形成が難しいからといって、何もしないわけではありません。災害発生時には何をすればよいのかを分かるようにしておくことは必要です。災害時に実施するいくつかのルールを決めて、それを目につくように張り出しておくことをお勧めします。マニュアルというより、標語のように短いフレーズがいいです。

例えば、次のようなルールです。

①災害発生時は、ベランダの仕切り板を蹴破ってベランダ側から安否確認を行う

②玄関前に出てこないお宅は、ドアをドンドン叩いて無事を確認する

③災害時に管理人が帰宅できなくなった場合は、食料や毛布を提供する

顔が分かる関係でなくても、非常時に行う事項が分かっていれば協力し合うことができます。

Information

エレベーター内の防災備蓄は役に立つのか

最近、エレベーター内に災害用の備蓄ボックスが設置されているのをよく見かけます（図5－8）。その中身は、水、携帯トイレ、懐中電灯、トイレットペーパーなどですが、はたして大規模災害の場合に役に立つのでしょうか。

備蓄ボックスに収納されているものを見ると、1人分であることが多いので、閉じ込め者は1人で、震度5強程度の地震を想定しているようです。たとえ閉じ込められたとしても数時間以内に助けられることを前提にしています。

しかしながら、首都直下地震の場合は、エレベーター保守要員が助けに来るまで、数日かかることを覚悟しておかなければなりません。したがって、エレベーター内の防災備品は首都直下地震のような大きな地震に備えるためのものではないことになります。やはり、大地震に備えてエレベーター閉じ込め者の救出訓練を行うことをお勧めします。

多くのマニュアルに「エレベーターの中で揺れを感じたら、すべての階の行先ボ

図５－８　エレベーター内の防災備品

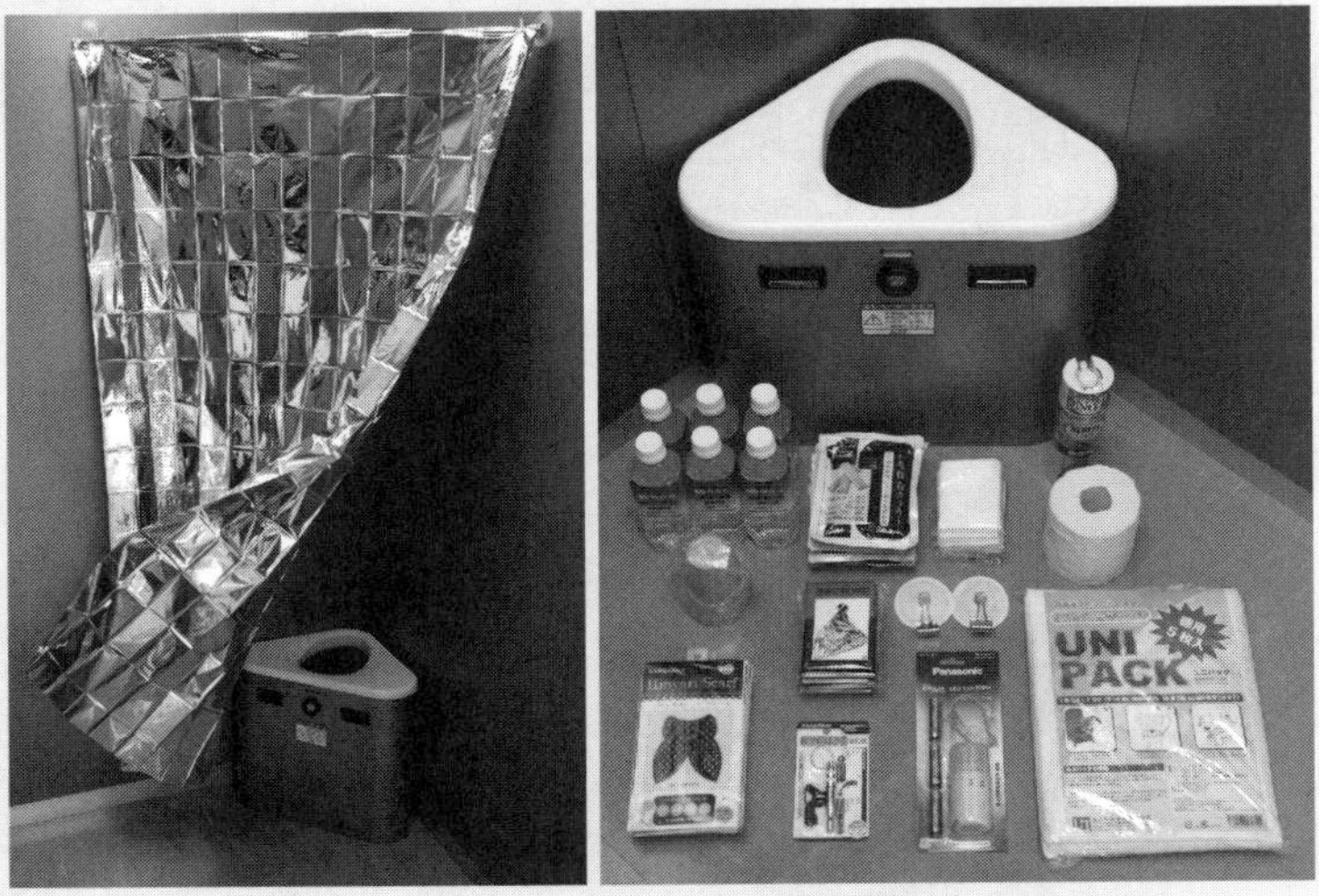

画像提供：㈱ エィアンドエィティー

タンを押し、止まった階で降ります。閉じ込められたらインターホンで連絡します」と書かれています。これも震度５強程度の場合しか想定していない対策です。震度６弱以上の場合の対応は全く書かれていないのが現状です。

第5章のまとめ

01 被災直後の人命救助と初期消火

人命救助の手順：

(1) 近隣住民の安全確認、(2)「無事ですカード」を張り出す、(3) 救助されるためのシグナル発信、(4) 玄関扉や窓枠を壊して立ち入る、(5) ベランダの仕切り板を壊してベランダ側から立ち入る、(6) エレベーター閉じ込め者の捜索と救助、(7) 初期消火は発火後すぐ、(8)「避難はしご」は自信がなければ使わない

02 災害弱者の守り方

(1) 災害時には、多くの災害弱者が発生しても実際には守れない

(2) 事前に対策をして、自宅から離れない準備をするしかない

03 住み続けるために行うこと

(1) 建物内の破損箇所と危険箇所を調査

(2) 停止したエレベーターの復旧連絡
(3) 都市ガス停止時のガス再開
(4) 火力発電所の被害状況から停電期間を予測
(5) 排水管の損傷の有無を確認

04 災害対策本部の役割

(1) 「3密」状態をつくりやすいため、できるだけ人を集めないでできる役割に徹する
(2) 災害対策本部は住民の面倒を見るところではない
(3) 行政からの情報や支援物資を受け取るマンションの代表でしかない

05 こんなことはやってはいけない

(1) 搬送先の状況を確認せずに災害弱者を担架で運んではいけない
(2) 安否確認後の集計作業はやってはいけない
(3) AED処置を行うかどうかは慎重に判断する

(4) マンションでは大人数での炊き出しを行ってはいけない

06 あてにしてはいけないこと

(1) 電話やSNS利用をあてにしてはいけない
(2) マンションのマンホールトイレをあてにしてはいけない
(3) コミュニティをあてにしてはいけない

水
水

第6章

避難所とは どんなところ？

01

災害発生時の避難所の状況と課題

避難所は安らげる場所ではない

「災害が発生しても避難所に行けば何とかなる」と思っている人がいまだに多いようです。防災訓練で、近所の人たちと一緒に学校まで連れ立って行き、体育館で仮設トイレを組み立て、シートを敷いて床の上に座ったり、炊き出しの豚汁とクラッカーをもらって食べたりすることを長年繰り返しているので、そのように思っていても仕方がありません。

ですが、今一度、避難所のことを冷静に見直してほしいと思います。マンションは建物が損傷することがなく、住民が住める状態です。決して避難所には行かずに自宅で在宅避難をしてほしいと思います。

さらに、新型コロナウイルスにより、私たちは新しい生活様式を強いられています。大災害が発生して、避難所に多くの人が集まれば「3密」（密集・密接・密閉）の状態は避けられなくなります。このことからも避難所には行かないでほしいと思っています。

しかしながら、地震で家屋が倒壊・全壊して住む家を失ってしまった方は、避難所を利用せざるを得ないことになります。

それでは、地震で家を失う可能性のある耐震性のない家屋に住んでいる人はどのくらいいるのでしょうか。総務省統計局のホームページで住宅・土地統計調査のデータを見ることができます。5年ごとに国勢調査を行いながら住宅・土地統計調査が発表されます。平成27年の国勢調査を基にした平成30年住宅・土地統計調査から、1980年までに建築された家屋に住んでいる世帯数が分かります。

建築基準法の旧耐震基準の定義は、1981年5月末までに建築確認が承認されたものですから、多少の誤差は出てきますが、耐震性のない家屋の傾向をとらえるのには問題ありません（図6－1）。

この資料から、日本全体では22・4％の世帯が1980年以前に建てられた家屋（戸建て、マンション等）に、言い換えれば耐震性の弱い家屋に住んでいることが分かります。そして、全国各地の大都市を見ても、高層マンションの新築や建て替えが行われているとはいえ、少なくとも13％以上の世帯が耐震性のない家屋に住んでいることが分かります。大きな地震が発生した時は、この耐震性のない家屋に住んでいる人たちが住む家を失う可能性が高くなります。

第6章

図６－１　都市部の旧耐震割合

全国の主な大都市における旧耐震世帯の割合

No.		全世帯 世帯数	1980年以前に建築	割合
1	全国	5,361.6万	1,201.1万	22.4%
2	東京都	680.6万	115.0万	16.9%
【首都圏の大都市】				
3	東京23区	490.1万	81.9万	16.7%
4	横浜市	164.9万	29.8万	18.1%
5	川崎市	70.2万	9.1万	12.9%
6	千葉市	42.0万	10.0万	23.9%
7	さいたま市	54.4万	7.5万	13.8%
【首都圏以外の大都市】				
8	札幌市	92.1万	12.2万	13.3%
9	仙台市	50.8万	7.2万	14.1%
10	名古屋市	107.0万	21.5万	20.1%
11	京都市	71.0万	16.8万	23.6%
12	大阪市	138.0万	29.2万	21.1%
13	神戸市	70.8万	14.1万	20.0%
14	広島市	53.7万	10.7万	19.9%
15	福岡市	79.2万	11.7万	14.7%

住宅・土地統計調査では1980年以前に建築された家屋に住む世帯が分かるため、これを旧耐震世帯とみなした。
※建築基準法上の旧耐震基準とは、1981年5月末までに建築確認された家屋で、現在まで耐震化工事が行われていない建物をいう。

引用元：平成30年住宅・土地統計調査より抜粋

災害が発生した時に、避難所の状況は次のようになるといわれています。

①住む家を失った人が利用する仮の住居
②避難してくる人が1000人以上となり、大混雑する
③場所の取り合いになって大混乱する
④簡易トイレは収容予定人数75人に1台だが、実際はさらに大人数で1台を使用
⑤寝るスペースは1畳に1人どころか実際は1畳に複数人になる
⑥寝る時は固い床に毛布が1枚どころか数名に1枚になる
⑦食料は数日分あるはずだが、収容人数が多ければ1人1食分しかなくなる
⑧エアコンがないので冷暖房は自然のまま
⑨ペットの同伴可能な場合でもペットは屋外のゲージに入れられる
⑩要支援者を専門にサポートできる人がいるとは限らない

したがって、避難所は安らげる場所ではないということです。自宅での生活を覚悟したほうが、避難所で生活することに比べて非常に良い環境となるので、在宅避難に備えるこ

第6章

とを考えたほうが賢明といえます。

避難所の課題は3つあります。第1点は、自治体が公表する避難所の収容人数には注意が必要なことです。第2点は、避難所安心神話がまだまだ根強いことです。何かあったら避難所に行けば大丈夫と思っている方が多いのです。そういう人たちは避難所は生活しにくい場所であることが分かっていません。第3点は、避難所には行かないほうがいいという広報が不足していることです。

他方で、行政は避難所環境の改善を一生懸命やろうとしています。避難所で災害関連死を出さない対策を重視して、衛生管理や医療体制を充実させようとしています。床に寝るための空気ベッドや、トイレの後に排泄物を袋に自動封入する機械を導入することを考えているようです。

避難所を利用する人のためにはよいことですが、その前に避難所に多くの人が集まる問題を解決しなければなりません。そうでなければ、避難所の運営ができなくなります。避難所を本来必要とする人が避難所を利用できなくなってしまいます。

マンションに住みながら、なぜ避難所に行かなければならないかを住民の方々は話し合っているでしょうか。特に、旧耐震基準の建築物であるならば、防災訓練を行うより、耐震化対策に時間を費やすべきであり、避難経路を確認することより耐震化計画を進めて、避難所に行かなくても済むようにする対策をとるべきです。

旧耐震基準の建物では、揺れが大きいために建物が全壊や半壊する可能性が高いだけでなく、入り口ドアが変形して閉じ込められたり、家財や電化製品が転倒・落下してケガをする可能性が高まるなど、危険があふれています。訓練で避難所への安全な避難経路を探したとしても、おそらく部屋から出られない可能性が高いのではないでしょうか。

新耐震基準の建物であれば、大きな地震が起きても住める状態にありますので、避難所に行かずに在宅避難になります。したがって、避難所までの避難経路を確認しておく必要はありません。もし、避難所へ手伝いに行くとか、行政からの情報を取りに行くのならば、急がなくてもいいので、ゆっくりと周りの状況を確認し、安全な道を探しながら行けばいいのです。

02 収容予定人数は人口の2割以下しかない

収容スペースが足りない

マンション住民が避難所に行かないほうがいい理由の一つとして、避難所の収容スペースが非常に少ない点が挙げられます。

例えば学校避難所では、使用できない部屋として、校長室、職員室、事務室、保健室、理科実験室などが特定されます。学校再開時にすぐに利用可能にしなければなりませんので、これらの部屋は開放はできません。

また、それ以外の教室がすべて避難者の収容室になるわけでもありません。開設準備の段階で避難所生活に必要な「専用室」としての教室を割り当てます。

避難所に設けられる専用室

避難所に設けられる専用室は次のとおりです。

本部室、会議室、医務室、更衣室、病人室、ケガ人室、乳幼児室、外国人室、車椅子利

用者室、ペット室、視聴覚障がい者室、身体障がい者室、精神障がい者室、学習室、遊戯室、談話室、喫煙室、仮設トイレ室、机椅子収容室、ボランティア室、支援物資保管室。避難所開設訓練では、長期間の避難所生活のために必要となるこれらの専用室を決めるところまで行っていない場合が多いようです。

図工室や家庭科室などの特別教室はすべてこれらの専用室のどれかになり、普通教室も10部屋以上は専用室になってしまいます。その結果、避難者を収容する教室の数は非常に少なくなることが分かります。

公表されている避難所の収容人数は、自治体によって大きく異なっていますので疑問に思っている人も多いのではないでしょうか。実は、自治体によって考え方が異なるために、その算出結果に大きな差が出ています。そのために自治体同士の比較ができずに分かりにくくなっています。

まず、利用できる体育館や教室の面積を図ります。このとき、対象教室をどうするかで収容人数は大きく変わってしまいます。次のいずれかの方法を採用しています。

(1) 体育館と普通教室と特別教室のすべてを避難者の収容スペースの対象とする
(2) 体育館と普通教室のすべてを避難者の収容スペースの対象とする
(3) 普通教室の一部を専用室として利用し、残りの教室と体育館を収容スペースの対象とする

学校避難所の収容人数の計算方法は、自治体で統一されていない点に注意してください。ですから、地元の学校避難所の収容人数は、利用できる教室を確認して自分たちで計算しなければなりません。

それに加えて、教室の一部を専用室として利用する点にも注意してください。行政が公表している収容人数は専用室を考慮していないことが多いです。都市部の学校避難所は人口8000人から1万人に1カ所になっています。人口の半分以上の人が避難所に押し寄せると4000人～5000人が集まるわけです。これほど多くの人が集まったら避難所の運営はできません。したがって、マンション住民は暮らせる場所があるのですから、避難所に行ってはいけません。

収容人数の計算をしてみよう

ある小学校をモデルにして、ここを避難所にした場合の収容可能人数を考えてみます（図6－2）。対象教室は、前述した(2)の「普通教室だけを避難者の収容スペースの対象とする」とします。

この小学校には教室が1年生から6年生までの27室と、他に特別教室として、家庭科室、音楽室、パソコン室、図工室、特別活動室、そして体育館があります。ここで収容人数を授業中と授業中以外とで計算してみます。授業中の場合は、体育館しか使えません。そして、長期で避難生活をするためにはたくさんの専用室が必要になります。

専用室の中で、会議室は校長室と一緒にしたり、医務室は保健室と一緒にしたりしてもいいかもしれません。ですが、更衣室、病人室、授乳室、学習室、遊戯室、談話室などは独立のほうがいいでしょう。他にも視聴覚障がい者、身体障がい者、精神障がい者の方はそれぞれのグループにして、一般とは別の部屋にします。また、

第6章

ボランティアの部屋、支援物資の受け入れ室と保管室も必要になります。ペット収容室や机・椅子の置き場なども必要になります。私のセミナーで行うワークショップでは、特別教室だけを専用室にする方法をとりますが、実際は特別教室の他に一般教室も専用室にしなければなりません。

この27教室と体育館を合わせて何人が収容できるかという試算をしていきます。

図６－２　ある小学校の教室配置図

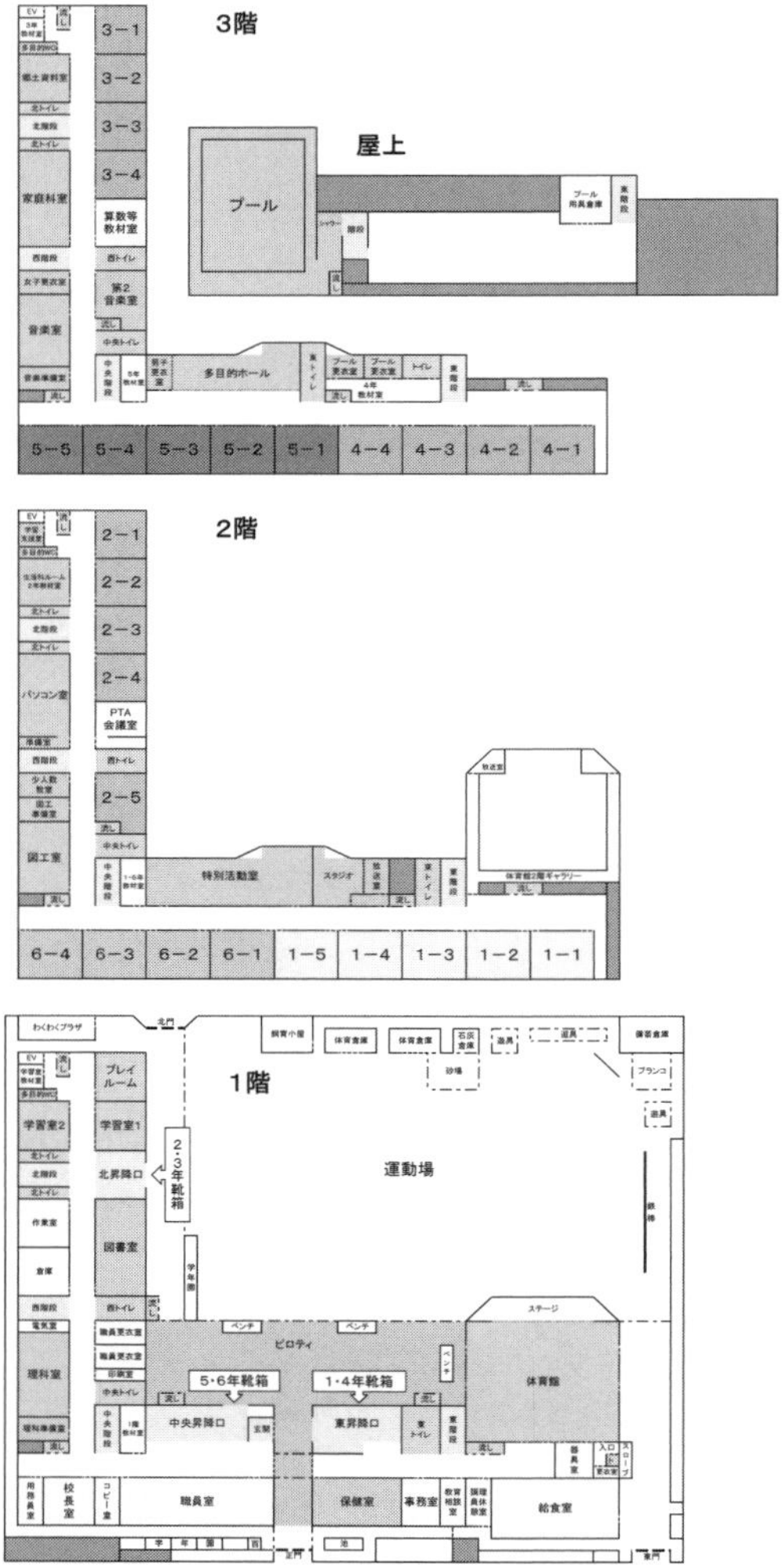

人数を求めるためには面積を2で割ります。この方法が一般的になってきています。もともと1人が寝るスペースとして必要になるのは、たたみ1畳分の90㎝×180㎝＝1・62㎡です。通路や共用のスペースを全体の2割とします。したがって、教室や体育館の面積の8割を1・62㎡で割った数が収容予定人数になります。この1・62㎡を0・8で割ると2・025≒2となりますので、収容人数を計算する場合は、教室や体育館の面積を2で割ると、通路や共通スペースを考慮した上での収容予定人数を求めることができます。

体育館は、横20ｍ、縦30ｍで600㎡の場合であれば300人、教室は縦8ｍ×横8ｍで64㎡なので2で割ると32人となります。

この方法で計算すると、授業中以外は、一般教室27教室に864人、体育館に300人で合計1164人となります。授業中に災害が発生した場合は、体育館だけになるので300人となります。

この小学校がある自治体の地域防災計画では、仮設住宅ができるまで教室で生活をする人数を1993人としています。試算の結果とはだいぶ違うことになります。したがって、地域防災計画の数字は、実際に使えるかどうか分からないのです。

03 大混乱するのでしばらくは近寄らないほうがいい

支援物資が届くのは早くても3日目以降

私たちはいま、新型コロナウイルス予防のために新しい生活様式を強いられていますが、避難所の収容人数についても、各自治体において大幅に見直されています。「3密」の中の一つである「密接」にならないようにするために、隣の人との間隔を2mとるような配置にして、避難所の収容人数を計算し直しています。具体的には、ほとんどの自治体で1人分のスペースを4㎡とするようです。

ただし、この4㎡に通路や共通スペースを含むかどうかは、自治体によって判断が異なります。

新しい生活様式における避難所収容人数を算出する考え方を次に示します。

(1) 4㎡に通路や共通スペースを含む場合

従来は、一人当たり2㎡としていたので、2㎡÷4㎡=0・5となり、新し

い生活様式での収容予定人数はこれまでの50％になる

⑵ 4㎡に通路や共通スペースを含まない場合
従来、一人当たり1・62㎡としていたので、1・62㎡÷4㎡＝0・405となり、新しい生活様式での収容人数はこれまでの40％になる

⑶ 従来の計算にとらわれずに、十分な間隔をとりながらの配置を検討した結果、従来の3分の1に減員した自治体もある

避難所を開設してからしばらくは大混乱するので近寄らないほうがいいといわれています。避難所について、各自治体では数年前から、「大地震でも家に住める場合は避難所に行かずに在宅避難」と言い始めました。言い換えれば、大地震が発生しても新耐震基準の建物に住む人やマンションの住民は避難所には来ないでほしい、ということです。

このように言い始めた理由として、次の3つのことが考えられます。

⑴ 避難所は住民の10％〜20％しか収容できない。新しい生活様式ではさらに2分の1〜3分の1に減員される

⑵耐震性のない家屋に住む人は住民の約20％に上り、この人たちが避難所を利用する
⑶マンションは地震に強いので在宅避難できる可能性が高い

よく、情報や支援物資をもらうために、避難所に行かなければならないという人がいますが、支援物資が届くのは早くても災害発生後3日目以降であり、大災害であれば1週間後です。支援物資は在宅避難者でも配給を受けることができますので、あわてることはありません。

ところがいまだに、災害時は避難所に行けば何とかなると思っている人が非常に多いのです。さらに、自宅で3日以上の在宅避難をするための備えをしている人は少ないです。

私はセミナーや講演会でこんな質問をします。

「大地震が発生して、電気・ガス・水道が止まり、復旧の見込みが立たない場合でも、長期の在宅避難ができる備えをしていますか？」

この質問に「はい」と答える人はごくわずかです。

避難所に行ったとしても満員すし詰め状態になりますので、マンション住民は入れてはもらえません。したがって、マンション住民はどんな災害でも在宅避難する覚悟を決めて

備蓄することが必要になります。

避難所の課題の一つに、住民の過半数が避難所に押し寄せることがあります。東京都の場合、人口8000人〜1万人に対して1つの小中学校が避難所になっています。過半数の住民ということは、4000名以上の住民が避難所に押し寄せるのです。大規模地震が発生すれば、電気・ガス・水道が止まり、復旧のめどが立たないような被害を受けてしまうことは想定内のはずです。それなのに避難所に行くという人が多いのは深刻な問題です。大災害でも避難所をあてにしないで在宅避難をする、という覚悟を持つことが大切です。

04 プライバシーがなく、衛生や騒音などの問題が多い 就寝時の状況がいちばん過酷

避難所生活では、プライバシー、生活空間、食事、トイレ、寝る環境など辛いことが多くなります。マンション住民は避難所に行くな、という理由には、マンションに比べて避難所の生活環境の悪さがあります。加えて、新しい生活様式の中では、「3密」になることを避けなければなりません。

図6－3　防災訓練で小学校の体育館に800名が集合

ある小学校の防災訓練に参加しました。体育館に約800名が集まりました。整然と腰を下ろしていましたが、横になることもできない状態になりました（図6－3）。体育館に詰め込まれるとこのような状態になり、ここで生活をしなければならないと思うとゾッとしました。

避難所の環境について、次のとおりまとめてみました。

(1) 収容人数超過とスペース不足

① 収容予定人数で算出すると1人のスペースは1・62㎡（約たたみ1畳）

② 大災害時は収容予定人数（1000人～1500人）を大幅に超える人

が押し寄せる

③その結果、たたみ1畳に数名がいる状態になり、横になることはできない

(2) 仮設トイレの課題

①トイレの設置台数は収容予定人数75人に1台だが、予定人数を超過するので不足する

②収容予定人数の3倍の人が来れば、225人で1台のトイレを使うことになる。この場合、トイレの使用時間を1人1分としても、待ち時間は3時間45分となる

③設置場所は屋外が多く、暴風雨時は使用が困難

④照明、臭い、備品管理、防犯、防寒などの対策が不十分

⑤車椅子で利用できる仮設トイレがあるとは限らない

⑥和式トイレが設置されることもある

(3) 就寝時の状況がいちばん過酷

①室内の温度・湿度は自然のままで、夏は蒸し暑く、冬は厳寒

②固い床に毛布一枚で寝る。枕はないのが標準だが、人数が多ければ毛布もない

③周囲が静かにならないため熟睡ができず、疲労がたまる
④寝るスペースは1人1畳もない状態のため、ゆっくり横になって休めない

(4)衛生状態の不安

①数日後には、歩けばホコリがたつほどゴミだらけになる
②生活スペースと仮設トイレの距離が近い場合は衛生的な問題が起きる
③生活ゴミとトイレゴミの管理は他人任せになるため、一気に汚れる

(5)感染症対策が不十分

①嘔吐や下痢など、感染症の疑いがある人への対策をとることが難しい
②学校内に隔離用の教室が用意されるとは限らない

(6)災害弱者対応は期待できない

①災害弱者とは、高齢者、視聴覚・身体・精神などの障がい者、病人、乳幼児、妊婦、外国人、この地震でケガをした人など

②援護するためにはそれぞれの専門家が必要だが、待機しているとは限らない。避難所に支援を期待して行ったとしても専門のスタッフはいないこともある

以上のような環境になりますので、自宅のほうが避難所よりも絶対に環境は良いはずです。

05 避難所でも大災害の状況は分からない

五感を使って被災状況を把握

避難所で行政の情報を得るために、避難所で寝泊まりをしたいという人がいますが、大災害時には役に立つ情報は3日目を過ぎなければ手に入りません。

大規模な地震が発生した時、被害が甚大であればあるほど、その地域の情報は伝わってきません。ラジオなどで被害状況を最初に報道される地域は比較的被害が軽かった地域と判断したほうがいいでしょう。

これまでの大規模災害では、最も甚大な被害を受けた地域の被災状況は、数時間後に報

道されています。冷静に考えれば当たり前のことですが、甚大な被害が出ている地域では記者も動きがとれなくなるからです。

また、停電のほか、通信網の混乱や、通信機材の破損などが起こり、取材・報道業務に必要な条件が整わず活動ができなくなります。大規模な地震発生から間もなく流れてくる情報は、震源地とマグニチュードだけは信用できますが、被害情報は、さほど大きな被害がない地域の被災状況が放送されることになります。

したがって、ラジオに耳を傾けていても、当日と翌日は甚大な被害を受けている地域の様子は分からないことになります。自分たちがいる地域で甚大な被害が出ていても、マスコミではすぐには報道されないということを知っておくべきです。

震災直後はラジオの情報さえ当てにならないとすれば、どこから情報を得ればよいのでしょうか。ワンセグで見るテレビ放送の情報も当てにならない。携帯電話やインターネットを使ってのSNSはどうでしょうか。震度6以上ではインターネットの基地局や中継機器類が損傷します。

機器の損傷がないとしても、東日本大震災時と比較して格段に利用者数が増えていることから輻輳（込みあう）状態になります。そのうちにスマホなどのバッテリーが切れて役に立たないものになってしまうのです。

そうなると、自分の五感を使って、近隣の状況から震災の状態を推測し、判断することになります。自宅マンションの屋上に上がれば、周辺の状況が見えます。木造家屋の倒壊、電柱や街灯の傾倒、ブロック塀の倒壊、鉄道が近ければ電車の脱線、駅舎の倒壊などが確認できれば震度6弱以上と判断できます。

また、マンションを出て近所を歩いてみれば、周辺のインフラの状況が分かります。水道管破裂、ガス漏れ、マンホールの飛び出し、地中の土管の露出。これらがあれば震度6弱以上と判断できます。

震度6弱以上と判断できれば、それに備えていたことを実施するだけになります。ラジオやテレビの情報などがなくても、初動対応はできるはずです。いえ、できるようにしておかなければいけません。避難所に行っても、当日と翌日は役に立つ情報が得られるとは限りません。

06 避難所に食料は十分に備蓄されていない

集まる人数によっては1日に3食受け取れず

避難所に備蓄されている食料は、多くても収容予定人数の3日分しかありません。しかも収容予定人数とは人口の1割〜2割程度なので、全員が受け取れるわけでもありません。食料をもらうために災害後はすぐに避難所に行くという人がいますが、支援物資はすぐには届きませんので、避難所に駆けつけても食料を受け取ることはできません。

避難所にあるのは被災者のための備蓄食料であって、家を失って避難所で生活せざるを得ない人たちのための食料なのです。何度かお伝えしたとおり、支援物資が届くのは、早くても3日後、遅ければ1週間ほど経ってからになります。

数日経てば避難所がある学校は災害対策の拠点となり、行政の情報や周辺の様子を知ることができるようになるはずです。また、全国からの支援物資も届くようになり、被災者に配られる準備が整うはずです。

このとき、マンションには支援物資は直接届けられませんので、マンション住民は支

図6－4　ある自治体の避難所備蓄食料

※東京特別区なので食料は4食分しか備蓄していない。

No.	品名	数量	備考	著者注記
1	クラッカー	3850食	朝・昼用	6150食＝1500人の4食分
2	アルファ化米	1000食	夕食用	
3	レトルト食品（カレーご飯）	500食	夕食用	
4	レトルト食品（きのこご飯）	500食	夕食用	
5	おかゆ	300食	乳幼児、高齢者	
6	野菜シチュー	1080食	昼食汁用	
7	粉ミルク	36缶		
8	哺乳ビン	50本	乳首付き	
9	給食カップ	1600個	スチロール製どんぶり	1500人を対象にしている
10	給水コップ	1500個	スチロール製コップ	
11	毛布	1500枚		

引用元：東京都大田区ホームページより

援物資を避難所や指定の場所に取りに行かなければなりません。避難所に寝泊まりする必要はありませんが、マンションから情報や物資を取りに行かなければならないことを知っておいてください。

　例えば東京23区の、ある自治体による地域防災計画での避難所における備蓄食料は次のとおりです（図6－4）。

・**人口**　約71万人　**推定避難者数**　23万人　**学校避難所数**　91箇所

・**避難所平均収容予定人数**　1500人（区全体では約13・7万人）

・**避難所の備蓄量**　アルファ化米1000食、クラッカー3850食、レトルトご飯1000食、おかゆ300食

※備蓄食料の合計は6150食。したがって、1500人の避難者一人当たりは、4・1食分となる。

避難所の備蓄食料には、実は大変なことが隠されています。

(1) 災害時はその地域の過半数の住民が避難所に押し寄せる

筆者がセミナーや展示会で行ったアンケートでは、電気・ガス・水道が止まっても避難所には行かないと答える人は非常に少ないという結果が明らかになっています。多くの人が避難所を頼りにしています。一つの避難所の対象地域に住む人は、約8000人から1万2000人。その過半数が避難所に押し寄せる可能性が非常に高いのです。避難所に4000人以上が押し寄せる様子を想像してみてください。避難所を運営することなどできなくなるはずです。

(2) 収容予定人数が避難所に入りきれない人数になっている

避難所の収容予定人数の計算方法とその収容予定人数が人口の2割以下であることは、すでに説明しました。そして、現在公表されている避難所収容人数のなかには、物理的に収容が不可能な学校避難所が数多く存在しているといわざるを得ません。

(3) 4日目以降の食糧はどうなるのか？

ほとんどの自治体では、災害に備えての食糧備蓄量は3日分（9食分）です。東京特別区の場合は区が4食分、残りの5食分は東京都が避難所以外から避難所に搬送することになっています。ただし、誰がどうやって搬送するのかは示されていません。避難所で待っていても食糧が届けられるとは限らないのです。

ほかの自治体でも4日分以降の食料の手当は考えていないようです。そのかわり、全国から支援食糧が届くと考えられているようです。

もし、避難者数が想定の3倍や4倍になったら食糧は1日分しかありません。東京特別区の場合は1食分しかありません。この点だけを見ても、避難所に備蓄している食糧は十分にあるわけではないので、受け取れることをあてにしてはいけないといえます。

07 避難所運営の3つのポイント

避難者が主体となって活動する場

避難所の運営は地元の自治会・町会が行い、徐々に避難者に引き継がれることになります。以前は、避難所運営の責任は行政にあり、行政職員が中心となって行うといわれていました。ところが、行政職員も被災した場合、避難所まですぐに行けるかどうか分からないため、自治会・町会の人が避難所を立ち上げて運営することに変更した自治体が増えています。

しかしながら、自治会・町会の役員は高齢者が多く、人員も豊富なわけではありません。また、被災者でもあります。そんな人たちが避難所を運営し続けるのは難しいことです。したがって、避難所を利用する人に避難所の運営を任せるようにしなければなりません。避難所に来る人を「お客様」にしてはいけません。自治会・町会の役員の方は、避難所の利用方法を教えるだけでいいのです。

ところで、避難所を利用するのはどんな人でしょうか。地震の影響で家に住めなくなったのですから、避難所で自分たちの生活を始めなければならない方々です。

ある自治会では、避難所が開設された場合に、毎回１０００食以上の食事をどうやって用意したらよいのか、婦人部の人達がとても対応できないと真剣に悩んでいました。

私は次のようにアドバイスをしました。「皆さんも被災者になります。ご自身やご家族のことを優先して守ってください。食事は被災した方々に作ってもらいましょう。避難してきた方々が食事を作れるように、備えてあるものを教えればいいのです」。これを聞いた婦人部の方々は、皆さん、ほっとした様子で不安が解消したようでした。


避難所をうまく運営するには次の３つの方法を実践することです。

(1) 避難所に来る人を少なくすること

① 電気・ガス・水道が止まって復旧の見込みがなくても、避難所に頼ることなく在宅避難の準備を行う自助を推進する
② 避難所の収容可能人数については、運用を考慮した実践的な数値を公表すること。各自治体が公表している収容人数は、普通教室と特別教室のすべてのスペースを対

象にしていることが多い

③ 災害弱者は、避難所に専門の支援者がいない可能性が高いため、あてにしない。災害弱者は避難所へは行かずに在宅避難ができる備えをする

④ ペットも避難所では過酷な環境に置かれるので、ペットのことが気の毒に思うのならば、一緒に在宅避難できる備えを行う

⑤ 避難所には、食糧や飲料水はわずかしかなく、生活するには非常に過酷な環境である事実をもっと知らせること

(2) 避難所の利用場所や生活ルールは事前に決めておくこと

① 授業中に発災した場合は、避難者は体育館しか使えないことを決めておく

② 一般教室の中で専用室となる教室や仮設トイレの位置をあらかじめ決めておく

③ 体育館や教室に、住所や町会名であらかじめ入居する場所を決めておく

④ 避難所生活のルールをあらかじめ決めておく

⑤ 感染症対策の準備も事前に行う

(3) 避難所の運営は避難者が主体となって行うこと

① 自治会・町会が避難所の開設を行い、その後の運営は避難者に任せること
② 避難者は「お客様」ではないことを普段から周知させること

マンション住民は住居は大丈夫なので、避難所を頼りにはしないはずです。余裕ができたら避難所の運営を手伝っていただきたいと思います。そして避難所の運営に協力する場合には、以上のことをしっかりと理解してください。

第6章のまとめ

01 災害発生時の避難所の状況と課題

(1)「避難所に行けばなんとかなる」ことはない

(2) 耐震性のない家屋に住んでいる世帯は、全国で22・4%と多い

(3) 災害時において、避難所は安らげる場所ではない

02 収容予定人数は人口の2割以下しかない

(1) 避難所の避難者の収容スペースは少ない

(2) 避難所では避難者の収容スペースのほかにいくつかの専用室を設ける

(3) 避難所の収容人数の決定方法には統一性がない

03 大混乱するのでしばらくは近寄らないほうがいい

(1) 行政からの情報や支援物資が届くのは早くても3日目以降

(2) 長期で電気・ガス・水道が止まった場合の長期の在宅避難の備えが必要

04 プライバシーがなく、衛生や騒音などの問題が多い

(1) 収容人数超過とスペース不足

(2) 仮設トイレの課題

(3) 就寝時の状況がいちばん過酷

(4) 衛生状態の不安

(5) 感染症対策が不十分

(6) 災害弱者対応は期待できない

05 避難所でも大災害の状況は分からない

(1) 大災害時には、役に立つ情報は3日目を過ぎなければ手に入らない

(2) ラジオやテレビでは最初は震源地とマグニチュードしか分からない

(3) 甚大な被災地の情報はラジオやテレビではなかなか放送されない

(4) 自分の五感を使って被災状況を推測するしかない

06 避難所に食料は十分に備蓄されていない

(1) 避難所に備蓄している食料は、収容予定人数の多くても3日分

(2) 避難所に集まる人数によっては、1日に3食受け取れない

(3) 東京特別区は避難所に収容予定人数の4食分しか備蓄していない

07 避難所運営の3つのポイント

(1) 避難所に来る人を少なくする

(2) 避難所の生活ルールは事前に決めておく

(3) 避難所は避難者が主体となって運営することを周知しておく

おわりに

最後までお読みいただき、ありがとうございました。

新型コロナウイルスの影響で、出版時期が当初の予定よりもだいぶ遅くなってしまいました。当然、最初に書きあげた原稿に「新しい生活様式」における防災対策を追記することになりました。ところが、新しい生活様式に変わっても、長期の在宅避難の備えをしっかりと行っておけば、マンション防災対策の内容はほとんど変わるものではないことが分かりました。どんな災害であっても、在宅避難の備えをしっかりと行うことがマンション防災対策につながるものであることを再確認できました。

本書では、大地震発生時には火力発電所の被害と復旧の状況によって停電期間が長期にわたる可能性があるとして、想定する在宅避難日数が3日では短かすぎるとお伝えしました。そして、1週間以上の在宅避難の備えをすること、および、その具体的な方法を解説してきました。本書でお伝えした方法を、マンション防災の新常識としてあなたの日常生活に取り入れて実践してほしいと思います。

しっかり備えれば、マンションから逃げ出さなければならない災害はないといってもよいでしょう。どんな災害の場合でも、マンションの自宅で生活を続けられる備えをすることがマンション防災の目指すところです。1週間以上の在宅避難を可能とする備えを行えば、心に余裕を持つことができます。余裕があれば、災害発生時も冷静な判断ができて家族を守ることにつながります。このことを信じて、来るべき日に備えた防災対策に取り組んでいただきたいと願っています。

最後に、私が防災の世界に飛び込むきっかけを作ってくれた宮本英治氏には、これまで大所、高所からご指導いただきました。そのおかげで、出版までたどり着くことができました。この場を借りてあらためてお礼を申し上げます。

また、これまで突然の海外赴任や幾度の転職などを共に歩み、今回の出版も陰で支えてくれた妻には心から感謝します。

本書を出版するにあたり、出版スクールで多くのアドバイスをくださった松尾昭仁様、合同フォレストの山中洋二様、編集の松本威様、吉田孝之様、家庭防災対策ビデオの連携をご快諾いただいた株式会社ブレーンの皆様には、心よりお礼を申し上げます。

令和2年10月

マンション防災士　釜石　徹

特典のご案内

本書の読者の皆様へ、下記の２つの特典をご用意しました。
ぜひご利用ください。

特典１　１枚マニュアル『マンション防災スマートシート』

本書の第２章でご紹介した「マンション防災スマートシート」は、
下記の Web サイトからダウンロード可能です。

https://www.saitaiken.com/11-災害対策研究会/-/001/

特典２　家庭の防災ビデオ『あなたを守る身近な防災対策』

「あなたを守る身近な防災対策」のビデオが無料でご視聴いただけます。
ご希望の方は、以下の手順でご覧ください。

①下記 URL の災害対策研究会のホームページで表示された「家庭防災ビデオ申し込みフォーム」に必要事項をご記入の上、お申し込みください。

②申し込みフォームを送信すると、ただちに動画サイトの URL をお知らせするメールをお届けします。

③動画サイトにアクセスし、「視聴・詳細情報はこちら」のボタンをクリックしてご覧ください。

https://www.saitaiken.com/11-災害対策研究会/-/002/

タイトル◉『あなたを守る身近な防災対策
～10日以上の在宅避難を実現する方法～』

ビデオ製作◉株式会社ブレーン

● 著者プロフィール

釜石 徹（かまいし・とおる）

災害対策研究会主任研究員兼事務局長
／マンション防災士

宮城県仙台市出身。マンション特有の防災対策の研究を長年続けている。2011 年に東京都大田区の防災検討委員に推挙され「逃げ込むだけの避難所から地域防災に立ち向かう拠点構想」を提唱し大田区地域防災計画に採用される。

独自の視点で考案した１枚のマニュアル「マンション防災スマートシート」がマンション防災アイデアコンテスト及び内閣府主催のジャパン・レジリエンス・アワードにおいて優秀賞を受賞。災害で電気・ガス・水道が止まっても、長期間の在宅避難ができる方法は具体的でかつ実践的と好評を得ている。

都庁での東京防災ホリデーセミナーのほか多くの自治体の防災講演会に登壇。ほかにも主要官庁・大学教授が多数登壇する震災対策技術展や防災減災展でのセミナー講演にも毎回登壇している。マンションで行う防災セミナーでは講演と同時に行う実演が好評を得て何度も依頼してくるマンションも多い。朝日新聞、ＮＨＫ、毎日放送、夕刊フジ、婦人之友、神奈川新聞、花王マイカジなどマスコミからの取材も多い。

企画協力　ネクストサービス株式会社　代表取締役　松尾昭仁
組　　版　GALLAP
装　　幀　華本達哉（aozora.tv）
イラスト　頁作工房　鈴木みゆき
校　　正　竹中龍太
特典ビデオ協力　株式会社ブレーン

マンション防災の新常識

逃げずに留まる「在宅避難」完全ガイド

2020年11月10日　第1刷発行
2024年 5月30日　第6刷発行

著　者　釜石　徹
発行者　松本　威
発　行　合同フォレスト株式会社
郵便番号 184-0001
東京都小金井市関野町 1-6-10
電話 042 (401) 2939　FAX 042 (401) 2931
振替 00170-4-324578
ホームページ　https://www.godo-forest.co.jp
発　売　合同出版株式会社
郵便番号 184-0001
東京都小金井市関野町 1-6-10
電話 042 (401) 2930　FAX 042 (401) 2931
印刷・製本　株式会社シナノ

■落丁・乱丁の際はお取り換えいたします。

ISBN 978-4-7726-6176-8　NDC 365　188×130